TERRY LAUGHLIN

Schwimmen für alle

Jeder kann richtig gut schwimmen lernen

Aus dem Amerikanischen
von Dr. Markus Enz

covadonga
TRAININGSPARTNER

Die Originalausgabe dieses Buches erschien unter dem Titel
»Extraordinary Swimming for Every Body« bei Total Immersion Inc., New Paltz.

Terry Laughlin:
SCHWIMMEN FÜR ALLE – Jeder kann richtig gut schwimmen lernen

ISBN Print 978-3-936973-99-0
ISBN eBook 978-3-95726-003-1

Aus dem Amerikanischen von Dr. Markus Enz unter Mitarbeit von Dr. Leo Schrutt

Covadonga Verlag, Spindelstr. 58, D-33604 Bielefeld

Fotos: dpa Picture Alliance/Koji Aoki, Shutterstock/S. Pytel (Umschlag),
Fiona, Cari, Tara und Terry Laughlin (Innenteil).
Umschlaggestaltung und Satz: Covadonga Verlag
Druck und Bindung: Westermann Druck Zwickau GmbH (4. Druckauflage/2024)

Covadonga ist der Verlag für Radsportliteratur.
Die Reihe »Covadonga Trainingspartner« vereint Klassiker und Standardwerke
der Trainingslehre – für Radfahrer, Triathleten, Läufer und Schwimmer.
Besuchen Sie uns im Internet: *www.covadonga.de*

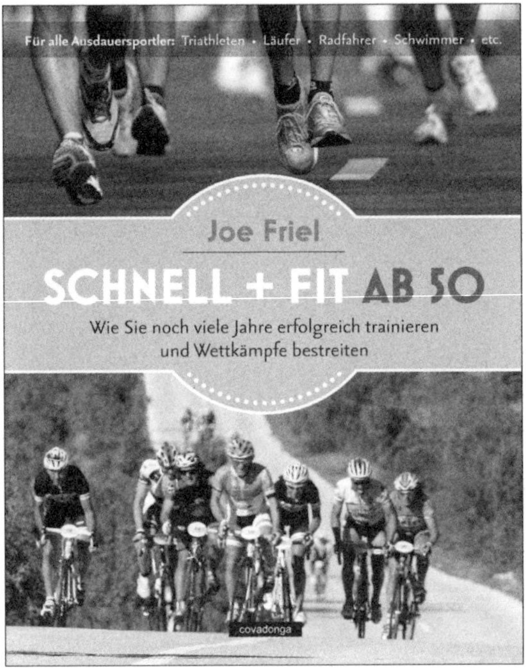

Joe Friel

Schnell + fit ab 50

Wie Sie noch viele Jahre erfolgreich trainieren und Wettkämpfe bestreiten

ISBN 978-3-95726-006-2 – Broschur, 312 Seiten

Gestützt auf aktuelle Forschungsergebnisse und jahrelange Erfahrung in der Arbeit mit Altersklassen-Athleten erläutert der renommierte Sportwissenschaftler Joe Friel, wie Ausdauersportler auch jenseits der 50 fit bleiben und erfolgreich Wettkämpfe bestreiten. Erfahren Sie im Detail, wie Sie Ihr Training umstellen müssen, um sich gegen die Auswirkungen des Älterwerdens zu wappnen und Ihre Karriere um Jahrzehnte zu verlängern.

INHALT

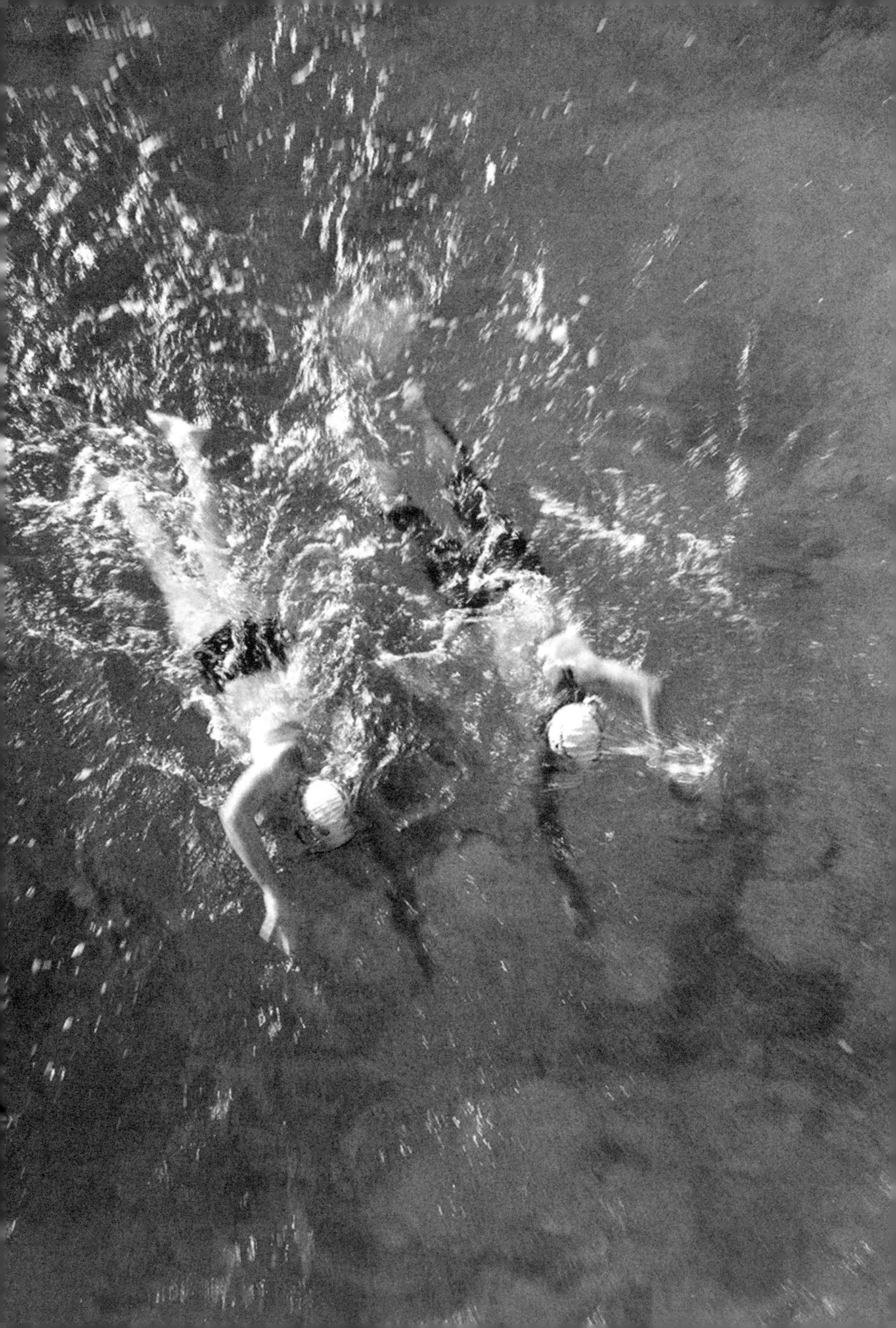

Alle können gut schwimmen – auch Sie!

Als ich im Juni 1989 mit sechs erwachsenen Teilnehmern mein erstes Schwimmcamp unter dem Motto »Total Immersion« leitete, hatte ich sehr bescheidene Ziele: Ich wollte einfach jeden Sommer ein paar Wochen lang das machen, was mir am Job des Schwimmtrainers am besten gefiel – nämlich Schwimmern die richtige Technik beibringen. Ich widmete mich Erwachsenen, da diese normalerweise weniger Möglichkeiten als jüngere Schwimmer haben, ein professionelles Schwimmcoaching zu erhalten.

Dabei stellte ich fest, dass Erwachsene andere Schwierigkeiten mit dem Lernen haben, als ich es von jüngeren Schwimmern gewohnt war. Jugendliche schienen sich die Fertigkeiten spontan anzueignen – sogar, wenn sie meinen Anweisungen kaum Beachtung schenkten. Die Erwachsenen hingegen sind zwar in der Regel sehr viel motivierter bei der Sache, aber trotz ihrer Entschlossenheit haben sie oft mit denselben Problemen zu kämpfen. Dazu zählen insbesondere:

- über Jahrzehnte eingeschliffene, ineffiziente Bewegungsabläufe,
- Unwohlsein im Wasser, das von einfachem Unbehagen bis hin zu tief verwurzelter Angst vor dem Wasser reichen kann,
- steife Gelenke und erschlaffte Muskulatur,
- durch jahrzehntelange Vernachlässigung verloren gegangene Fertigkeiten,
- ein Mangel an kinästhetischer Wahrnehmungsfähigkeit (Bewegungsempfindung).

Rückblickend erwies sich meine Wahl, Erwachsene zu unterrichten, als ein Glücksfall. Die TI-Schwimmcamps und -kurse wurden zu einem »Versuchslabor«, in dem ich lernte, zu verstehen, mit welchen Herausforderungen praktisch alle von uns zu kämpfen haben, wenn wir lernen wollen, besser zu schwimmen. Zum einen ist Schwimmen offenkundig eine Fähigkeit, auf welche uns die Evolution denkbar schlecht vorbereitet hat. Aber obwohl die Probleme mit dem Erlernen des Schwimmens infolgedessen weit verbreitet sind, hat es sich zum anderen glücklicherweise auch gezeigt, dass es relativ einfache Ansätze und Lösungen gibt, um diese Herausforderungen zu meistern.

Wichtige Hinweise für einige dieser Lösungen entdeckte ich bei den wenigen glücklichen Eliteschwimmern, die sich im Wasser instinktiv mit müheloser Eleganz bewegen. Bereits seit meinen Jugendjahren schaute ich mit einer Mischung aus Neid und Interesse auf die Weltklasseschwimmer, bis mir klar wurde, dass mir deren physische Talente fehlten. In der Zeit, in der ich noch Jugend- und College-Teams trainierte, versuchte ich herauszufinden, welche Aspekte und Fähigkeiten »gelernt« werden könnten. Gab es etwa Bewegungselemente bei Eliteschwimmern, die jeder Schwimmer kopieren konnte? Obwohl wir nicht unbedingt hoffen durften, ihren großen, kräftigen und geschmeidigen Körperbau oder ihre übermenschliche aerobe Kapazität zu erreichen, gab es vielleicht Bewegungsabläufe, die wir ihnen abschauen konnten. Ich versuchte, diese herauszudestillieren und daraus Übungen zu entwickeln, die auch ein durchschnittlicher Schwimmer (wie ich) mit der entsprechenden Anleitung erlernen konnte.

Beim Arbeiten mit Erwachsenen, die spät zum Schwimmen gekommen waren, wurde mir klar, dass unsere grundlegenden, instinktiven Vorstellungen vom Schwimmen – die Art und Weise, wie wir *glauben*, am besten atmen, mit den Armen ziehen, mit den Beinen kicken oder uns im Wasser halten zu müssen – es uns eigentlich schwerer machen, gut zu schwimmen. Konsequent weitergedacht heißt dies, dass jene Änderungen der Schwimmtechnik, die unser Wohlbefinden im Wasser, die Leichtigkeit der Bewegung und die Schwimmeffizienz am effektivsten erhöhen, unserer Intuition widersprechen. Mit anderen Worten: Das meiste, was wir über das Schwimmen zu wissen glauben, ist *falsch*.

Das fundamentalste Missverständnis besteht in der weit verbreiteten Vorstellung, dass es beim Schwimmen primär um Fitness gehe und dass wir nur besser werden könnten, wenn wir längere Distanzen zurücklegen und intensiver trainieren. Meine Erfahrung hat jedoch gezeigt, dass sich Schwimmer am meisten verbesserten, wenn sie ihr Gehirn trainierten und nicht ihr Herz, ihre Lungen oder ihre Muskeln.

Für diesen Ansatz spricht, dass man seine aerobe Kapazität auch verbessern kann, wenn man die Zeit im Wasser vornehmlich damit verbringt, an seinem Schwimmstil zu arbeiten. Wenn man sich dagegen beim Schwimmen immer nur auf die Trainingsdistanz, eine bestimmte zu erreichende Herzfrequenz oder auf die Stoppuhr konzentriert, kann man nicht gewährleisten, dass gleichzeitig auch das Nervensystem mit der nötigen Qualität trainiert wird. Man erreicht höchstens, dass sich ineffiziente Bewegungen weiter verfestigen.

Das ruhige und stete Üben mit dem Fokus auf jeweils ein ganz bestimmtes Element der Schwimmtechnik – zum Beispiel auf die gerade Ausrichtung von Kopf und Wirbelsäule – verleiht jedem Training zudem einen klaren Sinn und Zweck, und am Ende des Trainings hat man stets das befriedigende Gefühl, eine wichtige Fertigkeit verbessert zu haben. Ganz anders ist es beim häufig zu beobachtenden »Kachelnzählen«, wo Schwimmer üblicherweise mit großer Eintönigkeit zu kämpfen haben, wenn sie sich im Training abmühen wie ein Hamster im Laufrad.

Weiterhin ist zu bedenken, dass unsere aerobe Kapazität üblicherweise im Alter zwischen 30 und 40 Jahren ihren Höhepunkt erreicht. Das heißt: Wenn man älter wird, kann man sich als Schwimmer irgendwann nur noch steigern, indem man an seinem Stil und seiner Technik arbeitet. Das Schöne dabei ist, dass man seinen Schwimmstil auch bis ins hohe Alter hinein immer noch erfolgreich verbessern kann.

Die Fähigkeit der Selbstwahrnehmung und das Bewusstsein dafür, auf eine Art zu trainieren, die für Körper, Verstand und Geist gut ist, sollten von Jahrzehnt zu Jahrzehnt zunehmen – insbesondere, wenn man sein Training darauf abstimmt, genau diese Qualitäten zu verbessern. Im Gegensatz zu Landsportarten, bei denen man über die Steigerung von Kraft und Fitness besser wird, ist es im Wasser viel wichtiger, ein Gefühl dafür zu entwickeln, wie man mit dem Wasser arbeitet, anstatt gegen das Wasser zu kämpfen.

Wenn Sie glauben, dass es Ihnen an Jugend, Kraft oder sportlicher Gewandtheit fehlt, oder wenn Sie denken, einfach nicht fürs Schwimmen »geboren« zu sein, sollten Sie sich den folgenden Sachverhalt vor Augen führen: Ökonomisch und effizient zu schwimmen, erfordert fraglos Qualitäten, die viel schwieriger zu erlernen sind, als es bei Landsportarten der Fall ist. Aber wenn man es richtig anstellt und Geduld hat, sind auch diese Dinge letztlich von jedermann zu erlernen, ohne dass man von Natur aus bestimmte Grundvoraussetzungen mitbringen müsste. Und wenn es so weit ist, sind es genau diese Fertigkeiten, die einem Schwimmer zu außerordentlicher Leichtigkeit, Geschmeidigkeit und Befriedigung im Wasser verhelfen. Mit anderen Worten: Wir *alle* können lernen, richtig gut zu schwimmen. Auch Sie.

Ein technikorientiertes Schwimmtraining, wie es Ihnen dieses Buch ans Herz legt, kann auch den Stil von erfahrenen und gestandenen Schwimmern nochmals deutlich auffrischen oder sogar grundlegend erneuern und verbessern. Wer aus Gründen der Gesundheit und Fitness schwimmt, kann mit Hilfe der folgenden Kapitel lernen, jede Minute im Wasser optimal zu nutzen. Aber auch Schwimmer, denen vor allem daran gelegen ist, ihre Zeiten zu verbessern, werden aus der Lektüre dieses Buches bestimmt viele nützliche Hinweise und neue Einsichten mitnehmen.

Mein Anspruch ist es, aus jedem Leser gewissermaßen einen »Experten« für effizientes Schwimmen zu machen, der verstanden und verinnerlicht hat, wie sich der menschliche Körper im Wasser verhält und wie man dieses Wissen nutzen kann, um besser zu schwimmen, als man es sich je erträumt hatte. Die Erkenntnisse und Anleitungen, die ich in diesem Buch mit Ihnen teilen möchte, haben ich und meine Kollegen in Tausenden von Trainingsstunden mit Schwimmern, die ebenfalls ihren Stil verbessern wollten, erarbeitet – und wir haben auch selbst unzählige Stunden mit den vorgestellten Übungen zugebracht. In den letzten Jahren haben überall auf der Welt Dutzende von Trainern angefangen, die TI-Methode in ihren Vereinen, an Universitäten oder in Masters-Teams anzuwenden und ihre Erfahrungen miteinander auszutauschen.

Schließlich sind in dieses Buch auch die praktischen Hinweise und Erkenntnisse von zahllosen Schwimmern eingeflossen, die Total Immersion über Bücher, Videos oder Workshops kennengelernt und ihre Erfahrungen im Diskussionsforum auf der TI-Website ausgetauscht haben. So viele Menschen haben dankenswerterweise mit ihren Einsichten zu diesem Buch beigetragen. Bereits heute gibt es in vielen Ländern rund um den Globus eine kleine, aber engagierte Gemeinde begeisterter TI-Schwimmer: eine »Avantgarde«, die sich daran erfreut, mit klarem Fokus auf Geist und Technik besser schwimmen zu lernen und anhaltende Freude am (Lagen-)Schwimmen zu haben. Ich hoffe, dass sich ihnen in den kommenden Jahren noch viele weitere Menschen anschließen werden.

Dieses Buch gliedert sich in vier Teile:

Teil I mit den **Kapiteln 1 bis 3** untersucht die allgemeinen Schwierigkeiten, mit denen alle Menschen beim Schwimmen zu kämpfen haben, und führt aus, wie diese erfolgreich bewältigt werden können.

Teil II mit den **Kapiteln 4 bis 10** vermittelt die Prinzipien des effizienten Schwimmens. Hier wird erklärt, wie sich der menschliche Körper im Wasser verhält und wie man dieses Wissen nutzen kann, um besser zu schwimmen.

Teil III enthält spezifische Kapitel zu allen vier Lagen (**Brust, Rücken, Schmetterling und Freistil**). Hier wird erklärt, was man über jede Lage wissen muss, und es wird gezeigt, mit welchen Übungen man die entsprechenden Fertigkeiten erlernen kann.

Teil IV zum **Training nach den Prinzipien von Total Immersion** erklärt, wie man trainieren muss, um die Lagen effizient und konsistent zu beherrschen.

Wenn Sie wollen, können Sie die ersten Kapitel zunächst überblättern und gleich mit Teil III beginnen, um anhand der Anleitungen zu den vier Lagen Ihre Trainingszeit im Schwimmbad zu planen, und den Rest des Buches dann in Ihrer Freizeit lesen. Oder Sie arbeiten das Buch in aller Ruhe von vorne bis hinten durch. Wie immer Sie es auch angehen: Ich verspreche Ihnen, dass Sie nach der Lektüre dieses Buches viel mehr Spaß am Schwimmen haben werden.

TEIL I

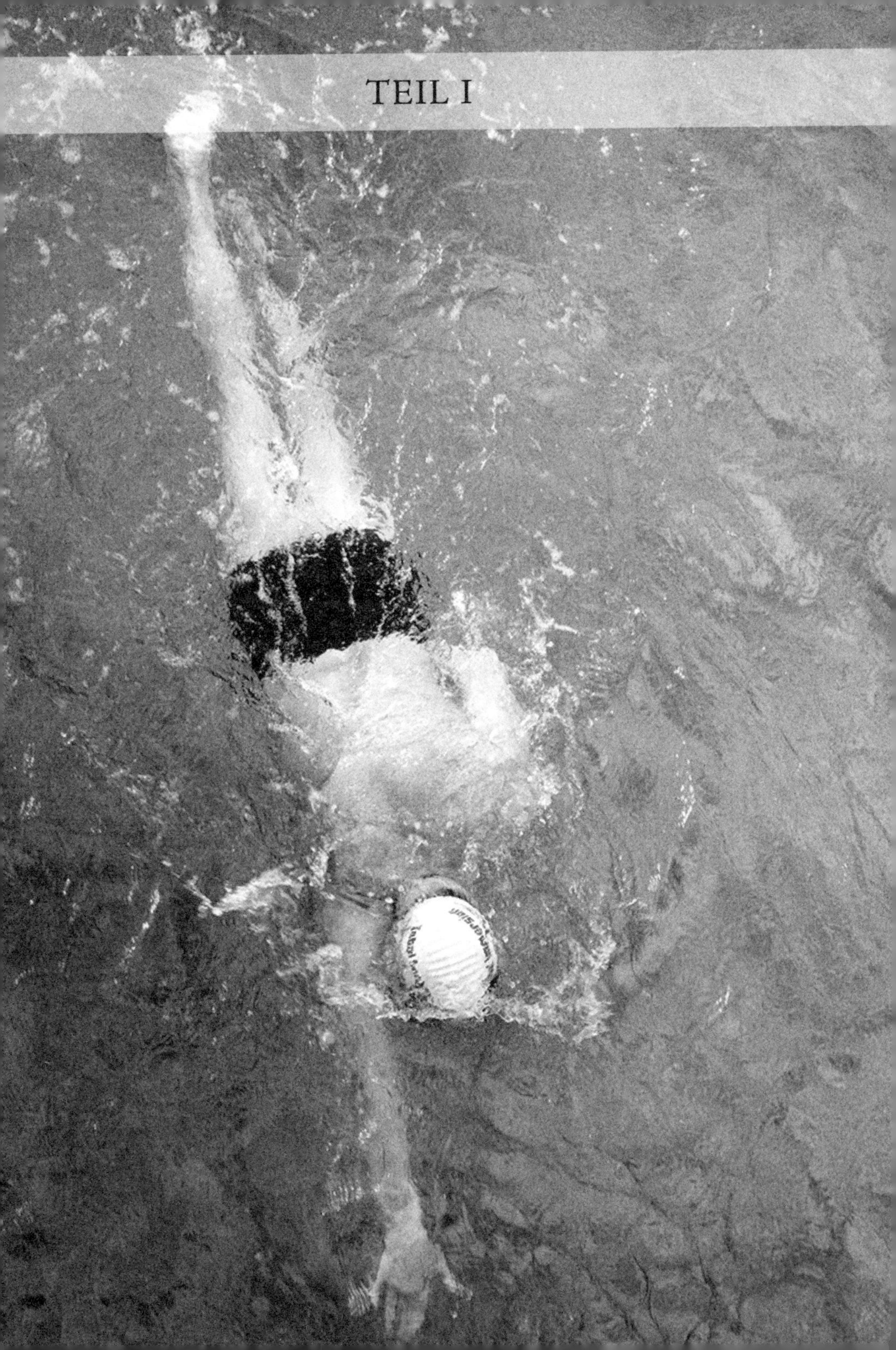

Der neue Weg: Erst der Geist, dann die Muskeln

Total Immersion ist im Allgemeinen vor allem dafür bekannt, effizientes Schwimmen durch Technikübungen zu lehren, aber ich denke, der größte Unterschied zwischen TI und traditionellem Schwimmunterricht besteht in der Vorstellung, dass richtiges Schwimmen weniger mit Muskeln als mit dem Geist zu tun hat. Oder anders gesagt: Der TI-Methode liegt die Überzeugung zugrunde, dass Schwimmen durch »Übungen« wie im Yoga oder im Tai Chi und nicht durch »Training« vermittelt werden muss.

Meine erfolgreichsten Schüler – sowohl jene, die schneller und ausdauernder werden wollten, als auch jene, die zur Verbesserung von Gesundheit und Wohlbefinden schwimmen – haben diesen Ansatz verfolgt. Deshalb halte ich es für sinnvoll, auch in diesem Buch zunächst die geistigen Aspekte des Schwimmens zu beleuchten, bevor ich auf die körperliche Seite eingehe.

Wenn ich TI-Trainer ausbilde, lege ich immer großen Wert darauf, dass es deren höchste Verantwortung ist, nicht bloß effiziente Schwimmzüge zu vermitteln, sondern die Leidenschaft fürs Schwimmen zu entfachen. Hat man erst einmal die Passion fürs Schwimmen entwickelt, kann einem praktisch nichts mehr davon abhalten, sein volles Potenzial zu entfalten. Ich möchte in diesem Zusammenhang auf zwei vergleichsweise junge Forschungsfelder hinweisen, die aufgezeigt haben, dass Leidenschaft eine Kraft ist, die Veränderung herbeiführen kann: die *Positive Psychologie* und die *Lehre vom Flow*.

Etwa zu der Zeit, als ich Total Immersion gründete, begann der Psychologe Martin Seligman, die Charakterzüge von Menschen zu studieren, die schwere Lebensprobleme mit Erfolg meisterten. Er nannte dies »Positive Psychologie«. Seligman schrieb in seinem Buch *Learned Optimism* (auf Deutsch: *Pessimisten küsst man nicht*), dass Engagement und die bewusste Suche nach Sinn größeren

Einfluss darauf nehmen, ob jemand sein Leben als befriedigend empfindet, als Geld, Familienstand, Glaube oder jeder andere Faktor.

Auch der in Ungarn geborene Psychologe Dr. Mihaly Csikszentmihalyi hat in seinem Buch *Flow: The Psychology of Optimal Experience* (auf Deutsch: *Flow – Der Weg zum Glück*) die herausragende Bedeutung der inneren Einstellung betont. Dieses Buch hatte einen tiefgreifenden Einfluss auf meine Unterrichtspraxis. Csikszentmihalyi definiert »Flow« als den *Zustand des vollständigen Eintauchens* (»*Total Immersion*«) in eine Aufgabe, die zwar sehr anspruchsvoll, aber den eigenen Fähigkeiten angemessen ist. Er beschrieb die Flow-Erfahrung wie folgt:

- Ausführen einer Tätigkeit, die zutiefst befriedigend ist.
- Ausgewogenes Verhältnis zwischen Anforderung und Können: Die Tätigkeit ist nicht zu einfach und nicht zu schwierig.
- Intensive Konzentration auf klare Ziele.
- Direktes und unmittelbares Feedback.
- Das Gefühl der vollständigen Kontrolle.

In den folgenden Kapiteln möchte ich Ihnen nicht nur den effektivsten Weg zeigen, wie Sie Ihre Schwimmtechnik verbessern können, sondern auch, wie Sie so üben können, dass Sie neben verbessertem Können auch das Gefühl des Flow erfahren. Schwimmen Sie, um Flow zu erleben, und nicht, um Ausdauer und Geschwindigkeit zu trainieren. Lernen Sie, wie sich dabei Ihre Schwimmgeschwindigkeit und Ihre Ausdauer fast mühelos verbessern – denn was könnte dem Schwimmen angemessener sein als Flow?

Die richtige Einstellung

Seit 1989 haben bereits zehntausende Schwimmer TI-Kurse absolviert. Die meisten wurden nicht nur bessere Schwimmer, sondern sie zeichnen sich heute auch dadurch aus, dass sie das Schwimmen *lieben* und erwarten, dass sie im Wasser ein Leben lang lernen und sich verbessern können. Ich hoffe, dieses Buch führt auch Sie zu einer Haltung, wie viele dieser Schwimmer sie verinnerlicht haben:

1. Leidenschaft für das Schwimmen: Wenn Sie eine Leidenschaft für das Schwimmen haben und verstehen, dass es Ihnen einen einzigartigen Weg zu persönlichem Wachstum eröffnet, werden Sie mit einem Engagement und einer Motivation üben, die Ihre Leidenschaft weiter anfacht und immer wieder erneuert.

2. Verstehen: Im Zuge unserer Lehrerfahrung mit Tausenden von Schwimmern, die sich zuvor oft vergeblich abgemüht hatten, haben ich und meine Kollegen einfache Erklärungen und praktische Lösungen entdeckt, wie sich die weit verbreiteten Schwimmprobleme und die daraus resultierenden Frustrationserfahrungen erfolgreich bewältigen lassen. Das heißt nicht, dass es einfach wäre, gut zu schwimmen – auch nach 50 Jahren lerne ich immer noch wichtige neue Dinge hinzu. Aber zu *wissen*, dass man Übungen absolviert, die auf fundierten, praxiserprobten Prinzipien beruhen, ist von unschätzbarem Wert.

3. Achtsamkeit: Ein fundamentales Prinzip des TI-Programms ist *Achtsamkeit* in der Interaktion mit dem Wasser und bei der Wahrnehmung des Wassers. Am Anfang werden Sie darauf achten, wo sich Ihr Kopf, Ihre Glieder, der Rumpf etc. befinden. Später werden Sie sich auf Feinheiten konzentrieren – zum Beispiel auf das Geräusch, das beim Eintauchen der Hand ins Wasser entsteht, oder darauf, wie Sie die Hand halten, um das Wasser zu fassen. Meine Erfahrung ist: Wird Achtsamkeit erst einmal zur Gewohnheit, führt dies unweigerlich zum Flow-Erlebnis und zu kontinuierlicher Verbesserung.

Ermutigende Erfahrung

Da Sie sich die Zeit nehmen, dieses Buch zu lesen, gehe ich davon aus, dass Sie sich entschieden haben, das Heft selbst in die Hand zu nehmen: Sie wollen etwas dafür tun, um besser schwimmen zu lernen. Die gute Nachricht ist: Sobald Sie verstanden haben, wie es funktioniert, können Sie es selbst kontrollieren und in Eigenregie daran arbeiten. In der ersten Hälfte dieses Buch werde ich Ihnen in der Theorie erklären, wie sich der menschliche Körper im Wasser verhält, um Ihnen dann in der zweiten Hälfte Übungen für die Praxis an die Hand zu geben, die es Ihnen ermöglichen werden, Ihren Körper im Wasser intelligent und effizient einzusetzen. Ich empfehle Ihnen, dabei stets Ihren angeborenen Instinkt gegenüber Wasser skeptisch zu hinterfragen. Denn obwohl wir Menschen von Wasserlebewesen abstammen, haben wir unseren Wasserinstinkt inzwischen verloren. Aber ich versichere Ihnen: Man kann das richtige Wassergefühl mit den entsprechenden Übungen wieder erlernen. Wenn Sie sich darauf einlassen, werden Sie begeisternde Fortschritte erzielen.

Wären Sie mit dem angeborenen Wassergefühl eines Olympiasiegers gesegnet, würden Sie instinktiv verstehen, dass ein geschmeidiger, sanfter Schwimmzug viel effektiver ist als das wilde Um-sich-Schlagen, das man bei ungeübten Schwimmern oft sieht. Aber leider zeigt meine Erfahrung mit tausenden Schwimmern, dass es auf hundert Menschen vielleicht nur einen gibt, der diese Gabe von Natur aus mitbringt und geschmeidig schwimmen kann, ohne dafür zunächst schlechte Gewohnheiten ablegen zu müssen. Wir anderen mühen uns mit ineffizienten Bewegungsabläufen ab, und je mehr wir einfach drauflos trainieren, desto stärker verfestigen wir diese. Genau da setzt Total Immersion an: Ich möchte Schwimmern helfen, Dinge zu tun, die sie nie von selbst tun würden, um auf diese Weise die unbeholfenen Bewegungen des »menschlichen Schwimmers« durch anmutige Bewegungen nach dem Vorbild von Fischen zu ersetzen.

Mit der Anmut eines Fisches zu schwimmen, ist eine hochkomplexe und entsprechend schwer zu erreichende Fähigkeit, bei der viele Feinheiten eine Rolle spielen. Am einfachsten kann man sie deshalb durch eine Abfolge von relativ einfachen Mini-Fertigkeiten erlernen.

Allein die Beherrschung der Grundlagen macht bereits einen großen Unterschied, und Sie sollten schon nach den ersten paar TI-Übungsstunden in der Lage sein, mit einer Leichtigkeit angenehm durchs Wasser zu gleiten, die Sie nie für möglich gehalten hätten. Haben Sie Geduld, zunächst in Ruhe die Kunst des Schwimmens zu erlernen, bevor Sie für das Schwimmen als Sport trainieren. Nehmen Sie sich die nötige Zeit, um sich in jeder Lage mit den Übungen wirklich wohl zu fühlen. Nehmen Sie sich immer genug Zeit, bis Sie eine Übung richtig beherrschen, bevor Sie zur nächsten übergehen. Sie werden schon bald mit nie zuvor erlebter Leichtigkeit schwimmen. Das ist die Grundlage, um sich nun auch den fortgeschrittenen Übungen mit Erfolg widmen zu können.

Ich habe bei Tausenden von Schwimmern beobachten können, wie sie sich auf diese Weise verbessert haben: Menschen mit ganz unterschiedlichen Ausgangsvoraussetzungen, was Alter, Kraft, Fitness oder koordinative Fähigkeiten betraf. Ich hoffe, Sie werden sich entschließen, es ihnen gleichzutun.

Von frustrierenden Erfahrungen zu kontinuierlicher Verbesserung

Der Begriff *Kaizen* steht im Japanischen für »kontinuierliche Verbesserung«. Er wurde zuerst in den internationalen Sprachgebrauch übernommen, um Effizienzsteigerungen durch den Einsatz statistischer Analysen in Produktionsprozessen zu beschreiben. Als ich zum ersten Mal davon hörte, dachte ich, dass man diese Philosophie, dass Verbesserung ein fortwährender Prozess ist und nie endet, auch auf das Schwimmen übertragen sollte.

Wie ich in diesem Buch ausführen werde, sollte es tatsächlich jedem Schwimmer möglich sein, seine Fertigkeiten und sein Können nach und nach kontinuierlich zu verbessern – selbst noch nach Jahren und Jahrzehnten. In der Praxis jedoch sind andere Dinge leider viel häufiger anzutreffen: Frustration und Stagnation. Es ist ein weit verbreitetes Phänomen unter Schwimmern, dass sie sich trotz großen Trainingsaufwands nicht verbessern oder nur geringfügig steigern können.

Das Schwimmen liegt uns halt nicht in den Genen. Im Gegensatz dazu können die meisten von uns mit ein wenig Aufwand lernen, effizient und ökonomisch zu laufen, indem wir einfach das tun, was uns natürlich erscheint. Denn als Landsportart ist das Laufen für uns Menschen eine ganz natürliche und geradezu *ureigene* Tätigkeit. Anders ist es beim Schwimmen. Um über ein rudimentäres Niveau hinauszukommen und uns eine effiziente Fortbewegungsweise im Wasser anzueignen, brauchen wir die Anleitung von *Experten*. Diese Möglichkeit aber fehlt den meisten von uns.

All jene, denen nie gezeigt und beigebracht wurde, wie sie sich als Schwimmer wirklich ökonomisch fortbewegen, kämpfen in aller Regel mit einer ganzen Reihe typischer frustrierender Erfahrungen:

- Athleten, die mühelos kilometerweit laufen können, kommen nach einer Länge im Schwimmbad völlig ausgepumpt auf der anderen Seite an und fragen sich, ob es fürs Schwimmen eine spezielle Art der Ausdauer braucht. (Die braucht es nicht!)

- Erfahrene Schwimmer, die einen Kilometer oder mehr schwimmen können, trainieren jahrelang und verbessern sich dennoch nur wenig oder gar nicht. Und wenn sie um Hilfe bitten, erhalten sie Ratschläge, die sie kaum umsetzen können und die ihnen somit kaum helfen.
- Viele Wettkampfschwimmer verlieren die Lust am Schwimmen, wenn sie sich vom Wettkampfsport zurückziehen. Wenn die Trainer glauben, dass man sein Bestes nur erreichen kann, indem man bis zur Erschöpfung trainiert, entwickelt sich das Schwimmen früher oder später von einem unbekümmerten Spiel zu einer mühsamen Routine. Auch mir ist es so ergangen. Als Folge davon bin ich zwischen meinem 20. und 40. Lebensjahr kaum noch aktiv geschwommen.

Als Schulkind spielte ich in den Ferien jeden Morgen Ball, und am Nachmittag »spielte« ich im Schwimmbad. Ich lernte die »Schwerelosigkeit« im Wasser zu erleben, und es war mir egal, ob ich schnell war oder fit wurde. Ich habe einfach spontan gelernt, mich durchs Wasser zu bewegen. Ich war vielleicht nicht effizient, was meine Bewegungsabläufe betraf, aber allein die Tatsache, dass ich lernte, mich im Wasser sicher und wohl zu fühlen, war bereits eine außerordentlich wertvolle Erfahrung.

Mit 15 Jahren trat ich einem Schwimmteam bei und begann, schneller und härter zu trainieren. Ich *liebte* das Training und die Wettkämpfe – und das tue ich auch heute, viele Jahrzehnte später, noch immer –, aber ich verlor damals nach und nach den Spaß am früher sorglosen Spiel im Wasser. Die Zeit, in der ich mich steigern konnte, war kurz und flüchtig: Zwischen 15 und 18 verbesserte ich mich, aber dann stagnierte ich, obwohl ich härter trainierte als alle meine Teamkameraden. Mit 19 fingen meine Zeiten an, allmählich immer schlechter zu werden. Nachdem ich mich durch Schmerz und über tausende Längen gekämpft hatte, wurde das Schwimmen irgendwann zur lästigen Pflicht, und ich war froh, dass ich mich mit 21 vom aktiven Wettkampfsport zurückziehen konnte.

Damals begann ich, selbst Schwimmtraining zu geben, und ich entdeckte erstmals Möglichkeiten, das Schwimmen angenehmer und befriedigender zu gestalten, ohne die Aspekte Ausdauer und Geschwindigkeit zu vernachlässigen. Nach 20 Jahren ohne traditionelles Schwimmtraining nahm ich dann selbst das Wettkampfschwimmen wieder auf und trat mit rund 40 Jahren einem Masters-Team bei – nun wohlweislich ohne einen »Schleifer« am Beckenrand, der mir erschöpfende Serien vorgab. Indem ich mich voll und ganz auf meine Technik konzentrierte und nicht darauf, mich möglichst müde zu machen, begann ich, mich zu verbessern und das Wunder des *Kaizen* am eigenen Leib zu erfahren – kontinuierliche Verbesserung, die immer noch anhält.

In meinen Fünfzigern und Sechzigern widmete ich mich, wann immer ich selbst schwamm, vor allem dem Gefühl, mit dem Wasser *verbunden* zu sein. Ich bin begeistert, dass ich heute besser schwimme als je zuvor und mich von Jahr zu Jahr immer noch steigern kann. Schwimmen war früher nie so befriedigend. Heute macht jedes Training Freude und ist interessant. Jede Länge, die ich heute schwimme, ist geschmeidiger, zielgerichteter und *harmonischer* als die unzähligen Kilometer, die ich als College-Schwimmer abspulte. Ich kann inzwischen auf mehr als 20 Jahre zurückblicken, in denen ich meine Zugeffizienz und mein Wassergefühl fortwährend und stetig verbessert habe – ein Prozess, der immer noch nicht abgeschlossen ist.

Denn Schwimmen ist unter allen Sportarten in der Hinsicht einzigartig, dass man dem Alter trotzen und sich von Jahrzehnt zu Jahrzehnt verbessern kann. Es braucht viele subtile Fertigkeiten, um einen menschlichen Körper effizient durchs Wasser zu bewegen. Aber mit Geduld, einem klaren Fokus und bewusstem Üben kann man jedes altersbedingte körperliche Nachlassen mehr als nur kompensieren. Ich hoffe, dass ich mich bis in meine Achtziger hinein weiter verbessern kann, und schwimme deshalb jede Länge mit der größtmöglichen Aufmerksamkeit.

In der Zwischenzeit haben auch Tausende andere Menschen die Erfahrung gemacht, wie befriedigend das Schwimmen doch sein kann, wenn man sich auf Entspannung im Wasser und auf das Gefühl des Flow konzentriert. Das ist der Grund, warum Total Immersion bei vielen die Leidenschaft für das Schwimmen (neu) geweckt hat. TI ist darauf ausgelegt, den Weg zu effizientem Schwimmen zu vereinfachen und das Ziel des *Kaizen*-Schwimmens (also der kontinuierlichen Verbesserung) Realität werden zu lassen. Das ist das Geheimnis dieses Ansatzes.

In Teil IV dieses Buch werde ich Ihnen erläutern, wie auch Sie stumpfsinniges Training durch aufmerksames *Üben* ersetzen können, um davon zu profitieren. Zunächst aber möchte ich Ihnen die Gründe darlegen, warum Schwimmen für Sie bisher womöglich vor allem mit frustrierenden Erfahrungen verbunden war. Und ich möchte Ihnen die einfachen, logischen Lösungen erläutern, die es auch Ihnen ermöglichen werden, den Weg der kontinuierlichen Verbesserung einzuschlagen.

Intelligente Lösungen für häufige Schwimmprobleme

Wenn das Schwimmen für Sie schwierig ist, mag es Sie vielleicht – zumindest ein wenig – trösten, dass Sie damit in guter Gesellschaft sind. Die meisten Leute strengen sich beim Schwimmen zu stark an und erreichen wenig damit. Es gibt nur wenige Schwimmer, die wirklich zufrieden sind, wie sie sich im Wasser fühlen. Die Ursache ist ein Phänomen, das ich als das *universelle menschliche Schwimmproblem* bezeichne. Wir Menschen sind darauf »programmiert«, ineffizient zu schwimmen, und der traditionelle Schwimmunterricht verstärkt unsere instinktiven Fehler noch. Die meisten Menschen sind im Wasser derart mit dem Überleben beschäftigt, dass sie von Eleganz, Effizienz oder wirklichem Vergnügen nur träumen können. Hier ein paar Gründe, warum dieses »Überlebensschwimmen« so verbreitet ist:

1. Sie denken, Sie versinken im Wasser ...

... und das tun Sie auch. Weil der menschliche Körper schwerer ist als Wasser, befindet sich in der natürlichen Wasserlage 95 Prozent des Körpers unter Wasser. Die Schwerkraft zieht unsere Hüften nach unten, und der Auftrieb hebt die Brust hoch. Sie versinken nicht wirklich, auf jeden Fall nicht in dem Sinne, dass Sie auf den Grund absinken würden. Aber Ihr Hirn interpretiert die Situation so, als würden Sie ertrinken, und deshalb tun Sie instinktiv alles, um an der Wasseroberfläche zu bleiben. Das Resultat sind *Überlebensschwimmzüge*, die Sie schnell erschöpfen und praktisch nichts zum Vortrieb beitragen.

Beharrliche Schwimmer können mit viel Training durchaus lernen, über größere Distanzen zu schwimmen, aber in den meisten Fällen verschwenden sie dabei 95 Prozent ihrer Energie, weil sie a) mehr Energie darauf verwenden, das Absinken zu verhindern, als um Vortrieb zu erzeugen, und b) die ineffizienten

Schwimmbewegungen sich seit ihren ersten Schwimmversuchen fest in ihr Muskelgedächtnis eingeprägt haben.

2. Wasser ist wie eine Wand

Denken Sie daran, wie »dicht« sich Luft anfühlt, wenn Sie die Hand schon bei kleinen Fahrgeschwindigkeiten aus dem Autofenster halten. Weil Wasser eine fast tausend Mal größere Dichte als Luft besitzt, ist der Wasserwiderstand schon bei sehr kleinen Geschwindigkeiten riesig. Um zu verstehen, dass sich Wasser wie eine Wand anfühlen kann, versuchen Sie doch mal bei Ihrem nächsten Schwimmbadbesuch, im seichten Wasser zu gehen oder – besser noch – zu laufen. Sie werden Mühe haben, voranzukommen und das Gleichgewicht zu halten. Das vermittelt Ihnen vielleicht eine bessere Vorstellung davon, inwiefern auch Überlebensschwimmzüge zu totaler Energieverschwendung führen, wenn sie auf Wasserwiderstand treffen. Es ist also nicht ein Mangel an Fitness, der so schnell zur Erschöpfung führt, sondern die ineffiziente Energieverschwendung Ihrer Überlebensschwimmzüge.

3. Es ist schwierig, das Wasser zu fassen

Obwohl Wasser Ihrem Körper so unerbittlich Widerstand leistet, wirbelt es einfach davon, wenn Sie versuchen, es zu fassen. Und dann ist die Hand auch noch so viel kleiner als der Körper, den sie voranzutreiben versucht. Das Rudern mit der Hand ist eine ineffiziente Methode des Vortriebs – oder haben Sie schon einmal von einem Raddampfer gehört, der einen Geschwindigkeitsrekord aufgestellt hätte? Im Vergleich zum Laufen, wo man sich vom festen Boden abstoßen kann und durch dünne Luft bewegt, ist Schwimmen wie Bergauflaufen auf glattem Eis.

Im traditionellen Schwimmunterricht werden diese Ineffizienzen im Wesentlichen nur noch verstärkt: Beim Freistilschwimmen zum Beispiel beginnt man mit Beinschlag (und noch mehr Beinschlag), geht dann dazu über, die Arme nach vorne zu schwingen und sie im Wasser zurückzuziehen. Weiterhin soll man endlos Bahnen schwimmen, um in Form zu kommen. Aber »Ziehen« und »Kicken« sind in einem Medium mit hohem Widerstand und wenig Zugkraft außerordentlich ineffektiv. Indem man im Training eine Bahnlänge nach der anderen abspult, während man das unbehagliche Gefühl im Wasser und die unbeholfene Wasserlage einfach ignoriert, sorgt man nur dafür, dass sich die unvorteilhaften Bewegungsmuster der Überlebensschwimmzüge weiter verfestigen.

TI bietet jedoch praxiserprobte Lösungen für alle aufgeführten Probleme. Im Folgenden möchte ich Ihnen die neuen Ansätze vorstellen, die es auch Ihnen ermöglichen werden, schnell zu einem »fischähnlichen« Schwimmstil zu kommen, der sich durch Effizienz und Mühelosigkeit auszeichnet.

Lösen Sie das universelle Problem … mit Cleverness nicht mit roher Gewalt

Lernen Sie, mit der Natur zu arbeiten und nicht *gegen* sie anzukämpfen, indem Sie sich auf vier grundlegende Fertigkeiten konzentrieren: a) horizontale Wasserlage im Gleichgewicht, b) stromlinienförmiges Gleiten, c) Ausnutzen von Gewichtsverlagerungen und d) geduldige Hände. Denken Sie immer daran, dass Sie Ihre Hände beim effizienten Schwimmen nicht einsetzen, um Wasser nach hinten zu schieben, sondern um die Wasserlage zu verbessern, durchs Wasser zu »stechen«, Ihre Körperlinie zu verlängern und sich im Wasser zu verankern. So lernen Sie, mit Ihrem Körper zu schwimmen, anstatt ihn durchs Wasser zu ziehen.

1. Meistern Sie die Wasserlage: Vom Überlebenskampf zur Geschicklichkeit

Bei vielen Schwimmern, die sich in der Vergangenheit nur erfolglos abmühten, hat das Erlernen einer horizontalen, balancierten Wasserlage die Angst vor dem Untergehen vertrieben und in ein tiefes Vertrauen in die eigenen Fähigkeiten verwandelt. Die horizontale Wasserlage ist die Grundlage und Voraussetzung für harmonische und effiziente Bewegungen im Wasser. Wenn man lernt, sich entspannt ins Wasser zu legen, ist dies für jeden Schwimmer von unschätzbarem Wert. Es beendet den Überlebenskampf und ermöglicht es Armen und Beinen, effektiver eingesetzt zu werden.

Da unser spezifisches Gewicht 95 Prozent unseres Körpers untertauchen lässt, schwimmen wir, indem wir uns *durch* das Wasser hindurch bewegen, und nicht darüber hinweg. Anstatt gegen das Gefühl des Absinkens anzukämpfen, müssen Sie lernen, entspannt eine horizontale Lage einzunehmen. Wenn Ihnen dies gelingt, werden Ihre Beine automatisch zur Wasseroberfläche steigen. Nun wandelt sich das Absinken sogar zum Vorteil, da der Wasserwiderstand unmittelbar unter der Wasseroberfläche kleiner ist als direkt an der Wasseroberfläche. Denn wenn ein Körper die Wasseroberfläche durchbricht, erzeugt er Wellen, die zu zusätzlichem Widerstand führen.

Da Sie vom Gewicht Ihrer unteren Körperhälfte nach unten gezogen werden, müssen Sie die obere Hälfte nutzen, um dies auszubalancieren. Beginnen Sie damit, Ihren Kopf (mit seinen etwa fünf Kilogramm) entspannt ins Wasser zu legen. Lassen Sie den Kopf »los« und von seinem eigenen Auftrieb tragen. Wenn Sie den Kopf in der Verlängerung Ihrer Wirbelsäule ausrichten und Ihre Arme nach vorne strecken, können Sie so Ihre untere Körperhälfte ausbalancieren und mühelos eine horizontale Wasserlage einnehmen, ohne dass es überhaupt eines Beinschlags bedürfte. Das ist der Schlüssel, um den Wasserwiderstand massiv zu reduzieren. Und mit dem »Loslassen« des Kopfes werden auch Schultern und Nacken entspannt.

Sobald Sie es beherrschen, sich entspannt ins Wasser zu legen und dessen tragende Kraft zu spüren, werden Sie auch erleben, wie sich eine geistige Blockade löst. Ihr Kopf ist nicht mehr vom Kampf ums Überleben und gegen das Versinken ausgefüllt. Nun kann er sich voll und ganz darauf konzentrieren, Arme und Beine optimal einzusetzen.

2. Schlüpfen Sie stromlinienförmig durch das Wasser

Weil Wasser eine so hohe Dichte besitzt – und es keinen anderen Weg gibt, als durch das Wasser hindurch zu schwimmen –, sollte man dabei klugerweise stets versuchen, den Körper durch eine möglichst kleine »Öffnung« im Wasser zu schieben, und darauf achten, möglichst jeden Widerstand zu vermeiden.

Im Freistil- und Rückenschwimmen sollten Sie sich vorstellen, dass Ihr Körper entlang der Körperachse in zwei Hälften geteilt ist. Formen Sie dann die beiden Seiten möglichst wie einen Torpedo, der durchs Wasser schießt. Anstatt sich auf Armzug und Beinschlag zu konzentrieren, versuchen Sie lieber, auf der linken Seite und auf der rechten Seite jeweils möglichst stromlinienförmig zu gleiten. Der ausgestreckte Arm geht dabei voraus, und der Körper und die Beine folgen dem Arm längs einer geraden Linie wie auf einem »Gleis«.

Beim Brust- und Schmetterlingsschwimmen führen Sie eine delfinartige Wellenbewegung aus. In beiden Lagen gleiten Sie von unterhalb der Wasseroberfläche nach oben, kommen mit dem Rücken aus dem Wasser und schieben sich über dem Wasser voran. Benutzen Sie die Arme, um durch die Wasseroberfläche zu stechen und dann Kopf, Rumpf und Beine durch eine möglichst kleine »Öffnung« im Wasser schlüpfen zu lassen. Richten Sie dabei die Energie immer *nach vorne*. Je länger Sie sich bei jedem Zug knapp unter der Wasseroberfläche vorwärtsbewegen, desto kleiner ist der Widerstand und umso schneller sind Sie.

3. Schwimmen Sie mit dem Körpergewicht

Haben Sie schon mal beobachtet, wie bei der Tour de France die Anwärter auf den Gesamtsieg einen steilen Alpenpass hinauffahren? Wie sie im Stehen in die Pedale treten, während ihr Körper von einer Seite zur anderen pendelt? Oder wie ein Weltklassegolfer wie Tiger Woods oder Martin Kaymer mit einem eleganten flüssigen Schwung einen Golfball mehr als 300 Meter weit abschlägt? Ja? Dann haben Sie die effizienteste Energiequelle beobachten können, die uns Menschen zugänglich ist – die Gewichtsverlagerung. Speerwerfer, Tennisspieler, Skilangläufer, Boxer und auch Hochspringer verlassen sich darauf. Warum also sollten sich Schwimmer auf die relativ bescheidene Kraft ihrer Arme und Beine beschränken, wenn andere Athleten den gesamten Körper einsetzen?

Wenn Sie beim Freistil- und Rückenschwimmen gerade auf der rechten Seite stromlinienförmig durchs Wasser gleiten, ist Ihre aus dem Wasser erhobene linke Körperseite bereit, sich im nächsten Augenblick mit einer mühelosen und kraftvollen Gewichtsverlagerung nach unten zu drehen. Die Energie, die in Ihrer erhobenen Hüfte gespeichert ist, befindet sich dabei in der idealen Position, um als zusätzlicher Impuls im Verbund mit der Schwerkraft zu wirken und so mit erstaunlich wenig Aufwand eine starke Kraft freizusetzen.

In den beiden Lagen Schmetterling und Brust wiederum können Sie durch ein Auf- und Abbewegen der Brust und der Hüften Ihre besonders kräftige Rumpfmuskulatur anzapfen, um einen beschleunigenden Schwung zu erzeugen.

Diese Kraft verbessern Sie nicht durch härteres Training, sondern durch perfektes Timing und die *Synchronität der Bewegungen*: Ihre Arme und Ihr Oberkörper bewegen sich gleichzeitig vorwärts, und indem Sie Ihre gesamte Körpermasse in einer fließenden Bewegung verbinden, verstärken Sie den Impuls, der Sie im Wasser vorwärtsbringt.

4. Halten Sie das Wasser mit geduldiger Hand

Wenn Schwimmer mit Armen und Beinen durch das Wasser pflügen, denken sie häufig, dass Verwirbelungen unvermeidbar sind, wenn man Energie ins Wasser bringen will. Aber wenn man darauf aus ist, stromlinienförmiges Gleiten und gut getimte Gewichtsverlagerungen zu seinem Vorteil zu nutzen, erweisen sich jedwede Turbulenzen nur als bremsender Widerstand, den es unbedingt zu vermeiden gilt.

Im TI-Schwimmen legt man deshalb Wert darauf, die Arme jeweils ohne Spritzer und Luftblasen so lautlos wie möglich ins Wasser zu führen, da ruhiges Wasser ein besseres Wasserfassen ermöglicht. Darüber hinaus sollten Sie sich zum Wasserfassen vollständig strecken, so als wollten Sie etwas greifen, was eigentlich etwas außerhalb Ihrer Reichweite liegt. Weiterhin gilt es, bei jedem neuen Zug die notwendige Geduld aufzubringen, um hinter der Hand jeweils so viel Wasser so fest wie möglich zu fassen zu kriegen. Beginnen Sie mit dem Zug erst dann, wenn Sie das Gefühl haben, dass die Hand stabil ist und festen Zugriff auf das Wasser hat.

In der Zeit, in der Sie geduldig den Zugriff der Hand aufs Wasser festigen, kommt Ihr Körper in die richtige Lage für die nächste kraftvolle Gewichtsverlagerung. Wenn Sie zu früh ziehen, wühlen Sie nur Wasser auf und vergeuden unnötig Kraft. Sie mögen vielleicht denken, dass all das geduldige Warten letztlich auf Kosten der Geschwindigkeit geht. Aber weit gefehlt. Der stromlinienförmig gehaltene Körper erhält die Geschwindigkeit so gut aufrecht, dass Sie immer genügend Zeit haben, um den nächsten Armzug vernünftig vorzubereiten.

Auf diese Art zu schwimmen, erweist sich unter dem Strich als viel weniger ermüdend. Wenn Sie beim Schwimmen versuchen, das Wasser nach hinten zu schieben, verrichten Arme und Schultern die ganze Arbeit. Und deren Muskeln ermüden sehr schnell. Indem Sie aber auf das torpedoartige Nach-vorne-Gleiten, das geduldige Wasserfassen und die perfekt getimte Gewichtsverlagerung achten, nutzen Sie die viel kräftigeren Muskeln Ihres Rumpfes und lassen sich von der Schwerkraft helfen. Und in den Rumpfmuskeln steckt nicht nur viel mehr Kraft als in Armen und Beinen, sie ermüden auch kaum.

TEIL II

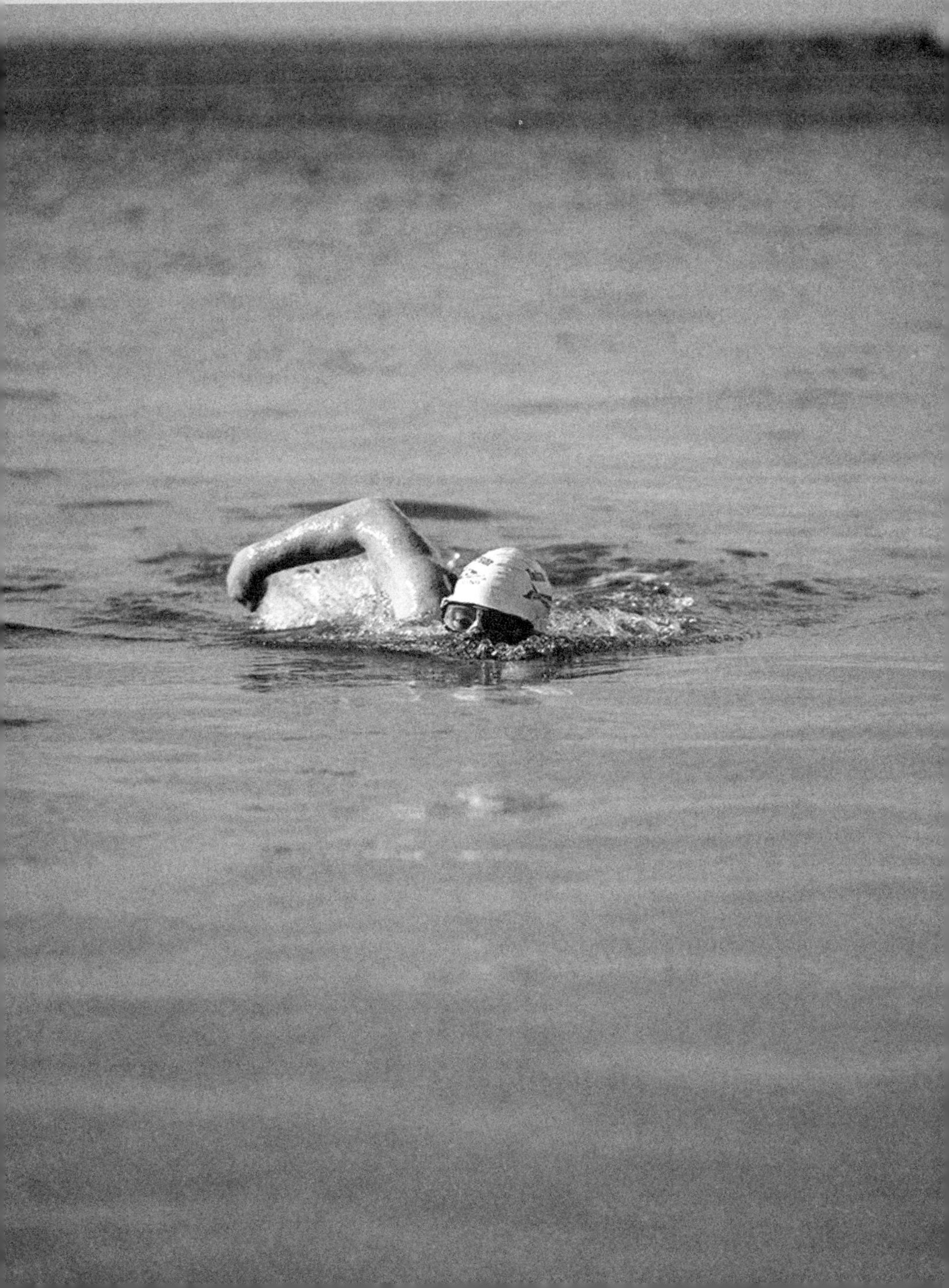

Wie ein langer Zug einen Schwimmer schneller macht

Bereits mehrere Jahre lang hatte ich das Ausnahmetalent Aaron Peirsol bei Jugendwettkämpfen in Südkalifornien genau beobachtet. 1998 schrieb mir dann Ted Isbell (Aaron war zu diesem Zeitpunkt 14 Jahre alt) folgende E-Mail: »Ich hatte oft Gelegenheit, Aaron beim Schwimmen zuzuschauen, weil er in der gleichen Altersgruppe wie mein Sohn schwamm. Obwohl Aaron immer der schnellste Schwimmer war, schwamm er durchweg mit weniger Zügen als alle anderen. Ich habe mit meinen Fingern einen Ring gebildet und hindurch geschaut, um ihn von den anderen Schwimmern abzugrenzen. Er schien so spielend ruhig zu schwimmen, dass es nicht einmal so aussah, als sei es für ihn ein Wettkampf. Ich wechselte zum nächsten Schwimmer, und dieser schien viel stärker zu kämpfen. Als ich die Hand wegnahm, war ich überrascht, wie viel Vorsprung Aaron in der kurzen Zeit gewonnen hatte.«

2002 brach Peirsol im Alter von 17 Jahren den Weltrekord über 200 Meter Rücken. Zwölf Jahre später hält er immer noch die Weltrekorde über 100 und 200 Meter Rücken. Im Schwimmen sind zwölf Jahre eine ungewöhnlich lange Zeit, um einen Weltrekord zu halten. Peirsol blieb von 2002 bis 2010 an der Spitze der Weltrangliste im Rückenschwimmen. Er gewann 2004 und 2008 fünf olympische Goldmedaillen, was ihn zu einem der herausragenden Schwimmer aller Zeiten machte.

Während der letzten 60 Jahre hat fast jeder Schwimmer, der die Weltranglisten in seiner Lage wirklich dominierte (vom Australier Murray Rose, dem besten Langstreckenschwimmer in den 1950ern, bis hin zu Michael Phelps und dem Chinesen Sun Yang in den letzten Jahren), sich auch dadurch ausgezeichnet, dass er atemberaubend schnell schwamm, aber den Eindruck erweckte, dass er weit weniger Aufwand dafür treiben musste als seine Konkurrenten.

Ich war lange überzeugt, dass es angeborenes Talent sein musste. Aber inzwischen habe ich viele durchschnittliche Schwimmer gesehen – einschließlich einiger, die vorher kaum eine einzige Länge schwimmen konnten –, die es geschafft haben, genauso geschmeidig und entspannt zu schwimmen wie die Eliteschwimmer, wenn auch etwas langsamer.

Sobald Sie das Geheimnis des effizienten Schwimmens verstanden und verinnerlicht haben, können auch Sie die nötigen Bewegungsabläufe bewusst üben, und ich verspreche Ihnen: Es dauert nicht lange, bis Sie viel besser schwimmen werden als zuvor. Wahrscheinlich werden Sie nicht so schnell schwimmen wie Aaron Peirsol, aber Sie werden Ihr individuelles Potenzial voll ausschöpfen.

Der Schlüssel liegt in dem, was Ted Isbell aufgefallen war, als er Peirsol bei Jugendwettkämpfen beobachtete: ein längerer Schwimmzug. Die große Bedeutung der Zuglänge ist schon lange bekannt, und trotzdem versuchen die meisten Schwimmer immer noch, zum Erfolg zu kommen, indem sie »Kilometer fressen«. Unglücklicherweise führen längere Trainingseinheiten und eine höhere Trainingsintensität bei all jenen unter uns, denen nicht das Ausnahmetalent der Eliteschwimmer in die Wiege gelegt wurde, nur dazu, dass die Züge kürzer und die Zeiten langsamer werden. Oder anders gesagt: Harte Arbeit, die nachlässig ausgeführt wird, verhindert fast zwangsläufig, dass man Fortschritte macht.

Der menschliche Instinkt im Wasser erweist sich als der bei weitem hinderlichste Faktor. Wenn wir schneller schwimmen wollen, denken wir zuerst daran, mit den Armen schneller zu ziehen. Wenn man jedoch nicht mit dem Talent eines Aaron Peirsol gesegnet ist, ist das nur ein sicheres Rezept, um mehr Energie zu verschwenden und schneller zu ermüden – und sicherlich nicht, um bessere Zeiten zu erreichen.

Zuglänge: Das Markenzeichen der Sieger

Warum wissen wir, dass die Zuglänge wichtig ist? Bei jeder seriösen Untersuchung von Wettkampfresultaten – sei es auf Anfängerniveau oder bei nationalen Meisterschaften – hat sich immer wieder ein Erfolgsfaktor mit großer Konstanz als entscheidend erwiesen: Die schnelleren Schwimmer brauchen weniger Züge als die langsameren Schwimmer. Gleichzeitig gibt es keine einzige Studie, die je eine bessere aerobe Kapazität oder größere Trainingsumfänge als Schlüssel zu schnelleren Schwimmzeiten nachgewiesen hätte.

Wie wichtig ist die Kraft? Obwohl viele Athleten viele Stunden im Kraftraum mit Gewichtheben verbringen oder in jedem Training mit Paddles sowie anderen Widerstand erzeugenden Geräten schwimmen, haben Forscher immer wieder festgestellt, dass Weltmeister und Olympiasieger *weniger* Zugkraft aufwenden als ihre weniger erfolgreichen Konkurrenten. Sie brauchen nicht so viel Kraft, um schneller zu schwimmen, weil ihre Bewegungsabläufe und ihre Wasserlage so geschmeidig und stromlinienförmig sind.

Das bedeutet nicht, dass Fitness unwichtig wäre. Wenn man über lange Distanzen mit hoher Geschwindigkeit unterwegs ist, muss man fit sein, um einen langen effizienten Zug aufrechtzuerhalten. Bei Olympischen Spielen ist praktisch *jeder* Athlet, der sich qualifiziert hat, auf dem Höhepunkt seiner Fitness. Aber im Rennen ist praktisch immer der effizientere Schwimmzug das entscheidende Kriterium für den Sieg.

Eine kurze Anleitung zur Verbesserung der Zuglänge

Die Zuglänge ist im Schwimmsport vermutlich eine der am wenigsten verstandenen Variablen. Definiert ist die Zuglänge (ZL) als die Distanz, die mit einem Schwimmzug zurückgelegt wird. Der zweite Faktor, der in diesem Zusammenhang entscheidend ist, ist die Anzahl der Züge pro Länge (ZpL). Die beiden Größen stehen in einem reziprok proportionalen Verhältnis: Wenn die ZL größer wird, nimmt die ZpL entsprechend ab.

Wenn Schwimmer begreifen, dass eine große Zuglänge wichtig ist, versuchen Sie zunächst instinktiv, diese zu verlängern, indem sie mit den Händen weiter nach hinten ziehen. Damit jedoch können Sie Ihre Zuglänge praktisch nicht verbessern – vielmehr sorgen Sie lediglich dafür, dass Ihre Armmuskeln schneller ermüden. Halten Sie sich immer vor Augen: Die Zuglänge hat nichts damit zu tun, wie weit man die Hand nach hinten zieht, sondern hängt letztlich nur davon ab, wie weit sich der Körper während eines jeden Armzugs im Wasser vorwärtsbewegt. Was Sie also während eines Armzugs tun, um den Widerstand zu reduzieren, hat einen viel größeren Einfluss auf die Zuglänge als die Art und Weise, wie Sie mit der Hand ziehen.

Wenn Sie zum Beispiel effizient Brust schwimmen, gleiten Sie während 80 Prozent des Zugzyklus stromlinienförmig knapp unter der Wasseroberfläche voran. Wie stromlinienförmig der Körper dabei gehalten wird, ist viel wichtiger als die Details des Armzugs.

Weniger Widerstand statt mehr Vortrieb

Um die Zuglänge zu vergrößern, ist es weitaus bedeutsamer, den Wasserwiderstand effektiv zu reduzieren, als den Vortrieb zu erhöhen. Das gilt insbesondere für nicht so geübte Schwimmer: Bei ihnen wird 90 Prozent der Zuglänge dadurch bestimmt, wie erfolgreich sie Widerstand vermeiden, und nur 10 Prozent durch die Vortriebskraft. Seit ich Total Immersion gründete, habe ich ein Vierteljahrhundert lang selbst unermüdlich an meiner Effizienz gearbeitet. Von 1989 bis 2001 habe ich mich dabei ausschließlich der Reduzierung des Wasserwiderstands gewidmet, und ich war während dieser kompletten Zeitspanne in der Lage, kontinuierlich kleine Fortschritte zu machen.

Es liegt auf der Hand, dass ein langer Schwimmzug weniger Energie verbraucht als ein kurzer Schwimmzug. Im Wasser aber ist die Effizienz der Züge aus drei Gründen ganz besonders wichtig:

1. Eine hohe Zugfrequenz (und somit eine kleinere ZL) erhöht den Energiebedarf dramatisch. Wenn Sie die Zugfrequenz verdoppeln, so vervierfacht sich der Wasserwiderstand.
2. Mit einer höheren Zugfrequenz und der damit verbundenen höheren Herzfrequenz können Sie die Technik nicht sauber aufrechterhalten. Wenn sich die Herzfrequenz erhöht, geht das zumeist auf Kosten des Stils, und das kostet Energie.
3. Mit höherer Zugfrequenz verursachen Sie mehr Turbulenzen und bewegen viel Wasser, was aber Ihren Körper nicht schneller durchs Wasser bewegt.

Wie man mit der Zuglänge Rennen gewinnt

Wenn es Ihnen gelingt, mit langen Zügen zu schwimmen, stehen Ihnen in Wettkämpfen Optionen offen, die ein ineffizienter Schwimmer nicht besitzt. Das offenbart sich speziell gegen Ende eines Rennens, wenn alle müde werden. Dann werden Unterschiede in der Effizienz entscheidend. Eine Untersuchung aller Rennen für die Olympiaqualifikation in den USA seit 1976 (mit mehr als 9.000 einzelnen Läufen) ergab, dass die erfolgreichen Schwimmer jeweils mit einem leichten Vorteil in der Zuglänge begannen und dass dieser Unterschied dann auf der letzten Länge nochmals wesentlich zunahm. Wenn die Topschwimmer der Welt bei internationalen Wettkämpfen zusammenkommen, werden die Medaillen meist in der zweiten Rennhälfte vergeben. Auf den letzten Längen tendieren alle Schwimmer dazu, die Zugfrequenz zu erhöhen, und handeln sich dafür Einbußen in der Zuglänge ein. Praktisch alle Rennen werden dann von jenen Schwimmern gewonnen, denen es gelingt, eine gute Zuglänge länger aufrechtzuerhalten, und nicht von jenen, die am schnellsten ziehen.

Ein Vorteil dieser Strategie ist, dass man mit einer größeren Zuglänge zu Beginn des Rennens mit einer niedrigeren Herzfrequenz schwimmen kann. Die weniger effizienten Schwimmer müssen von Beginn an härter arbeiten, um zu verhindern, dass sie hinter die effizienteren Schwimmer zurückfallen, die auf der Nebenbahn geschmeidig vorausgleiten. Und da sowohl die Herz- als auch die Zugfrequenz eines Athleten nach oben limitiert ist, haben die effizienteren Schwimmer mehr Spielraum und können beides nochmals steigern, wenn es im Rennen zur Sache geht.

Wenn Sie selbst bereits Wettkämpfe geschwommen sind, kennen Sie vermutlich das unangenehme Gefühl, wenn Ihnen die Konkurrenten gegen Ende des Rennens davonschwammen – und Sie haben sicher gedacht, dass Sie härter trainieren müssen. Ich selbst habe viele Jahre damit verbracht, extrem hart zu trainieren, und wurde trotzdem von den Konkurrenten abgehängt. Erst viel später gelang es mir, den Spieß umzudrehen. Dafür musste ich aber erst lernen, dass es viel mehr bringt, die Anzahl der Züge pro Länge systematisch zu reduzieren, anstatt die Trainingsumfänge und -belastungen zu steigern.

Von 1996 bis 1999 trainierte ich die Sprinter der Militärakademie USMA West Point mit dieser Strategie – weniger Wasserwiderstand und längere Züge anstelle von höherem Trainingsumfang mit höherem Puls. Jeder Schwimmer, der bei mir trainierte, erreichte nun bessere Zeiten als je zuvor, und das Team feierte in diesen Jahren deutlich mehr Erfolge als davor oder danach.

Wenn auch Sie das Gefühl der Hilflosigkeit in Wettkämpfen überwinden wollen, sollten Sie so schwimmen, wie es die Weltmeister tun. Beginnen Sie das

Rennen mit einer Zugzahl in der unteren Hälfte Ihres persönlichen Effizienzbereichs (mehr dazu in Kapitel 5). Erhöhen Sie dann die Zahl um einen Zug (pro Länge) im mittleren Teil und um einen oder zwei weitere Züge gegen Ende der Distanz. So können Sie die Rennen selbst kontrollieren. Dies erreichen Sie, indem Sie sich schon im Training auf die Verringerung der ZpL konzentrieren.

5

Wie Sie Ihre optimale Zuglänge erreichen

Die meisten Schwimmer sind sich nicht bewusst, dass praktisch alles, was im Training passiert, einen Einfluss auf die Zuglänge hat – wie lang die Serien sind, die man schwimmt, oder wie viele Pausen man zwischen den einzelnen Wiederholungen macht. Und den größten Einfluss hat, mit welcher Intensität, also mit welchem Maß an Anstrengung, Sie schwimmen. In herkömmlichen Trainingsprogrammen orientiert sich die Bestimmung dieser Größen an generischen Formeln, die sich auf den Energieverbrauch der Muskeln beziehen. Bei Total Immersion hingegen betrachtet man bei der Trainingsgestaltung alles vornehmlich unter dem Gesichtspunkt, welchen Einfluss es auf die Zugeffizienz hat. Der Aufbau der körperlichen Fitness und Kraft wird nicht außer Acht gelassen, aber man konzentriert sich niemals exklusiv darauf.

Der Hauptunterschied zwischen Total Immersion und »traditionellem« Training besteht darin, dass man bei TI ständig die Zugzahl (also die Züge pro Länge, kurz ZpL) im Auge behält. Wenn Sie neue Fertigkeiten erlernen, gibt Ihnen das stetige Prüfen der Zugzahl einen Hinweis, ob Sie in alte Gewohnheiten zurückfallen und womöglich in Ihren Bemühungen, die Effizienz zu erhöhen, nachlassen. Wenn Sie nach den Leitlinien von TI trainieren möchten, bedeutet das für Sie, dass Sie anfangen müssen, a) immer die Anzahl der Züge zu zählen und b) diese Information zu nutzen, um Ihr Training sinnvoll zu gestalten (wie weit und wie schnell Sie schwimmen, wie viele Pausen Sie machen etc.).

Als TI-Schwimmer bestimmen Sie jeweils im Voraus für jede Länge die Zugzahl, die Sie möglichst schwimmen wollen. Vielleicht erreichen Sie die gewünschte Zugzahl nicht immer, aber das ist nicht schlimm. Denn in diesem Fall können Sie womöglich etwas Wichtiges lernen, indem Sie hinterfragen und bewerten, was nicht gut genug gelaufen ist. Das ist der Schlüssel, um mit jeder

Länge, die Sie im Training schwimmen, die Kontrolle und Konsistenz Ihres Schwimmstils weiter zu verbessern.

Der größte Vorteil des kontinuierlichen Zügezählens ist, dass es Ihnen ein verlässliches Maß für die Effizienz liefert. Wenn Sie merken, dass Sie an Effizienz verlieren, können Sie die Distanzen der einzelnen Wiederholungen verkürzen, die Schwimmgeschwindigkeit drosseln, die Pausen ausdehnen ... oder einfach eine Weile ruhig und entspannt schwimmen.

Wie aber zählen Sie am besten Ihre Züge? Am einfachsten ist es, wenn Sie beim Freistil- und Rückenschwimmen jedes Mal zählen, wenn Sie mit einer Hand eintauchen, und beim Schmetterlings- und Brustschwimmen, wenn Sie beide Arme nach vorne führen. Sie werden bald merken: Indem Sie zählen, wie viele Züge pro Länge Sie benötigen, schwimmen Sie viel bewusster. Schwimmen ohne ein Zählen der Züge ist hingegen wie Autofahren ohne Tachometer. Aus meiner langjährigen Erfahrung heraus kann ich sagen: Für die meisten Menschen – und speziell für alle unerfahreneren Schwimmer – ist die Zugzahl wichtiger als die geschwommene Zeit.

Was ist Ihr persönlicher Zugzahlbereich?

Jeder Schwimmer sollte mit seinem optimalen persönlichen Zugzahlbereich für unterschiedliche Situationen vertraut sein. Der wichtigste Faktor für die Bestimmung dieses individuellen Effizienzbereichs ist dabei die Körpergröße. Eliteschwimmer legen im Freistil pro Zug zwischen 55 und 70 Prozent ihrer Körpergröße zurück.

Das Diagramm auf der folgenden Seite liefert Ihnen für das Freistilschwimmen die empfohlenen Zugzahlbereiche in einem 25-Meter-Becken. Dabei sind die Werte jeweils in Abhängigkeit von der jeweiligen Körpergröße angegeben: Der untere Wert entspricht einer Zuglänge von ca. 70 Prozent der Körpergröße, der obere von ca. 55 Prozent.

Ein Schwimmer von 1,50 Meter Größe sollte also im 25-Meter-Becken im Zugzahlbereich von 19 bis 24 Zügen pro Länge (ZpL) bleiben. Für einen 2,00 Meter großen Schwimmer liegt der Bereich zwischen 14 und 18 ZpL. Damit legt man jeweils 20 Meter zurück, d.h. die ersten fünf Meter werden durch Abstoßen und Beinschlag unter Wasser überwunden.

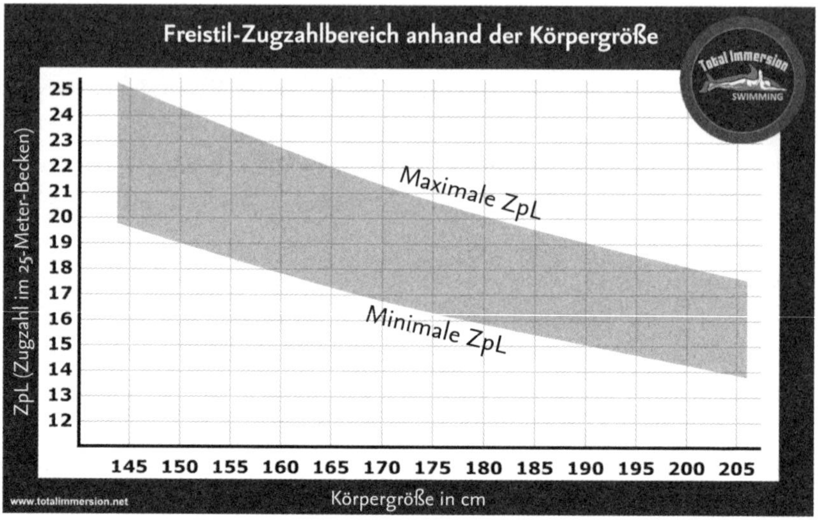

Versuchen Sie, die untere Zugzahl zu erreichen, wenn Sie locker schwimmen und an der Zugeffizienz arbeiten, und die obere, wenn Sie die Geschwindigkeit erhöhen wollen. Wenn Sie Ihre Ausdauer trainieren oder eine bestimmte Geschwindigkeit halten wollen, sollten Sie jeweils darauf achten, dass die Zugzahl während einer kompletten Serie innerhalb einer Bandbreite von drei Zügen bleibt. Wenn Sie also zum Beispiel mit 17 ZpL beginnen, sollten Sie es sich zum Ziel setzen, bis zum Ende der Serie auf keiner Länge mehr als 19 Züge zu benötigen.

Halten Sie sich an diese Tabelle und zählen Sie Ihre Züge regelmäßig. Dann haben Sie die nötige Information, um Ihr Training zu optimieren: Wenn sich die Zugzahl vergrößert, sobald Sie über längere Distanzen oder schneller schwimmen, sollten Sie sich sofort fragen, ob dies der richtige Weg ist, und versuchen, die entsprechende Serie das nächste Mal effizienter zu gestalten. In jedem Fall gilt: Indem Sie kontinuierlich die Anzahl der Züge zählen, haben Sie auf jeder Länge ein Ziel und Sie schwimmen bewusster.

Meine persönliche Freistil-Zugzahl im 25-Meter-Becken liegt laut dem obigen Kurvendiagramm zwischen 15 und 19 Zügen. Wenn ich möchte, gelingt es mir, die Zugzahl zu Beginn einer Serie auch auf 13 oder 14 Züge zu reduzieren.

Aber ich muss schon sehr aufmerksam, bewusst und locker schwimmen, um das zu erreichen. Wenn ich mich zwinge, auf Dauer bzw. bei längeren Wiederholungen mit einer so geringen Zugzahl zu schwimmen, leidet auch bei mir irgendwann die Geschmeidigkeit und Gleichmäßigkeit meiner Züge. Es ist auch nicht gut, mit einer künstlich tiefen Zugzahl schnell schwimmen zu wollen. In der Regel verbraucht man so mehr Energie, als man dauerhaft einsetzen kann.

Am oberen Ende des Spektrums versuche ich, die 19 Züge wirklich nur für die schnellsten Längen zu verwenden. Wenn ich für meine Lieblingsdistanzen (1.500 bis 3.000 Meter im Freiwasser) trainiere und dabei eine schnelle Grundgeschwindigkeit erreichen möchte, plane ich das Training so, dass ich mit einer bestimmten Zugzahl beginne und diese auf der zweiten Hälfte der Strecke um ein bis zwei ZpL erhöhe, um sie auf diese Weise mit höherer Geschwindigkeit zu beenden.

Sie können sich auch bei den anderen drei Lagen an Ihrem persönlichen Zugzahlbereich für das Freistilschwimmen (bei mir 15 bis 19 ZpL) orientieren. Beim Rückenschwimmen räume ich mir einen oder zwei zusätzliche Züge pro Länge ein (17 bis 21 ZpL). Beim Brustschwimmen versuche ich, halb so viele Züge zu benötigen wie bei der Rückenlage (8 bis 10 ZpL), und beim Schmetterlingsschwimmen nutze ich die obere Grenze des Zugzahlbereichs im Brustschwimmen als Vorgabe (10 ZpL).

Die Zugzahlen fallen in den beiden Lagen Brust und Schmetterling kleiner aus, weil Sie hier mit beiden Armen gleichzeitig ziehen. Der Rhythmus ist beim Schmetterlingsschwimmen so wichtig, dass es hier schwierig ist, die Zugzahl zu variieren und trotzdem effizient zu bleiben. Darauf werde ich in den Kapiteln zu den einzelnen Lagen noch im Detail eingehen.

Was, wenn das Reduzieren der Zugzahl Sie langsamer macht?

Wenn Sie bisher über Monate oder Jahre mit einer höheren Zugzahl als der empfohlenen geschwommen sind, müssen Sie davon ausgehen, dass Sie durch das Reduzieren der Zugzahl langsamer werden, zumindest am Anfang. Vorsicht: Wenn Sie sich in dieser Situation nun zu stark darauf konzentrieren, die Geschwindigkeit wieder zu erhöhen, werden Sie vermutlich tatsächlich vorübergehend schneller, aber es wird Sie auch schnell erschöpfen. Zudem erhöht sich so auch das Verletzungsrisiko.

Ich rate Ihnen deshalb dringend, zunächst mit geringeren Geschwindigkeiten zu beginnen und sich dabei voll und ganz auf die Effizienz Ihrer Schwimmtechnik zu konzentrieren. So schaffen Sie die Grundlage, um langfristig Ihr volles Potenzial ausschöpfen zu können. Unterschätzen Sie aber nicht, wie anspruchsvoll ein solches Training ist: Kontinuierlich jenes Maß an Achtsamkeit und Disziplin aufzubringen, um eine längere Distanz (200 bis 800 Meter) oder eine längere Serie von 100-Meter-Wiederholungen mit einer tiefen Zugzahl zu schwimmen, kann Sie genauso fordern wie das schnelle Schwimmen mit einer hohen Zugzahl.

Um eine Zugfrequenz von 16 Zügen pro Länge über Distanzen von 500 oder 800 Metern aufrechtzuerhalten, muss ich jede Wende, jedes Abstoßen, jeden Atemzug und jeden Armzug *genau richtig* machen, sonst kann ich die vorgegebene ZpL nicht erreichen. Diese Art des Trainings hat viele Vorteile:

1. Es fördert die Konzentration – denn sobald Sie in der Konzentration nachlassen, verlieren Sie gleich an Effizienz.

2. Es prägt die effizienten Bewegungsmuster in Ihrem Nervensystem ein.

3. Wenn Sie 25 Minuten oder länger auf diese Weise trainieren, verbessern Sie Ihre Fitness nicht nur allgemein, sondern stilspezifisch. Mit Hilfe längerer Serien, die Sie mit einer ZpL nahe am unteren Ende Ihres individuellen Zugzahlbereichs schwimmen, stärken Sie die Kreislaufkapazität genau derjenigen Muskeln, die benötigt werden, um *effiziente* Schwimmbewegungen umzusetzen.

4. Schließlich entscheidet – wie ich bereits in Kapitel 4 dargelegt habe – insbesondere am Ende eines Rennens die kleinere Zugzahl häufig über Sieg oder Niederlage. Deshalb ist der kontinuierliche Fokus auf die Zugzahl schon im Training die Grundlage für dauerhafte Effizienz im Wettkampf.

Wie ich die ZpL nutze, um mein schwimmerisches Potenzial auszuschöpfen

Sobald Sie erst mal die Basis für effizientes Schwimmen gelegt haben, können Sie die ZpL in Ihrem Training immer mal wieder bewusst erhöhen, um schneller zu schwimmen – und vor allem, um zu üben, wie Sie dies *auf effiziente Weise* bewerkstelligen können. Ich gehe dabei wie folgt vor:

- Ich schwimme etwa acht Monate pro Jahr mit Zugzahlen zwischen 15 und 17. Das begrenzt die Geschwindigkeit, die ich beim Schwimmen erreichen kann. Aber das macht nichts. Ein oder zwei Mal pro Woche versuche ich, mit wenigen Zügen möglichst schnell zu schwimmen. Diese ausgedehnten Trainingsphasen mit geringer ZpL verankern effizientes Schwimmen als eine starke Gewohnheit.
- In den vier Monaten im Sommer, wenn ich viel im Freiwasser schwimme, also in Seen, Flüssen oder im Meer, absolviere ich mehr Serien mit höheren Zugzahlen und Herzfrequenzen. Dabei erlaube ich mir 17 bis 19 Züge pro Länge. Auf diese Weise werde ich deutlich schneller, fühle mich aber immer noch wohl und kann kontrolliert schwimmen.
- Wenn ich die Zugzahl im Training erhöhe, versuche ich, die Bewegungen weiterhin sehr geschmeidig zu halten. Ineffiziente Schwimmer können nur schneller werden, indem sie sich stärker anstrengen. Ich hingegen kann meine Geschwindigkeit ohne große zusätzliche Anstrengung erhöhen, indem ich einfach die Zugzahl von 16 auf 17, 18 oder 19 Züge erhöhe. Das Augenmerk liegt darauf, die Geschwindigkeit zu erhöhen, indem ich den *zeitlichen Ablauf* meiner Züge ändere, und nicht durch größeren körperlichen Einsatz.
- Indem ich so trainiere, kann ich bei Freiwasserschwimmen mit anderen Athleten mithalten, die 20 oder 30 Jahre jünger sind als ich.

Zusammengefasst heißt das: Schwimmen Sie keinen Zug gedankenlos. Achten Sie immer auf Ihre Zugzahl und versuchen Sie, bei jedem Zug so effizient wie möglich zu schwimmen. Wählen Sie die Zugzahl, die Sie anstreben, stets mit Bedacht (siehe dazu die Anleitung auf der folgenden Seite).

Die Zugzahl sinnvoll auswählen

Hier ein paar einfache Regeln, die Sie im Hinterkopf behalten sollten, um mit weniger Zügen besser zu schwimmen.

Schwimmen mit Ihrer kleinsten Zugzahl sollte:

- sich fast mühelos anfühlen,
- geschmeidig und ruhig sein,
- mit einem lockeren Beinschlag ausgeführt werden.

Dennoch sollte es einiges an Konzentration und Aufmerksamkeit erfordern, diese Zugzahl über mehr als eine oder zwei Bahnen beizubehalten.

Wenn Sie am unteren Ende Ihres Zugzahlbereiches schwimmen, hat dies viele Vorteile:

- Längere Züge werden zur Gewohnheit.
- Es trägt dazu bei, auch bei höheren Geschwindigkeiten effizient zu bleiben.
- Es hilft, über längere Distanzen effizient zu bleiben.

Wenn Sie die Zugzahl erhöhen, um schneller zu schwimmen, sollte es so sein, dass Sie:

- weiterhin kontrolliert und geschmeidig schwimmen.
- die Geschwindigkeit mit einem geringfügigen Mehr an körperlichem Einsatz erhöhen können.
- die Erfahrung machen, wie es sich anfühlt, flott und zügig zu schwimmen (und sich dabei noch geschmeidig und ruhig zu bewegen), ohne an Ihre körperlichen Grenzen gehen zu müssen.

Die Fische als Vorbild: Stromlinienform bringt mehr als pure Kraft

Bei einem Schwimmseminar, das ich im Jahr 1974 besuchte, hat mich der kanadische Trainer Howard Firby darauf hingewiesen, dass auch die meisten Trainer dem Irrglauben anhängen, im Schwimmsport würden die Arme den Körper durchs Wasser *ziehen* und die Beine den Körper durchs Wasser *schieben*. Deshalb wurde das Schwimmtraining traditionell auf Armzug und Beinschlag ausgerichtet. Schwimmer absolvieren unzählige Trainingsstunden mit Paddles und Pull-Buoys, um die Arme zu trainieren, und sie benutzen das Schwimmbrett für ein isoliertes Beinschlagtraining. Ich glaube, dass dies mehr schadet, als es nützt.

Wie wir bereits gesehen haben, ist die Zuglänge der wichtigste Faktor für erfolgreiches Schwimmen und das Vermeiden von Wasserwiderstand der effektivste Weg, um die Zuglänge zu verbessern. In diesem Kapitel möchte ich Ihnen nun erklären, wie auch Sie den Widerstand erfolgreich reduzieren können.

Im September 1978 arbeitete ich als Trainer erstmals in einem Schwimmbecken mit Unterwasserfenster. Als ich das Fenster zum ersten Mal benutzte, um meinen Schwimmern beim Training zuzusehen, entdeckte ich etwas, was ich vom Beckenrand aus vorher nie gesehen hatte. Wenn sich die Schwimmer von der Wand abstießen, glitten speziell jene unter ihnen, die ihren Körper stromlinienförmig hielten, sehr schnell durchs Wasser und sahen dabei aus wie Fische im Aquarium ... bis sie mit dem Schwimmen begannen.

Sobald sie nach der Gleitphase wieder anfingen, zu ziehen und zu kicken, wurden sie dramatisch abgebremst und man konnte sehen, dass sie viel mehr Energie darauf verwendeten, das Wasser aufzuwühlen, als um vorwärts zu kommen. Es wurde mir sofort bewusst, dass ich ihnen beibringen musste, sich über *die komplette Distanz* stromlinienförmig zu halten, und dass sie damit schneller werden würden als mit allem, was ich ihnen über Armzug oder Beinschlag beibringen konnte.

Der Wasserwiderstand ist schuld daran, dass die schnellste beim Menschen gemessene Schwimmgeschwindigkeit ca. 8 km/h beträgt, während sie bei Fischen mit weniger Energieaufwand bis zu zehn Mal so hoch sein kann. Fische schwimmen unter Wasser und sind immer stromlinienförmig. Menschen werden dadurch behindert, dass sie an der Wasseroberfläche mit Armzug und Beinschlag schwimmen *müssen* – was oft einzig dazu führt, dass das Wasser aufgewühlt wird. Sogar die besten Schwimmer der Welt (die so effizient schwimmen, dass sie für 25 Meter Freistil nur acht oder neun Züge brauchen) nutzen 90 Prozent der Energie, um den Wasserwiderstand zu überwinden. In einem Medium, das eine so hohe Dichte besitzt wie Wasser, zahlt sich das Reduzieren des Widerstandes – sogar bei kleinen Geschwindigkeiten – enorm aus. Und weil sich der Wasserwiderstand exponentiell mit der Geschwindigkeit erhöht, steigt auch die Energieersparnis durch das erfolgreiche *Vermeiden* von Widerstand exponentiell mit der Geschwindigkeit.

Wasser ist wie eine Wand

Wie ich von meinem Unterwasserfenster aus beobachtete, können auch wir Menschen für einen Moment wie Fische gleiten, wenn wir uns unter Wasser von der Wand abstoßen, aber sobald wir mit dem Armzug beginnen, behindert unsere stetig wechselnde Körperform eine effiziente Fortbewegung im Wasser. Der Hauptunterschied zwischen schnelleren und langsameren Schwimmern besteht darin, dass Erstere eine längere und schlankere Form beibehalten.

Um sinnvoll daran arbeiten zu können, sich mit weniger Widerstand durchs Wasser zu bewegen, muss man verstanden haben, dass es drei unterschiedliche Arten von Wasserwiderstand gibt. Zwei davon kann man minimieren, indem man die Schwimmtechnik verbessert; die dritte kann man nur mit einem Anzug beeinflussen.

1. Formwiderstand wird durch die Kontur des Körpers verursacht. Wenn man schwimmt, schiebt man Wasser vor sich her und erzeugt so ein Areal mit höherem Druck. Gleichzeitig lässt man ein Areal mit geringerem Druck hinter sich, das einen wie ein Sog zurückzieht. (Das ist der Grund, warum Schwimmer im Training gerne, ähnlich wie es auch die Radrennfahrer tun, dicht hintereinander schwimmen und sich vom Sog des vorderen Schwimmers mitziehen lassen.) Der

Formwiderstand wächst mit dem Quadrat der Geschwindigkeit. Das heißt, eine doppelt so hohe Geschwindigkeit resultiert in einem vier Mal höheren Formwiderstand.

Der Formwiderstand wird durch die Größe und Form des Körpers bestimmt, und der beste Weg, ihn zu reduzieren, besteht darin, durch die kleinstmögliche »Öffnung« im Wasser zu schlüpfen. Sie müssen sich bewusst sein, dass dann, wenn Sie perfekt stromlinienförmig im Wasser liegen (so wie nach dem Abstoßen nach einer Wende), *jedwede* Bewegung der Arme und Beine unweigerlich dazu führt, dass der Widerstand sich erhöht. Deshalb können Sie in einer einzigen Übungsstunde, in der Sie sich mit geduldiger und aufmerksamer Konzentration der Frage widmen, wie Sie während des Schwimmens (also während der Züge und des Atmens) möglichst lang und schlank im Wasser liegen, mehr erreichen als in hundert Stunden harten, gedankenlosen Trainings.

In den beiden Lagen Rücken und Freistil ist der Formwiderstand dann am kleinsten, wenn Sie mit ausgestrecktem Arm in leichter Seitenlage im Wasser liegen, so dass eine Schulter aus dem Wasser schaut. Sie sollten versuchen, diese besonders wasserschlüpfrige Position während jedes einzelnen Zugs möglichst ein wenig länger einzunehmen.

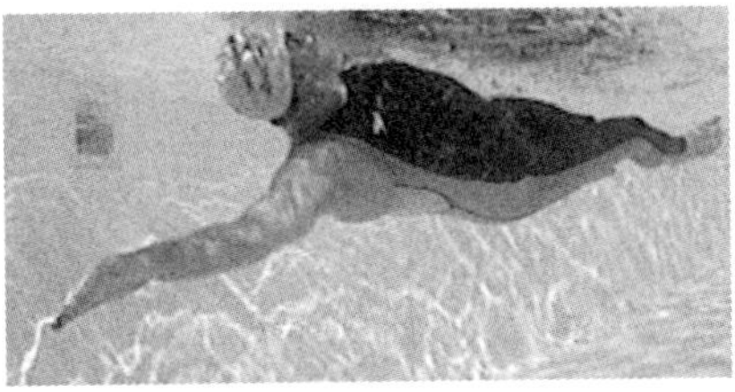

In den Lagen Brust und Schmetterling hingegen ist der Widerstand am kleinsten, wenn Sie ausgestreckt knapp unter der Wasseroberfläche dahingleiten. Beim Brustschwimmen sollten Sie diese Position des minimalen Formwiderstands während etwa zwei Dritteln des Zugzyklus einnehmen. Beim Schmetterlingsschwimmen sollten Sie versuchen, sie für einen Moment zwischen zwei Zügen zu erreichen.

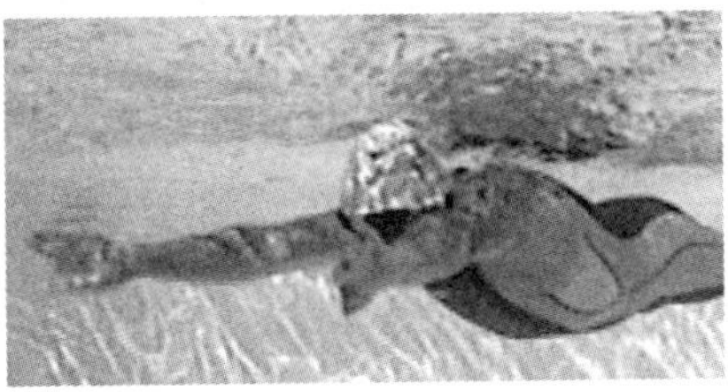

2. Wellenwiderstand absorbiert erstaunlich viel Energie. Dabei gilt: Je größer die Welle, desto höher die vergeudete Kraft. Wenn Sie die Geschwindigkeit verdoppeln, geht acht Mal mehr Energie in die Wellenerzeugung. Der Hauptgrund, warum Fische – und menschliche Schwimmer, wenn sie sich unter Wasser von der Wand abstoßen – so viel schneller sind, besteht darin, dass man unter Wasser keine Wellen erzeugt und es somit keinen Wellenwiderstand gibt. Darum versuchen Wettkampfschwimmer, beim Start und nach der Wende jeweils für die maximal erlaubten 15 Meter unter Wasser zu bleiben.

Dies ist auch der Grund, warum kleinere Schwimmer eher im Schmetterlings- und Brustschwimmen konkurrenzfähig sind, da man in diesen Lagen teilweise unter Wasser schwimmt. Wie ich später noch genauer erläutern werde, sinkt der Wellenwiderstand an der Wasseroberfläche mit der *effektiven Körpergröße* eines Athleten beim Schwimmen. Deshalb werden gerade das Rücken- und Freistilschwimmen von größer gewachsenen Schwimmern dominiert.

Letztlich ist es jedoch so, dass Sie die meiste Zeit an der Wasseroberfläche schwimmen, und wenn Sie den Widerstand hier optimieren wollen, ist es das Beste, a) Ihre Körperlinie während eines möglichst langen Teils des Zugzyklus

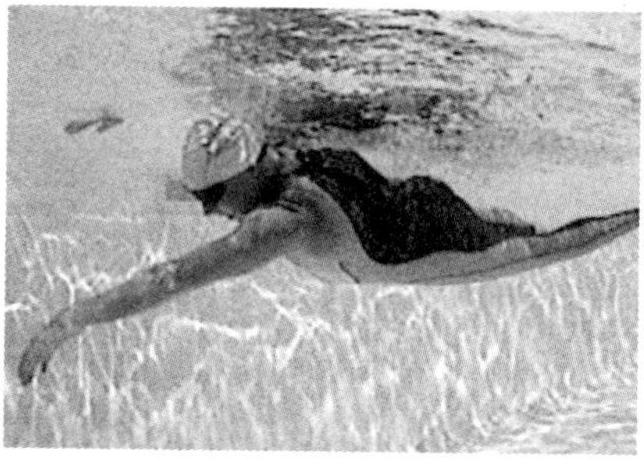

möglichst lang zu halten und b) mit geschmeidigeren Zugbewegungen zu schwimmen. Kurze, schnelle Züge verursachen größere Wellen. Ein langer, ruhiger Zug hingegen erzeugt weniger Verwirbelungen, weniger Wellen und damit weniger Wellenwiderstand.

3. **Oberflächenwiderstand** entsteht durch Reibung zwischen dem Wasser und der Hautoberfläche. Dies ist folglich die unwichtigste Form des Widerstands, was die Arbeit an Ihrem Schwimmstil betrifft. Verbesserungen der Schwimmtechnik helfen nicht, den Oberflächenwiderstand zu verringern. Sie können ihn höchstens reduzieren, indem Sie einen engen Schwimmanzug aus Elastan oder Polyester verwenden.

Achten Sie auf den Wasserwiderstand

Wenn Sie leichter durch die »Wand« des Wassers gleiten wollen, müssen Sie immer auf den Wasserwiderstand achten:

1. **Fühlen Sie.** Achten Sie darauf, wie sich der Widerstand anfühlt, und absolvieren Sie Übungen, die darauf ausgerichtet sind, den Wasserwiderstand zu reduzieren: Halten Sie den Kopf in einer Linie mit der Wirbelsäule. Richten Sie den Körper im Freistil- und Rückenschwimmen gerade hinter Ihrem ausgestreckten Arm aus. Halten Sie sich in den Lagen Brust und Schmetterling jeweils ausgestreckt knapp unter der Wasseroberfläche. Benutzen Sie die Hände, um vor dem Armzug durchs Wasser zu »stechen«. Halten Sie die Füße eng zusammen.
2. **Schauen und hören Sie.** Achten Sie bei Ihrem Schwimmzug auf die Bildung von Luftblasen im Wasser und versuchen Sie, diese zu minimieren. *Hören* Sie auch auf Ihren Schwimmzug. Alles, was Ihren Zug geräuschvoller macht, ist offensichtlich ineffizient. Versuchen Sie, »leise« und in »klarem« Wasser zu schwimmen – nicht nur bei langsamen Geschwindigkeiten, sondern insbesondere dann, wenn Sie schnell schwimmen. (Vergessen Sie nicht: Der Widerstand wächst exponentiell mit der Geschwindigkeit.) So können Sie Ihre Effizienz am einfachsten verbessern.
3. **Gleiten Sie wie ein Speer durchs Wasser.** Beenden Sie jeden Zug *vorne* (im traditionellen Denken beendet man den Zug hinten) und stellen Sie sich vor, Sie würden sich *wie ein Speer* durchs Wasser bewegen. Die Hände sind die Speerspitze, die eine schmale »Öffnung« ins Wasser schneidet. Körper und Beine folgen dem Arm durch die gleiche »Öffnung«.

Jetzt müssen Sie sich entscheiden

Im Juni 2002 nahm ich erstmals am Manhattan Island Marathonschwimmen (MIMS) teil und absolvierte die 28,5 Meilen in acht Stunden und 53 Minuten. Während des Schwimmens widmete ich 98 Prozent meiner Aufmerksamkeit dem effizienten Schwimmen und versuchte, so lautlos wie möglich und ohne Luftblasen zu schwimmen.

Wenn man meine Zugzahl von 49 Zügen pro Minute (mein Team hat die Zugzahl jede halbe Stunde gemessen) mit der Zeit multipliziert, kommt man auf 26.000 Züge, um ein Mal rund um Manhattan zu schwimmen. Das ist auf den ersten Blick eine enorme Zahl. Aber wenn man sie mit den anderen 30 Teilnehmern vergleicht, die mit durchschnittlich 72 Zügen pro Minute auf insgesamt 38.000 Züge kamen, nimmt sich mein Wert erstaunlich klein aus.

Indem ich mich auf das Vermeiden von Widerstand konzentrierte, konnte ich 12.000 Züge einsparen – genug, um Manhattan noch einmal fast der Länge nach entlangschwimmen zu können. Damit war ich im Vergleich zu den Schwimmern, die sich auf ihren Armzug und ihren Beinschlag konzentrierten,

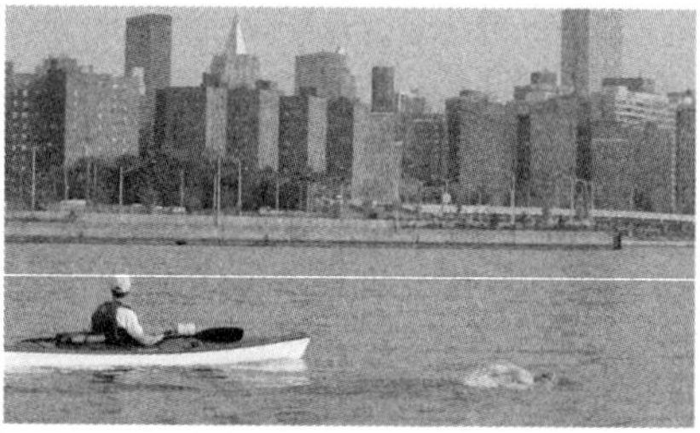

deutlich im Vorteil. Im Juni 2006 schwamm ich den Marathon von Manhattan Island noch einmal und absolvierte ihn mit einer Zugfrequenz von 53 Zügen pro Minute in acht Stunden. Das ergibt etwas mehr als 25.000 Züge.

Genau wie ich bei meinen beiden MIMS-Teilnahmen haben auch Sie jedes Mal, wenn Sie ins Schwimmbad gehen, die Wahl. Sie können die Zeit damit verbringen, Ihren Armzug, Ihren Beinschlag und Ihre aerobe Kapazität zu trainieren, oder Sie konzentrieren sich darauf, Wellen, Lärm und die benötigten Zugzahlen zu reduzieren. Inzwischen sollte klar sein, was die bessere Wahl ist.

7

Widerstand vermeiden: Der Weg zu besserem Schwimmen

In den vorangegangenen Kapiteln wurde erklärt, wie man effektiver schwimmt. Um Ihr volles Potenzial auszuschöpfen, müssen Sie Ihre alten, menschlichen Schwimmmuster durch neue effiziente Gewohnheiten ersetzen. Diese lassen sich in zwei Gruppen unterteilen:

1. Fertigkeiten zum Vermeiden von Wasserwiderstand helfen, den Schwung zwischen zwei Zügen aufrechtzuerhalten und Energieverschwendung zu reduzieren.

2. Fertigkeiten zur Verbesserung des Vortriebs helfen, die mächtige Rumpfmuskulatur einzusetzen und die Hände im Wasser zu »verankern«, damit der Körper sich daran vorbei nach vorne schieben kann.

Sie können selbst entscheiden, wann und wie Sie Ihr Training verändern, um diese Fertigkeiten zu erlernen. Ein Wettkampfschwimmer mitten in der Rennsaison kann damit beginnen, die Züge zu zählen und zu versuchen, während der Schwimmzüge Luftblasen, Spritzer und Lärm möglichst zu vermeiden. Er kann die entsprechenden Technikübungen beim Einschwimmen oder beim Ausschwimmen unternehmen. Wenn Sie hingegen erst vor kurzem mit dem Schwimmen begonnen haben und schon nach wenigen Längen ermüden, schlage ich vor, dass Sie sofort damit aufhören, sich unnötig abzumühen, und stattdessen unmittelbar mit den im Folgenden dargestellten Übungen beginnen.

Warum die Fertigkeiten zum Vermeiden von Widerstand wichtiger sind

1. Weil sie einen größeren Effekt haben. Mindestens 70 Prozent Ihres Potenzials für Effizienzsteigerungen ergeben sich aus der Verringerung des Wasserwiderstands. Je weniger Erfahrung Sie haben und je schlechter Ihr Schwimmstil derzeit noch ist, desto größer wird die Verbesserung durch die Widerstandsreduktion ausfallen. Wenn Sie neu zum Schwimmen gekommen sind, wird 90 Prozent der Verbesserung, welche Sie in den ersten drei bis sechs Monaten erreichen werden, aus Ihrer verbesserten Wasserlage und der geraden Ausrichtung Ihres Körpers resultieren.

2. Weil sie einfacher zu lernen sind. Der größte Teil der Reduktion des Wasserwiderstands ergibt sich aus der Verbesserung einfacher Bewegungsmuster des ganzen Körpers und aus dem Einsatz der großen Muskelgruppen. Im Gegensatz dazu müssen Sie zur Verbesserung des Vortriebs komplexe Bewegungsmuster mit kleineren Muskeln koordinieren. So ist es zum Beispiel im Rückenschwimmen deutlich einfacher, die Haltung des Kopfes zu spüren und anzupassen, als die feinen Unterschiede der Handstellung einzustudieren, die erforderlich sind, um die Hände zu Beginn eines Zuges gut im Wasser zu »verankern«. Zudem hat die Haltung des Kopfes einen viel größeren Einfluss auf die Leichtigkeit und Effizienz des Schwimmens. Sie können die richtige Kopfposition in zehn Minuten erlernen, während es Jahre dauern kann, um die deutlich subtileren und komplexeren Fertigkeiten zur Verbesserung des Vortriebs zu entwickeln. Vielleicht brauchen Sie ein paar Monate, um die neue Kopfstellung wirklich fest in Ihr Muskelgedächtnis einzuprägen, aber Sie werden in praktisch jeder Stunde des aufmerksamen Übens spüren, wie sehr sich die Leichtigkeit und die Effizienz Ihres Schwimmstils dadurch verbessern.

3. Weil die ausbalancierte, horizontale Wasserlage eine Grundvoraussetzung für die fortgeschrittenen Fertigkeiten darstellt. Die erste Fertigkeit zum Vermeiden von Widerstand – eine balancierte, horizontale Wasserlage – wird Ihre Art zu schwimmen in vielerlei Hinsicht grundlegend verändern: Sie werden mit größerer mentaler Ruhe und mit mehr Kontrolle schwimmen können. Beides ist später auch wesentlich für das Erwerben der Fertigkeiten, die zur Verbesserung des Vortriebs erforderlich sind.

Horizontale Wasserlage im Gleichgewicht: Die wichtigste Fertigkeit des effizienten Schwimmens

Eine balancierte Wasserlage ist deshalb von so entscheidender Bedeutung, weil der menschliche Körper schwerer als Wasser und darum das Absinken natürlich ist. Sie sinken selbstverständlich nicht auf den Boden den Schwimmbads, aber Ihre Hüften und Beine sinken unter den Oberkörper. Das rührt daher, dass unser Körper für die aufrechte Haltung an Land und somit für eine *vertikale* Balance ausgelegt ist.

Auch im Wasser neigt der Körper dazu, sich senkrecht aufzurichten. Aber während ein Verlust des Gleichgewichts an Land bedeutet, dass Sie straucheln oder stürzen, führt dies beim Schwimmen »lediglich« dazu, dass Sie sich ineffizienter bewegen und folglich einen größeren Wasserwiderstand zu überwinden haben. Wenn Ihre Beine absinken, geschehen drei Dinge, die allesamt zulasten Ihrer Effizienz als Schwimmer gehen:

1. Sie schlagen mit allen vier Gliedmaßen um sich, um das Absinken zu verhindern. Dies erhöht den Wellenwiderstand und damit Ihren Energieaufwand.

2. Wenn Hüften und Beine nach unten hängen, erhöht sich der Formwiderstand. Damit wird jeder Zug mühsamer.

3. Sie verlieren die Kontrolle. Sie können nicht mit ruhigen, langen Zügen schwimmen oder das Wasser ruhig fassen, wenn Sie ständig wild »mühlen«, um bloß nicht abzusinken.

Gewichtsausgleich wie bei der Wippe auf dem Spielplatz

Wenn der Auftrieb Ihre Brust anhebt, während Hüften und Beine absinken, verhält sich Ihr Körper wie eine Wippe auf dem Spielplatz, bei der sich auf der einen Seite ein schwereres Kind befindet als auf der anderen. Bei einer solchen Wippe ist jedem klar, wie man es anstellen muss, um sie ins Gleichgewicht zu bringen: Man schiebt das schwerere Kind näher zur Mitte und das leichtere so weit wie möglich nach außen. Auch als Schwimmer können Sie ganz ohne Beinschlag eine horizontale Wasserlage erreichen, indem Sie Ihr Gewicht entsprechend verlagern.

Aufgrund unseres spezifischen Körperbaus müssen wir Menschen damit zurechtkommen, dass sich unser »Balance-Zentrum« nicht etwa in der Körpermitte befindet, wenn wir die waagerechte Schwimmposition eingenommen haben, sondern etwas weiter Richtung Brustbein. Wenn Sie lange oder muskulöse Beine haben, befindet es sich sogar noch etwas weiter oben – was die Neigung Ihrer Beine, im Wasser abzusinken, noch verstärkt. Besitzen Sie hingegen einen langen Oberkörper und kurze Beine, befindet sich Ihr Balance-Zentrum näher am Bauchnabel und es dürfte Ihnen etwas leichter fallen, das gesuchte Gleichgewicht zu finden.

Es gibt einen einfachen Test, um einzuschätzen, wie leicht es für Sie ist, eine horizontale Wasserlage einzunehmen: Schlingen Sie in hüfttiefem Wasser die Arme um die Knie, atmen Sie tief ein, halten Sie die Luft an und bitten Sie einen Bekannten, Sie nach unten zum Beckenboden abzustoßen und dann loszulassen. Wenn Sie daraufhin schnell wieder zur Oberfläche aufsteigen, sollte es relativ einfach für Sie sein, die horizontale Wasserlage zu erlernen. Wenn Sie nicht so schnell wieder hochkommen, wird es schwieriger und Sie werden mehr üben müssen, um diese Fertigkeit zu erlangen. Aber es wird sich auf jeden Fall lohnen. Wenn Sie unter Wasser bleiben, wird es noch schwieriger. In diesem Fall empfiehlt es sich, die Übungen zur horizontalen Wasserlage in kurzen Wiederholungen zu unternehmen und sich immer wieder neu abzustoßen, um erneut genug Schwung aufzunehmen.

»Blei-Enten« aufgepasst: Wenn Sie zur letzten Kategorie gehören, sollten Sie in Betracht ziehen, mit Brustschwimmen zu beginnen, weil dort die Wasserlage mit tiefer liegenden Hüften normal ist, während dies bei Freistil und Rücken für ein Gefühl der Unbehaglichkeit im Wasser sorgt. Mit Brustschwimmen können Sie Ihr Gefühl für das Wasser stärken und lernen, sich im Wasser wohl zu fühlen, bevor Sie sich an die schwierigere Situation im Freistil heranwagen.

Das Erlernen der horizontalen Wasserlage erfordert viel Geduld und Aufmerksamkeit, ist aber im Grunde genommen ganz einfach:

- Entspannen Sie den Nacken und lassen Sie das Gewicht des Kopfes vom Wasser tragen.
- Strecken Sie Ihren Körper vollständig aus und versuchen Sie, mit ihm eine größere Wasserfläche abzudecken. Das verbessert die Wasserverdrängung.

- Lassen Sie die Hände an den nach vorne ausgestreckten Armen leicht nach unten hängen.
- Ziehen Sie den Bauchnabel ein und spannen Sie die Bauchmuskulatur, so dass Sie bis zu den Zehen leicht angespannt sind.

Beim Rückenschwimmen und im Freistil finden Sie die entscheidende Balance jeweils leichter in der Seitenlage. Verbessern Sie Ihre Wasserlage, indem Sie den Kopf tief im Wasser halten und in der Verlängerung der Wirbelsäule gerade ausrichten. Versuchen Sie, die lange, gerade Körperlinie bei jedem Zugzyklus etwas länger beizubehalten. Beim Schmetterlings- und Brustschwimmen lehnen Sie sich mit nach vorne ausgestreckten Armen auf die Brust. Detaillierte Anleitungen hierzu erhalten Sie später in Teil III dieses Buches, wo ich auf die einzelnen Lagen eingehen werde.

Lang machen beim Schwimmen:
Die zweite Fähigkeit des effizienten Schwimmers

Unser tief verwurzelter »menschlicher Schwimminstinkt« bringt uns dazu, Hände und Arme dazu zu benutzen, das Wasser nach hinten zu stoßen. Der Instinkt veranlasst uns auch dazu, schneller zu ziehen, wenn wir schneller schwimmen wollen. Anders gesagt: Wir überstürzen instinktiv den ersten Teil des Schwimmzuges.

Bei der Schwimmtechnik nach den Prinzipien von Total Immersion besteht die wichtigste Aufgabe von Armen und Händen hingegen darin, *Ihre Körperlinie beim Schwimmen zu verlängern*. Zudem sollten Sie versuchen, den zeitlichen Ablauf eines jeden Zuges so zu gestalten, dass sich möglichst lange mindestens eine Hand vor Ihrem Kopf befindet. Auch auf diese Weise schaffen Sie die Voraussetzungen für eine höhere Schwimmgeschwindigkeit, indem Sie den Wellenwiderstand durch eine Verlängerung Ihrer Körperlinie reduzieren.

Diese Erkenntnis beruht auf einem hydrodynamischen Gesetz, das seinerzeit im Schiffsbau entdeckt wurde: Je länger die Wasserlinie eines Bootes im Verhältnis zu seiner Breite und seinem Tiefgang ist, desto kleiner ist auch der Wellenwiderstand. Deshalb werden Boote, die schnell sein sollen, lang, schmal und mit wenig Tiefgang gebaut. Ruderboote, die durch menschliche Muskelkraft angetrieben werden, sind das anschaulichste Beispiel für dieses Konstruktionsprinzip.

Um sich dieses hydrodynamische Prinzip zunutze zu machen, müssen Sie sich beim Schwimmen möglichst *lang machen*. Das heißt konkret:

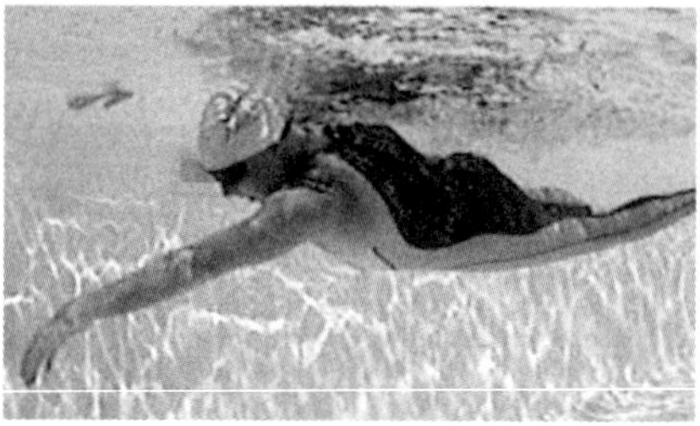

1. Strecken Sie Ihren Körper nach jedem Zug vollständig aus. Wie Sie sich erinnern, beendet man jeden Zug nicht hinten, sondern *vorne* mit dem ausgestreckten Arm.

2. *Bleiben* Sie dann eine kurze Weile in dieser ausgestreckten Position. Wenn Sie die Hand bei jedem Zug ein wenig länger vorne halten, reduziert dies den Widerstand und somit den Energieaufwand deutlich. Und es erlaubt Ihnen, mit jedem Zug ein Stück weiter zu gleiten.

In jedem Zugzyklus gibt es eine Vortriebsphase, in der Ihr Körper die Arbeit verrichtet, die Sie vorantreibt, und eine Gleitphase, in welcher die Muskeln einen Moment Pause haben. Je kürzer die Vortriebsphase und je länger die Gleitphase, desto weniger müssen Sie sich anstrengen und desto geringer ist auch Ihre Herzfrequenz. Um möglichst wenig Geschwindigkeit einzubüßen, müssen Sie sich in der Gleitphase lang und schlank halten. Die Kapitel zu den verschiedenen Lagen werden dies später noch im Detail vertiefen.

Vortrieb erzeugen / Teil eins: Geduldige Hände

Wenn Sie das Glück haben sollten, ein Ticket für die Schwimmwettbewerbe bei Olympischen Spielen zu ergattern, und die Gelegenheit nutzen, den Schwimmern im Aufwärmbecken zuzuschauen, können Sie eine visuelle Symphonie beobachten. Dutzende Athleten schwimmen auf den Bahnen in den unterschiedlichen Lagen im Kreisverkehr, aber mit einer gemeinsamen Charakteristik: Flow – jedes Arm- und Beinpaar bewegt sich in völliger Harmonie mit dem Oberkörper.

Wenn Sie das Gegenteil sehen wollen, beobachten Sie das Schwimmteam, das im Hallenbad in Ihrer Nähe trainiert. Da können Sie oft Schwimmer sehen, die ohne jedwede Eleganz mit ihren Armen und Beinen das Wasser aufwühlen. Der wesentliche Unterschied zwischen wahren Eliteschwimmern und uns Normalsterblichen wurde vor Jahrzehnten von einem der weltweit einflussreichsten Trainer entdeckt, als er den seinerzeit besten Schwimmer der Welt mit einer Videokamera aufnahm.

1970 filmte Doc Counsilman, damals Trainer an der Indiana University, die Schwimmlegende Mark Spitz mit einer Unterwasserkamera. Er befestigte kleine Lichter an den Händen seines Schützlings, um deren Bewegungen besser verfolgen zu können. Als er die Filme später analysierte, war er überrascht zu sehen, dass die Hände von Mark Spitz das Wasser nach jedem Zug jeweils an einem Punkt verließen, der *vor* dem Punkt lag, an dem sie zuvor eingetaucht waren. Zuvor hatte man stets gedacht, dass die Hand, die sich ja während des Zuges in Relation zum Körper nach hinten bewegt, anschließend auch weiter hinten aus dem Wasser kommen würde.

Die Beobachtung, dass der weltbeste Schwimmer nicht das Wasser nach hinten drückte, sondern seinen Körper an der im Wasser verankerten Hand vorbei nach vorne schob, hat die Schwimmtheorie revolutioniert. In diesem Kapitel möchte ich Ihnen erläutern, wie auch Sie mit weitaus größerer Effizienz schwimmen können, indem Sie zwei ungewöhnliche, aber höchst vorteilhafte Bewegungsfertigkeiten kombinieren: a) den Einsatz der Hände, um Ihren Platz im Wasser zu halten, und b) das Ausnutzen des Oberkörpers und der Schwerkraft, um den Körper an der im Wasser verankerten Hand vorbeizuschieben.

Die meisten Schwimmer versuchen ständig, mit den Händen Wasser nach hinten zu schieben. Das jedoch kann aus drei Gründen nicht funktionieren:

1. Die Hände sind viel zu klein, und das Wasser bietet zu wenig Widerstand, um einen wirksamen Vortrieb zu erzeugen. Wenn Sie die Hände durch das Wasser nach hinten ziehen, geht ein Großteil der Energie dafür verloren, Wassermoleküle auseinanderzutreiben, und nur wenig wird effektiv für den Vortrieb genutzt.

2. Wenn sie auf diese Weise eingesetzt werden, ermüden Arm- und Schultermuskulatur sehr schnell.

3. Wenn man hart zieht, ist die Gefahr von Verletzungen viel größer – insbesondere wenn man, so wie viele Schwimmer dies im Training regelmäßig tun, mit Paddles schwimmt.

Im Gegensatz dazu ist das *Halten* des Wassers mit einer stabilen Hand, wie Mark Spitz dies mit seinen olympischen Goldmedaillen und seinen Weltrekorden eindrucksvoll demonstrierte, in dreierlei Hinsicht von Vorteil: Es ist effizient, es ist wirkungsvoll und es verursacht weitaus weniger Ermüdung. Während Mark Spitz und anderen Eliteschwimmern diese Art zu schwimmen von Natur aus gegeben ist, müssen wir Durchschnittsschwimmer erst mit Geduld und Disziplin lernen, das Wasser zu halten, anstatt es zurückstoßen zu wollen.

In der TI-Schwimmtechnik vollbringt der Rumpf die meiste Arbeit, und er gibt auch den Rhythmus für den Schwimmzug vor. Arme und Beine werden durch den Rumpf unterstützt und bewegen sich in Harmonie mit ihm. Auf diese Weise werden Sie mit weniger Anstrengung schneller schwimmen können, weil Ihre Rumpfmuskulatur viel kräftiger ist als die Ihrer Extremitäten und zudem weniger schnell ermüdet. Wie Sie sicher schon festgestellt haben, können sich die Muskeln von Armen und Beinen innerhalb von 30 Sekunden völlig erschöpfen, wenn Sie versuchen, mit maximaler Geschwindigkeit zu schwimmen.

Benutzen Sie Ihre Arme hingegen dazu, um sich im Wasser zu verankern, und die Beine dazu, um die Rotation Ihres Körpers zu unterstützen, welche durch Gewichtsverlagerung einen wichtigen Beitrag zum Vortrieb leistet, so ermüden sie praktisch nicht.

Geduldige Hände

In den vielen Jahren, in denen ich Spitzenschwimmer bei Wettkämpfen beobachtete, fiel mir immer wieder ein überraschendes Phänomen auf. Die schnellsten Freistilschwimmer über 100 bis 1.500 Meter hatten die *langsamsten* Hände. Ich meine damit, dass sie das Wasser erstaunlich geduldig fassten und länger als die anderen Schwimmer warteten, bis sie zu ziehen begannen. Oft konnte ich hingegen auch das Gegenteil davon beobachten: Je früher ein Schwimmer mit dem neuen Zug begann, desto *langsamer* fielen seine Zeiten aus.

Ich konnte sogar, ohne auf die Uhr zu schauen, schon während der ersten Vorläufe die Schwimmer identifizieren, die es letztlich ins Finale schaffen würden, indem ich mir einfach diejenigen aussuchte, die das Wasser am entspanntesten fassten. Ich bin der Auffassung, dass diese Fertigkeit so wichtig ist, dass sie einen eigenen Namen verdient: »Geduldige Hände«.

Wenn Trainer sagen, ein talentierter Schwimmer besitze die seltene Gabe des »Gefühls für das Wasser«, beschreiben sie meist genau jenes Phänomen, das ich »geduldige Hände« nenne. Über viele Jahre dachte ich, dass das Wassergefühl etwas ist, von dem all wir normalsterblichen Allerweltsschwimmer uns leider nur wünschen könnten, von Natur aus mehr davon mitbekommen zu haben. Aber nachdem ich mehr als 30 Jahre damit zugebracht habe, das Wassergefühl zu verstehen und es mir selbst beizubringen, bin ich überzeugt, dass es eine Fertigkeit ist, die jeder von uns mit gezielten Übungen erlernen kann.

Zugegeben, es kann viele Stunden dauern, bis Sie das Gefühl für das Wasser entwickeln, und sogar Jahre, bis Sie es auch im Wettkampf umsetzen können. Aber wenn Sie sich auf den Weg machen, diese Fertigkeit zu erwerben, wird es Ihren Schwimmstil für immer verändern und es wird Ihnen helfen, beim Schwimmen wahren »Flow« zu erleben.

Indem Sie die Fertigkeit der »geduldigen Hände« erlernen, werden Sie nicht nur Ihre Schwimmeffizienz verbessern, sondern dank dieser Technik auch Schulterverletzungen in Zukunft praktisch ausschließen können. Die meisten Verletzungen der Rotatorenmanschette rühren bei Schwimmern daher, dass man mit zu viel Kraft zieht, wenn sich die Schulter in der verletzlichsten Stellung befindet. Ist der Arm nach vorne ausgestreckt und die Hand liegt nahe der Wasseroberfläche, ist die Schulter in einer schwachen und höchst instabilen Lage. Wenn Sie die Hand an diesem Punkt gewaltsam nach unten drücken, verschwenden Sie nicht nur unnötig Energie (die resultierende Kraft hebt Sie hoch und treibt Sie nicht voran), sondern Sie riskieren auch eine ernsthafte Verletzung, die sogenannte »Schwimmer-Schulter«. Deren Ausprägungen reichen von schmerzhaften Entzündungen bis hin zu Muskelzerrungen der Rotatorenmanschette. Die Schwimmer-Schulter kann Sie sogar komplett außer Gefecht setzen.

Wenn Sie die nötige Geduld aufbringen und es Ihrer Hand erlauben, abzusinken, bis sie etwa 30 bis 35 Zentimeter unter der Wasseroberfläche liegt (wobei sich die Hand selbst unterhalb des Handgelenks und der Ellbogen unterhalb der Schulter befindet), kommen Sie in den Genuss dreier wesentlicher Vorteile:

1. Sie nutzen einen *natürlichen Hebel* mit erheblicher Wirkung. Die Kraft resultiert aus einer biomechanisch optimierten Stellung und nicht aus den Muskeln.
2. Wenn Sie jetzt Kraft anwenden, treibt diese Sie voran.
3. Die Schulter befindet sich in der stabilsten Stellung. Das minimiert das Verletzungsrisiko.

Auf diese Art erhalten Sie zudem ein klares Gefühl dafür, wie Sie sich den idealtypischen Schwimmzug vorzustellen haben und wie er sich anfühlen soll. Ein Schwimmzug lässt sich durchaus mit dem Schwingen eines Tennis- oder Golfschlägers vergleichen. Denn bei allen drei Bewegungen entscheidet sich der weitere Weg des Schwunges bzw. Schlages auf den ersten paar Zentimetern. Deshalb sind Sie gut beraten, diese Bewegungen stets mit Sorgfalt auszuführen und nicht mit roher Kraft.

Bei allen drei Sportarten wirkt eine Gewichtsverlagerung des Körpers als primäre Kraftquelle (im Tennis und Golf von hinten nach vorne, genau wie im Schmetterlings- und Brustschwimmen; im Freistil- und Rückenschwimmen von einer Seite auf die andere). In dem Moment, in dem diese Gewichtsverlagerung einsetzt, steigen automatisch die Geschwindigkeit der Hand und die eingesetzte Kraft signifikant an, ohne dass man noch etwas dafür tun müsste. Sobald die

Gewichtsverlagerung zum Tragen kommt, übernehmen die *ballistischen* Kräfte das Kommando, und man kann den Ablauf der Dinge nicht mehr bewusst kontrollieren oder verändern.

Das Konzept, sich mit der Hand im Wasser zu verankern und den Körper mit einer Gewichtsverlagerung daran vorbeizuschieben, widerspricht den Lehrsätzen der traditionellen Trainingslehre diametral. Dort nämlich wird immer empfohlen, mit der Hand bis zu den Hüften zu ziehen, die Hand am Ende des Zuges zu beschleunigen und mit dem Daumen den Oberschenkel zu streifen.

Wenn Sie hingegen die Fertigkeit der *geduldigen Hände* einüben, richten Sie die Aufmerksamkeit auf den Beginn des Zuges, und wenn Sie es richtig anstellen, treiben Sie sich viel effektiver durch den Rest des Zuges.

Wie Sie lernen, das Wasser geduldig zu fassen

Ihr Ziel sollte es sein, einen leichten Gegendruck vom Wasser auf der Hand und auf dem Unterarm zu spüren, bevor Sie den Zug in die Wege leiten. Das verlangt ein feineres Gespür, als Sie es vielleicht gewohnt sind, und es erfordert Ihre volle Aufmerksamkeit darauf, was Sie jeweils an Ihren Händen und Ihren Unterarmen wahrnehmen. Dies wurde mir bewusst, als sich für mich das Wasser während des Schwimmens plötzlich »fester« anfühlte als zuvor. Mein Lieblingssatz über diese Fertigkeit stammt von dem kanadischen Trainer Cecil Colwin, der in diesem Zusammenhang von »*trapping and wrapping*« sprach: vom »Einfangen und Einwickeln« des Wassers vor dem Zug mit der Hand. Hier ein paar Tipps, die es Ihnen erleichtern werden, diese Fertigkeit schneller zu erlernen:

Ruhige Hände. Wenn Ihre Beine absinken, Ihr Körper Schlangenbewegungen ausführt und die Hüften sich zu stark verdrehen, ist es schwierig, die Hände ruhig genug zu halten, um die feinen Druckunterschiede beim Wasserfassen zu fühlen. Denn Ihre Hände sind dann notgedrungen vor allem damit beschäftigt, die Haltungsfehler auszugleichen. Lernen Sie zuerst, Rumpf und Beine ruhig zu halten, erst dann können Sie sich mit der notwendigen Aufmerksamkeit auf die geduldigen Hände konzentrieren.

Sanfte Hände. Angespannte und steife Hände können die feinen Druckunterschiede nicht wahrnehmen. Steife Hände neigen auch dazu, nach oben zu driften, wenn sie nach vorne geführt werden, anstatt sich bogenförmig nach unten zu bewegen, um mit nach hinten gerichteter Handfläche das Wasser zu fassen. Entspannen Sie Ihre Hand. Vermeiden Sie es, die Finger zusammenzupressen.

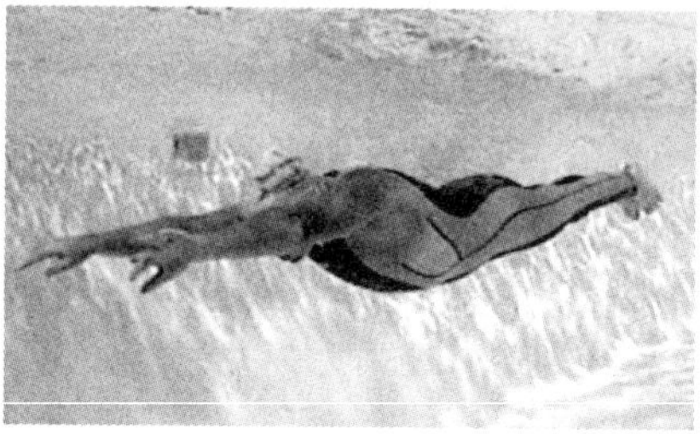

Wenn Sie zulassen, dass sich Ihre Finger ganz leicht voneinander trennen – spreizen Sie sie aber nicht –, können Sie das Wasser besser *spüren*. Das entspannte Gefühl sollte sich von den Armen über die Schulter bis in den oberen Rücken erstrecken.

Geduldige Hände. Es kann schwierig sein, die über Jahre verfestigte Gewohnheit, nach dem Eintauchen mit der Hand sofort zu ziehen und das Wasser nach hinten schieben zu wollen, wieder abzulegen. Arbeiten Sie bewusst daran, es sich zur neuen Gewohnheit zu machen, mit der Hand einen Moment lang – und sei es nur für eine Nanosekunde – innezuhalten, nachdem Sie sie nach vorne geschoben und leicht haben absinken lassen. Versuchen Sie dann einfach, Ihre

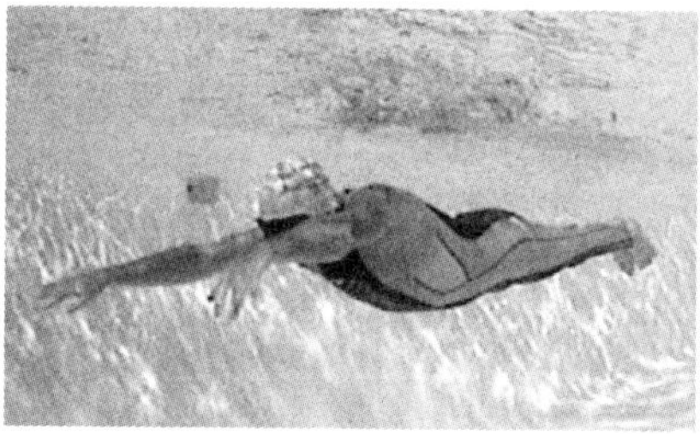

Hand dazu zu nutzen, den Platz im Wasser zu halten. Das ist nicht einfach und geht gegen den Instinkt. Sie werden sehen, dass Sie sofort wieder *das Gefühl haben*, die Hand würde nach hinten ziehen. Versuchen Sie es trotzdem. Mehr als 20 Jahre nachdem ich diese Änderung zum ersten Mal in meinen Schwimmzug eingebaut habe, spüre ich noch immer sofort eine Verbesserung, wenn ich mich auf diesen Aspekt konzentriere. Wenn Sie Ihren Fokus darauf richten, das Wasser zu fassen und zu halten, statt es nach hinten zu schieben, sollten Sie spüren, wie Ihre Rumpfmuskulatur arbeitet. Das ist gut!

Schwimmen mit Fäusten oder ausgestrecktem Zeigefinger. Eine der einfachsten, aber dennoch sehr wirksamen Übungen. Schwimmen Sie mit geballten Fäusten oder lassen Sie bei geschlossener Hand nur den Zeigefinger ausgestreckt. Zu Beginn wird Ihnen dies vorkommen, als würden Sie Ihre Hände völlig wirkungslos durch das Wasser ziehen. Nach ein paar Längen jedoch beginnen Sie zu spüren, wie Sie immer besser auf das Wasser einwirken. Je mehr

Sie üben, desto mehr sollte es sich anfühlen, als würden Sie mit offenen Händen schwimmen.

Hier noch ein paar Tipps zu Übungen mit Fäusten bzw. Zeigefinger:

- *Belassen Sie es bei kurzen Wiederholungen.* Vermeiden Sie es, sich abzumühen, und konzentrieren Sie sich auf die Übung.
- *Machen Sie langsame und lockere Schwimmzüge.* Dann spüren Sie besser, was passiert. Zu Beginn wird es sich anfühlen, als ob das Wasser an Ihrem Finger vorbeirauscht. Verlangsamen Sie die Bewegungen bewusst. Üben Sie einen so leichten Druck wie möglich aus, so als ob Sie mit Ihrer Fingerspitze ein einziges Wassermolekül halten wollten.
- *Zählen Sie die Züge.* Vergleichen Sie die ZpL-Werte, die Sie mit Fäusten oder ausgestrecktem Zeigefinger erreichen, mit jenen, wenn Sie ganz normal mit geöffneter Hand schwimmen. Versuchen Sie, die Differenz zu verkleinern.
- *Wechseln Sie ab.* Schwimmen Sie 4 bis 8 x 25 Meter mit Fäusten oder Zeigefinger. Wenn Sie einigermaßen Druck aufs Wasser ausüben können, schwimmen Sie nun jeweils eine Länge nur mit Fäusten bzw. Zeigefinger und danach eine Länge mit ganzer Hand. Im Vergleich zu vorher sollte sich das Schwimmen mit ganzer Hand jetzt anfühlen, als ob Sie die Hände von Sun Yang an Ihren Unterarmen hätten. Üben Sie geduldig, um dieses Gefühl zu verfestigen.

Vortrieb erzeugen / Teil zwei: Mit dem Rumpf schwimmen

1999 nahm ich an einem Trainingslager des US-Nationalteams teil, um den Schwimmstil der Athleten, die sich für die Weltmeisterschaften in Perth vorbereiteten, zu analysieren. Als wir Kristi Kowal – die ein paar Wochen später Weltmeisterin über 100 Meter Brust wurde – filmten, fiel mir auf, wie

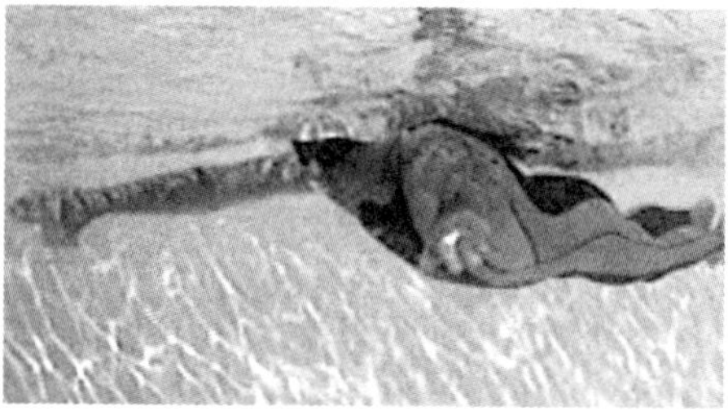

Kristi ihre Hände nach vorne und außen führte und dann eine kurze Pause machte. Danach setzte sie Rumpf und Hüften ein, um sich an den im Wasser verankerten Händen vorbei nach vorne zu treiben.

Ich habe bei Kristi Kowal das gleiche Phänomen gesehen wie Doc Counsilman Jahre zuvor bei Mark Spitz. Als sie ihre Hände nach innen in Richtung Kinn führte, befanden sie sich im Wasser vor dem Punkt, an dem sie mit dem Zug begonnen hatten, und ihre Hüften waren auf der gleichen Höhe angekommen, an der sie mit den Händen das Wasser gefasst hatte.

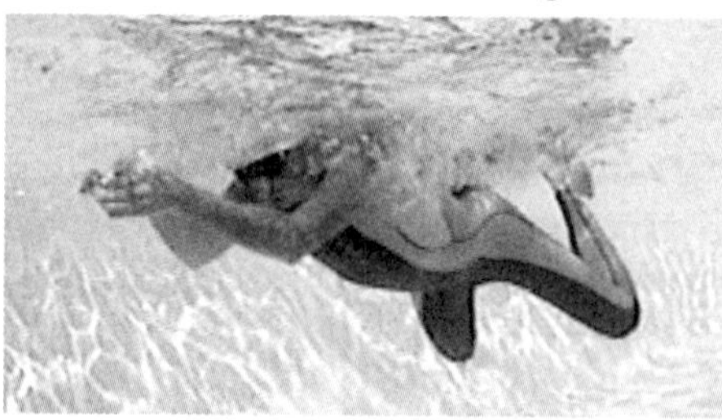

Das demonstriert, welch enormen Vorteil es hat, wenn es Ihnen gelingt, die Hände im Wasser zu verankern: Rumpf- und Bauchmuskeln übernehmen eine Arbeit, welche die Armmuskulatur schlichtweg überfordern würde.

Der Einsatz der Rumpfmuskulatur sollte sich ganz natürlich aus anderen Übungen ergeben, die Sie zur Entwicklung Ihrer Schwimmtechnik unternehmen – insbesondere solchen, die der balancierten, horizontalen Wasserlage dienen. Weil Sie dabei große, sehr kräftige Muskeln nutzen, sollte es vergleichsweise einfach sein, die Unterschiede zu spüren und zu lernen. Die lagenspezifischen Erläuterungen folgen später in den entsprechenden Kapiteln. Hier ein paar Tipps, die für alle vier Lagen gelten:

Geduld zahlt sich aus. Weil der Rumpf schwerer ist als die Arme, kann er sich nicht so schnell bewegen. Die geduldigen Hände sind deshalb so wichtig, weil die Hände warten müssen, bis der Rumpf in der richtigen Stellung für die Gewichtsverlagerung ist. Wenn Sie nicht warten, müssen Ihre Arme viel härter arbeiten. Halten Sie die Hand beim Freistil- und Rückenschwimmen an Ort und Stelle, bis Sie in der richtigen Position für die Gewichtsverlagerung sind. Warten Sie beim Brust- und Schmetterlingsschwimmen, bis die Hüften höher sind als die Brust.

Führen Sie die Energie nach vorne. In der Vergangenheit haben Sie vielleicht versucht, Energie nach hinten in Richtung Ihrer Füße zu schicken. Bei Total Immersion gilt das Gegenteil: Sie müssen versuchen, die Energie nach vorne zu führen. Gleiten Sie im Freistil mit ausgestreckter Hand wie ein Speer nach vorne, während Sie mit der anderen Hand Ihre Position im Wasser halten. Beim Rückenschwimmen beschleunigen Sie die Rückholhand über den Kopf ins Wasser, während die andere Hand sich im Wasser verankert. Beim Brustschwimmen werfen Sie die Hände nach vorne, wenn die Brust nach unten taucht, und beim Schmetterlingsschwimmen sollten Sie versuchen, sanft zusammen mit Ihren Händen im Wasser zu landen. Halten Sie sich dann am Wasser fest, wenn sich die Hüften nach unten bewegen, um sie an den verankerten Händen vorbei zu befördern.

Folgen Sie dem Rumpf. Die traditionelle Trainingslehre besagt, dass man schneller schwimmt, indem man Arme und Beine schneller bewegt. Bei Total Immersion hingegen kommt die Bewegung aus dem Rumpf. Arme und Beine folgen natürlich. Merken Sie sich: Wenn Sie schneller mit den Armen ziehen, kommt der Rumpf nicht mit, die Arme werden stärker belastet und ermüden somit schnell. Durch einen intensiveren Beinschlag würden Sie nur Wasser aufwühlen und noch schneller ermüden. Versuchen Sie deshalb, den Rumpf ein wenig schneller zu bewegen, und warten Sie geduldig mit den Händen, bis Ihr

Oberkörper so weit ist. Versuchen Sie jedes Mal, wenn Sie den Rumpf ein wenig schneller bewegen, dasselbe Gefühl der Leichtigkeit, Entspannung und Erholung zu spüren.

Und der Beinschlag? Der Beinschlag wird im nächsten Kapitel behandelt. Bei der TI-Methode besteht die wichtigste Rolle der Beine darin, sich im Windschatten des Oberkörpers zu verstecken. Darüber hinaus sollten sie den Körper bei dessen Rotation unterstützen. Die einzige Ausnahme ist das Brustschwimmen. Hier generieren die nach außen gedrehten Füße einen bescheidenen Beitrag zum Vortrieb. Aber der meiste Vortrieb sollte auch hier aus Rumpf und Hüften kommen. Die Details dazu finden Sie in den lagenspezifischen Kapiteln.

Integrierter Beinschlag: Weniger ist mehr

Es wird Sie an dieser Stelle vermutlich nicht mehr überraschen, dass ich kein Anhänger des Beinschlagtrainings mit dem Schwimmbrett bin – eigentlich halte ich keine Übung, die die Beine isoliert trainiert, weder Beinschlagserien in Seitenlage noch unter Wasser, für sinnvoll. Ich glaube vielmehr, dass eigentlich jedwedes spezielle Beinschlagtraining völlige Zeit- und Energieverschwendung ist.

Es ist sicher so, dass in den meisten Vereinen und Teams die schnellsten Schwimmer üblicherweise auch am schnellsten mit dem Schwimmbrett unterwegs sind. Aber ich glaube, das liegt nur daran, dass die gleichen Talente, die es gewissen Schwimmern ermöglichen, schneller zu schwimmen, sie auch in die Lage versetzen, schneller mit dem Brett zu sein. Und ich glaube auch, dass diese Athleten im Wettkampf genauso schnell oder sogar schneller sein könnten, wenn sie im Training komplett auf Serien und Übungen mit dem Schwimmbrett verzichten würden. Leider lässt sich diese These nur schwer belegen. Denn dafür müsste man einen Leistungsschwimmer, der bisher auf Beinschlagserien schwört, dazu bringen, diese Trainingsform für einen längeren Zeitraum nicht zu verwenden, um zu sehen, ob es seinen Leistungen dienlich ist oder schadet. Unter den betreffenden Schwimmern oder Trainern dürfte sich jedoch kaum jemand finden, der zu einem solchen Experiment bereit wäre.

Glücklicherweise gibt es unterdessen aber eine wachsende Zahl von Trainern und Schwimmern, die die Entscheidung getroffen haben, künftig lieber ohne Schwimmbrett zu arbeiten. In den letzten 20 Jahren haben ich und sämtliche Schwimmer, die ich trainierte, auf spezielles Beinschlagtraining verzichtet. Und wir alle haben die Erfahrung gemacht, dass sie ohne Trainingsserien mit Schwimmbrett nun besser schwimmen als vorher mit. Und niemand von uns hatte je das Gefühl, dass die Beine zu schwach wären oder zu schnell ermüdeten, weil wir sie nicht isoliert trainiert haben.

Die meisten Trainer und Schwimmer setzen auf Beinschlagserien, weil sie denken, dass die Beine spezifisches Konditions- und Krafttraining benötigten und ohne gesondertes Beinschlagtraining schwächer und weniger fit wären. Das wirft zwei konkrete Fragen auf:

1. Was ist der Beitrag des Beinschlags zum Vortrieb und wie viel Energie verbraucht er?

2. Macht Beinschlagtraining die Beine auf eine Weise stärker und fitter, die wichtig ist, um schneller schwimmen zu können?

Vor mehr als 50 Jahren beantwortete der legendäre Olympiatrainer Doc Counsilman die erste Frage mit einem Experiment, bei dem die Schwimmer mit unterschiedlichen Geschwindigkeiten an einem Seil durchs Wasser gezogen wurden. Bei jeder Geschwindigkeit maß er zwei Mal die Zugkraft am Seil: ein Mal, wenn die Schwimmer Beinschlag machten, und ein Mal, wenn sie die Beine stromlinienförmig hinter sich herziehen ließen. Die einzige Ausnahme, bei welcher Beinschlag die Spannung am Seil verkleinerte (und somit Vortrieb erzeugte), betraf jene Testlängen, bei denen die Zuggeschwindigkeiten am Seil klein waren und die Schwimmer den Beinschlag mit maximaler Anstrengung ausführten. Bei jeder Geschwindigkeit von mehr als 1,5 m/s (65 Sekunden auf 100 Meter) trug der Beinschlag hingegen nichts zum Vortrieb bei. In manchen Fällen *bremste* er sogar.

Weil ein Schwimmer nur mit Armzug schneller vorankommt als nur mit Beinschlag, wies Counsilman auf die Analogie mit einem Fahrzeug hin, das über einen separaten Vorder- und Hinterradantrieb verfügt. Die entscheidende Erkenntnis dabei ist: Wenn bei einem solchen Auto die Vorderräder mit 50 km/h und die Hinterräder mit 30 km/h fahren, ist die resultierende Geschwindigkeit keineswegs 80 km/h, wie ein Laie womöglich zunächst denken könnte. Vielmehr sinkt die reale Fahrgeschwindigkeit sogar unter 50 km/h, weil die Hinterräder bremsen. Dasselbe passiert, wenn ein Schwimmer den Beinschlag übertreibt. Der Beinschlag nämlich absorbiert Energie und erzeugt Widerstand. Man arbeitet härter, schwimmt aber langsamer – viele Schwimmer mussten dies schon feststellen.

Die energetischen Kosten des Beinschlags wurden in Studien gemessen, bei denen man den Sauerstoffverbrauch eines Schwimmers nur mit Armzug, nur mit Beinschlag und beim Schwimmen in ganzer Lage miteinander verglich. Jede Studie zeigte, dass kräftiger Beinschlag den Energieaufwand bei jeder Geschwindigkeit bedeutend erhöhte. In einer Studie verbrauchten die Probanden mit Beinschlag bei einer moderaten Geschwindigkeit (65 Sekunden auf 50 Meter) vier Mal mehr Energie als bei gleicher Geschwindigkeit nur mit Armzug.

Damit haben wir die Antwort auf die erste Frage gefunden: Intensiver Beinschlag kann bei einer effizienten Schwimmtechnik im besten Fall nur einen kleinen Beitrag zum Vortrieb leisten. Im schlimmsten Fall hingegen bremst er sogar und erhöht den Energiebedarf massiv. Darum sollten Schwimmer alles tun, um den Kraftaufwand für den Beinschlag möglichst klein zu halten, und stattdessen versuchen, einen entspannten Beinschlag zur Unterstützung des effizienten Schwimmens optimal einzusetzen.

Macht Beinschlagtraining Ihre Beine stärker?

So wie jedes andere Training hat auch isoliertes Beinschlagtraining fraglos einen gewissen Trainingseffekt und einen positiven Einfluss auf die Fitness eines Schwimmers. Das Problem ist jedoch, dass man beim isolierten Beinschlagtraining (mit Brett oder in Seitenlage) die Beine völlig anders einsetzt als beim Schwimmen in ganzer Lage.

Wenn Sie sich für den Vortrieb allein auf den Beinschlag verlassen, verrichten Ihre Oberschenkelmuskeln die Arbeit. Wenn Sie hingegen beim Schwimmen in ganzer Lage den Beinschlag lediglich nutzen, um die Körperrotation zu unterstützen, leisten die Rumpfmuskeln die meiste Arbeit. Die Oberschenkelmuskeln werden dabei nur eingesetzt, um die Beine mit der Bewegung des Rumpfes zu verbinden – und um die Kraft des Rumpfes in die Beine weiterzuleiten.

Benutzt man die Oberschenkelmuskeln für den Vortrieb – mit Brett oder auf der Seite –, so trainiert man sie, um etwas zu tun, was bewiesenermaßen wenig oder keinen Vortrieb erzeugt. Im Wesentlichen trainiert Beinschlagtraining die Beinmuskeln also dafür, isoliert effektiv zu arbeiten. Warum sollten Sie so etwas tun? Außer natürlich, wenn Sie zufällig gerade für einen Wettkampf im Beinschlagschwimmen trainieren.

In der Regel nutzen Sie Ihre Trainingszeit im Wasser deutlich besser, wenn Sie darauf hinarbeiten, die Bewegung Ihrer Beine an die effiziente Rollbewegung des Körpers zu koppeln. Das erreichen Sie, indem Sie in ganzer Lage (und eben nicht mit isoliertem Beinschlag) schwimmen und darauf achten, wie Ihre Beine die Bewegung des Körpers am besten unterstützen können.

Ich glaube, mein eigenes Beispiel und die Entwicklung, die ich in den letzten 45 Jahren genommen habe, veranschaulichen diesen Zusammenhang sehr gut. Zwischen 1968 und 1972 trainierte ich extrem harte Serien mit dem Schwimmbrett und versuchte, mit den Besten in unserem Team mitzuhalten. Über die Jahre konnte ich mich in dieser »Spezialdisziplin« wesentlich verbessern und wurde von einem der Langsamsten in den Beinschlagserien zu einem der Besseren. Meine Zeiten mit Schwimmbrett lagen nur noch knapp hinter denen der Schnellsten in unserem Team.

Das Problem war nur: Bei den Wettkämpfen ermüdeten meine Beine dennoch regelmäßig. Auf den letzten Längen eines Rennens schmerzten meine Beine ungeheuer, und ich hatte nie das Gefühl, dass der Beinschlag zu meiner Geschwindigkeit beigetragen hätte. Es fühlte sich vielmehr an, als würde der angestrengte, unkoordinierte Beinschlag hauptsächlich Widerstand erzeugen.

Heute, nachdem ich seit mehr als 20 Jahren überhaupt kein Beinschlagtraining mehr gemacht habe, wäre ich ohne Zweifel über 50 Meter Beinschlag bedauernswert langsam. Und ich wäre danach ziemlich erschöpft. Trotzdem unterstützen meine Beine heute meine Schwimmgeschwindigkeit signifikant. Und weder im Training noch im Rennen erreiche ich je einen Zustand, in dem meine Beine erschöpft wären.

Der Unterschied ist, dass ich zu College-Zeiten mit schlechter Wasserlage schwamm und meine Beine sich immer schwer anfühlten. Auch die unzähligen Kilometer mit dem Schwimmbrett machten meine Beine nicht leichter, und die spezifische Kraft und Fitness, die ich mit Beinschlagserien aufbaute, half auch nicht, meinen mit schlechter Balance im Wasser liegenden Körper bei Wettkampfgeschwindigkeit zu unterstützen.

Heute schwimme ich mit guter Wasserlage, und ich habe das Gefühl, dass sich meine Fähigkeit, die Bewegung meiner Beine an jene der Körperrotation und Gewichtsverlagerung zu koppeln, von Jahr zu Jahr ein wenig verbessert. Und das gilt in allen vier Lagen, nicht nur im Freistil. Meine Beine bekommen genau das Training, das sie brauchen – aerob und neuromuskulär –, weil ich in jedem Training darauf achte, die Bewegung meiner Glieder mit derjenigen des Rumpfes zu koordinieren und sie darauf abzustimmen.

Von 1996 bis 1999, als ich die Sprinter an der USMA West Point trainierte, habe ich dieses Prinzip, immer auf eine Integration der Beine hin zu trainieren (statt sie isoliert zu belasten), einem strengen Praxistest unterzogen. Das war durchaus ein wenig riskant, denn Sprinter verlassen sich gemeinhin viel stärker auf den Beinschlag, als ich selbst es als Langstreckenschwimmer tue.

Mehr als drei Jahre lang haben wir kein isoliertes Training für die Beine gemacht. Ich habe meinen Sprintern in den Serien, in denen sie in ganzer Lage schwammen, unermüdlich beigebracht, auf die geschmeidige Kopplung des Beinschlags an den Rest der Schwimmbewegung zu achten.

Dennoch konnte ich ziemlich oft beobachten, wie einzelne Schwimmer den Beinschlag weiterhin übertrieben, anstatt ihn in die Gesamtbewegung zu integrieren – dies zeigt deutlich, wie stark der Instinkt und die Gewohnheit, zu viel Beinschlag zu machen, sein können. Immer wenn ich dies sah, bat ich den betreffenden Schwimmer sofort, wieder auf einen harmonisch in die Gesamtbewegung eingebetteten Beinschlag zu achten. Und jedes Mal sagte er mir anschließend, dass er danach unmittelbar das Gefühl gehabt hatte, nun mit weniger Anstrengung genauso schnell oder sogar noch schneller schwimmen zu können.

Die Resultate des Experiments waren unmissverständlich. In jenen Jahren erreichte jeder einzelne Sprinter des Teams erheblich bessere Zeit als zuvor, die bestehenden Sprintrekorde an der USMA wurden gebrochen, und die West-Point-Sprinter dominierten praktisch alle Wettbewerbe, an denen sie teilnahmen. Und niemand beklagte sich darüber, dass seine Beine zu schwach waren oder müde wurden. Ihre Beine bekamen das nötige Training, indem sie beim Schwimmen in ganzer Lage mit dem Körper zusammenarbeiteten und optimal in den gesamten Bewegungsablauf integriert wurden.

Koordination des Beinschlags

Ein ineffektiver Beinschlag verbrennt Energie und erhöht den Wasserwiderstand. Ein effektiver Beinschlag hingegen unterstützt den Schwimmzug, indem

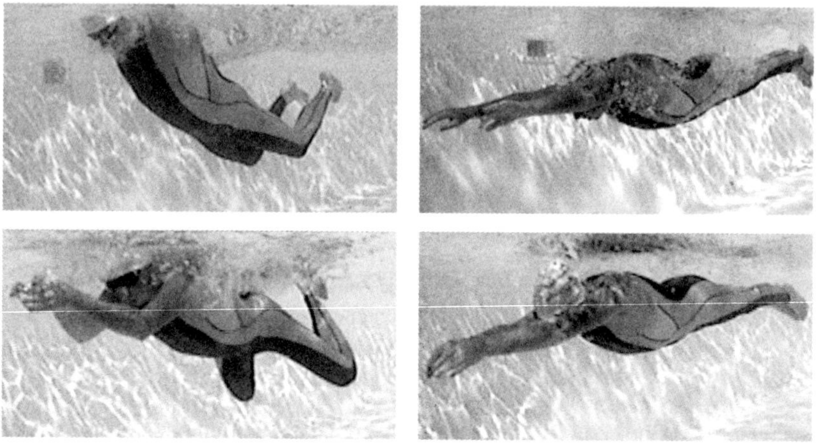

Bei TI wird der Beinschlag im Schmetterlingsschwimmen (oben) und Brustschwimmen (unten) genutzt, um den gesamten Körper in seine stromlinienförmigste Position zu bringen.

er hilft, die Gewichtsverlagerung, welche die Drehenergie des Rumpfes freisetzt, zum richtigen Zeitpunkt auszulösen. Dabei ist es wichtig, unnötige Bewegungen zu vermeiden und die Beine möglichst effizient zu bewegen. Ein Beinschlag zum genau richtigen Zeitpunkt kann die Gewichtsverlagerung des Rumpfes ohne viel Aufwand wesentlich verstärken.

Meine größten Vorbehalte gegen isoliertes Beinschlagtraining bestehen nicht nur darin, dass es Zeit- und Energieverschwendung ist. Das Beinschlagtraining kann Ihrer Schwimmtechnik auch auf subtilere Art schaden. Es verleitet einen Schwimmer nämlich dazu, Energie für unnötige Vortriebsbewegungen zu vergeuden, anstatt konsequent in die Widerstandsvermeidung zu investieren. Und es raubt ihm zudem Trainingszeit, die sich viel effektiver nutzen ließe, um wertvolle Fertigkeiten wie die Koordination und das Wassergefühl zu verbessern.

In den folgenden lagenspezifischen Kapiteln werde ich Ihnen auch jeweils Übungen vorstellen, die Ihnen helfen werden, die Koordination eines gut integrierten Beinschlages zu verbessern. Sie werden lernen, die Bewegungen des Rumpfes und der Arme optimal mit Ihren Beinen zu unterstützen und mit weniger körperlicher Anstrengung mehr Vortrieb zu erzeugen.

TEIL III

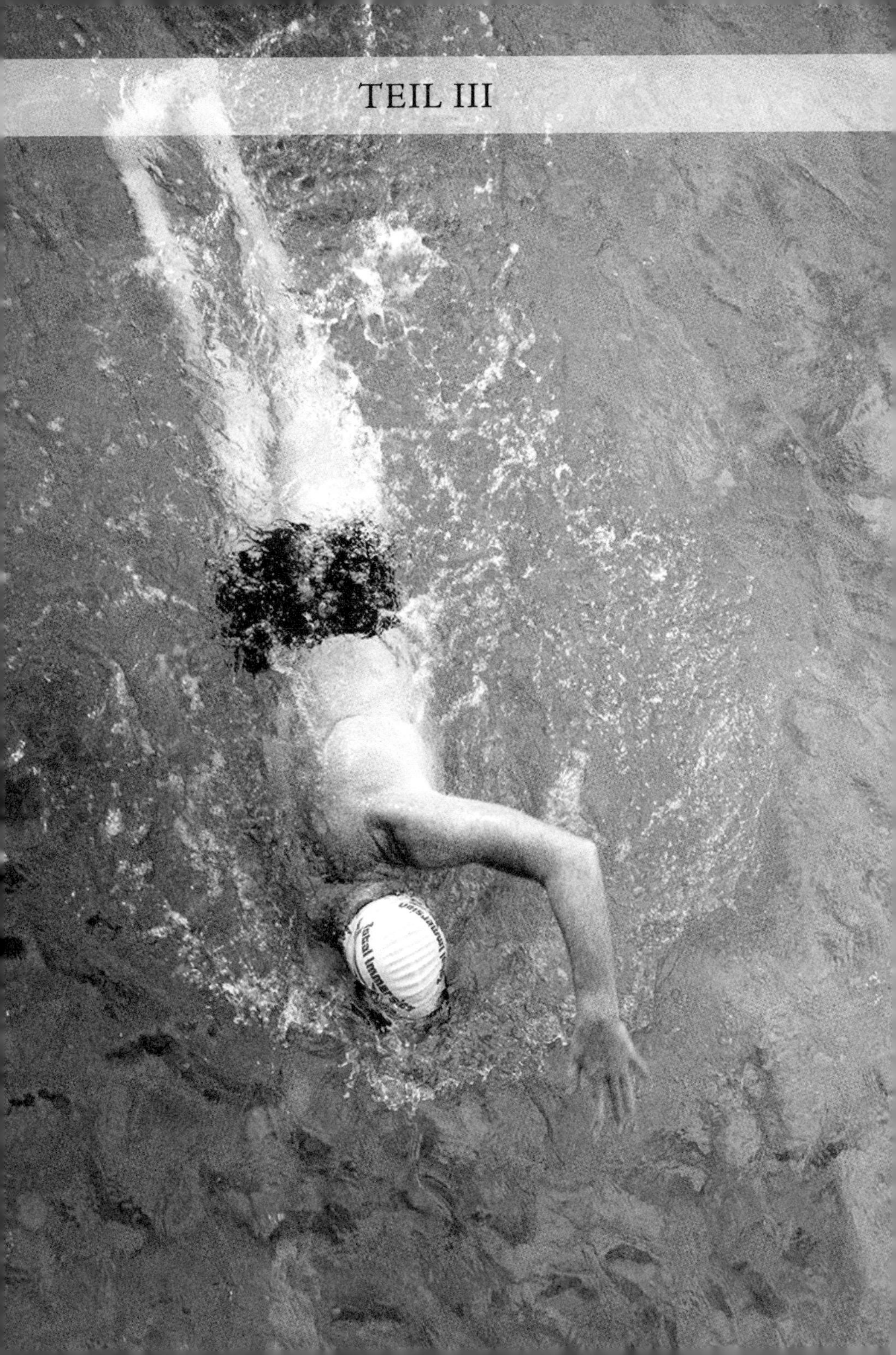

Einige Anmerkungen vorab, bevor ich im Detail auf die einzelnen vier Lagen Brust, Rücken, Schmetterling und Freistil eingehen und Ihnen jeweils auch eine entsprechende Abfolge von Technikübungen an die Hand geben werde, die Ihnen helfen sollen, Ihren Schwimmstil grundlegend zu erneuern und effizienter zu machen.

Dieser dritte Teil des Buches umfasst für jede Lage Beschreibungen der empfohlenen Technikübungen und Bewegungsmuster. Ich habe mein Bestes getan, dass diese Erläuterungen so anschaulich und vollständig wie möglich sind, und sie zudem mit zahlreichen Fotos illustriert. Insbesondere habe ich großen Wert darauf gelegt, bildhaft zu beschreiben, wie es sich anfühlen sollte. Denn dies ist von ganz entscheidender Bedeutung für den Lernerfolg: Um die Zutaten eines effizienten Schwimmzugs in etwas Dauerhaftes zu verwandeln, was sich automatisch ergibt, ist es im Allgemeinen wichtiger zu wissen, wie es sich richtig anfühlt, als zu wissen, wie es aussehen sollte.

Dennoch kann es sein, dass Sie mit dieser Art, das Schwimmen (neu) zu lernen, Ihre Schwierigkeiten haben. Mit Hilfe eines Buches zu lernen, ist naturgemäß immer etwas Kognitives. Sie müssen Worte in eigene bildliche Vorstellungen übersetzen, und diese Vorstellungen dann mit Ihrem neuromuskulären System interpretieren, ohne die Möglichkeit zu haben, sich selbst dabei zu betrachten.

Das ist nicht einfach – insbesondere wenn Sie zum visuellen Lerntyp gehören, also zu jenen Menschen, die eine körperliche Fertigkeit schneller und genauer lernen, wenn sie zusehen können, wie diese korrekt ausgeführt wird. In diesem Fall ist es ratsam, neben diesem Buch auch bewegte Bilder zurate zu ziehen, auf denen die Schwimmschule von Total Immersion in der Praxis zu sehen ist. Es gibt inzwischen eine ganze Reihe von DVDs, die dafür produziert wurden, die Erläuterungen in diesem Buch zu ergänzen. Sich noch einmal gezielt diese visuellen Hilfsmittel anzusehen, bevor Sie zum Schwimmbad fahren, kann Ihnen ein genaueres Gefühl dafür vermitteln, wie Sie die entsprechenden Übungen und Fertigkeiten meistern können.

Um Ihre Erfolgschancen weiter zu steigern, kann es zudem ratsam sein, zusammen mit einem festen Schwimmpartner zu üben. Die Erfahrung zeigt: Wer sich zunächst gemeinsam eine DVD anschaut und sich danach gegenseitig während des Schwimmens beobachtet, macht schneller Fortschritte. Tatsächlich hilft Ihnen nicht nur das regelmäßige direkte Feedback, das Sie so erhalten. Unter Umständen lernen Sie sogar am meisten dadurch, dass Sie selbst Ihrem Schwimmpartner ein Feedback geben. Mehr zu den DVDs und weiteren TI-Materialien finden Sie am Ende dieses Buches und unter www.totalimmersion.net.

11

Brustschwimmen

Was Sie über das Brustschwimmen wissen sollten

Brustschwimmen ist weltweit der beliebteste Schwimmstil. Vermutlich liegt dies daran, dass es in dieser Lage vergleichsweise einfach fällt, sich im Wasser fortzubewegen, ohne sich dafür übermäßig anstrengen zu müssen oder in Atemnot zu geraten. Deshalb empfiehlt es sich, mit Brustschwimmen zu beginnen, wenn Sie mit Freistil anfänglich zu viel Mühe haben. Brustschwimmen erhöht das Selbstvertrauen und hilft, ein Gefühl fürs Wasser zu entwickeln. Dies ist eine gute Grundlage für das Meistern der schwierigeren Fertigkeiten, die zum Beispiel im Freistil erforderlich sind.

Ich selbst übe das Brustschwimmen vor allem aus zwei Gründen gerne. Zum einen bin ich dabei länger unter Wasser als in den anderen Lagen und kann mich darauf konzentrieren, Kopf, Arme, Oberkörper und Beine stromlinienförmig zu halten, um den Wasserwiderstand zu reduzieren. Zum anderen kann ich beim Brustschwimmen ein besseres Gefühl dafür entwickeln, wie ich die Kraft effektiv ins Wasser bringe, da ich jeweils beide Arme und Beine simultan bewege.

Brustschwimmen eignet sich auch gut als Ausdauertraining, weil man sich beim stromlinienförmigen Gleiten erholen kann. Auf diese Weise können Sie die Herzfrequenz besser kontrollieren, was für das Schwimmen langer Distanzen wichtig ist. Sie können Brust über kürzere Distanzen aber auch schnell schwimmen, ohne Effizienz einzubüßen. Weltklassebrustschwimmer erzielen Geschwindigkeiten, die selbst im Freistil nur wenige Schwimmer erreichen können. Der Weltrekord bei den Männern über 100 Meter Brust liegt unter einer Minute und derjenige bei den Frauen auch nur knapp darüber. Der Unterschied zwischen den wenigen richtig schnellen Brustschwimmern und den meisten anderen ist, dass Erstere die meiste Zeit jedes Brustschwimmzugs stromlinienförmig ausgestreckt unter der Wasseroberfläche verbringen, während die langsameren Brustschwimmer an der Oberfläche bleiben.

Ich möchte Ihnen in diesem Kapitel zeigen, wie auch Sie als Brustschwimmer einen hocheffizienten Stil entwickeln können, der sowohl für lange Distanzen als auch für das schnelle Schwimmen kürzerer Distanzen geeignet ist.

Ein neuer Ansatz für das Brustschwimmen

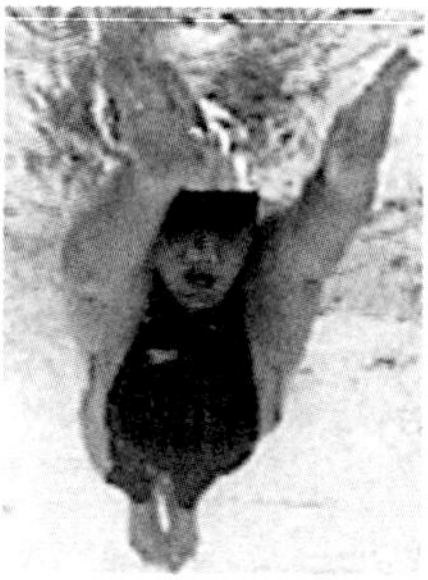

In der traditionellen Trainingslehre konzentriert man sich im Brustschwimmen darauf, wie man mit den Armen ziehen und sich mit Beinschlag nach vorne schieben muss. Ganz anders bei Total Immersion: Hier geht es im Brustschwimmen darum, die Effizienz des Schwimmstils zu optimieren, indem Sie so viel Zeit wie möglich in stromlinienförmiger Haltung unmittelbar unter der Wasseroberfläche verbringen.

Da der Wasserwiderstand unter Wasser viel kleiner ist als an der Oberfläche, können Sie den Energieaufwand minimieren und gleichzeitig die potenzielle Geschwindigkeit maximieren, wenn es Ihnen gelingt, Ihren Körper unter Wasser lang und möglichst schlank ausgestreckt zu halten. Über Wasser sollten Sie darauf achten, die Energie nach vorne zu bündeln, indem Sie es vermeiden, sich

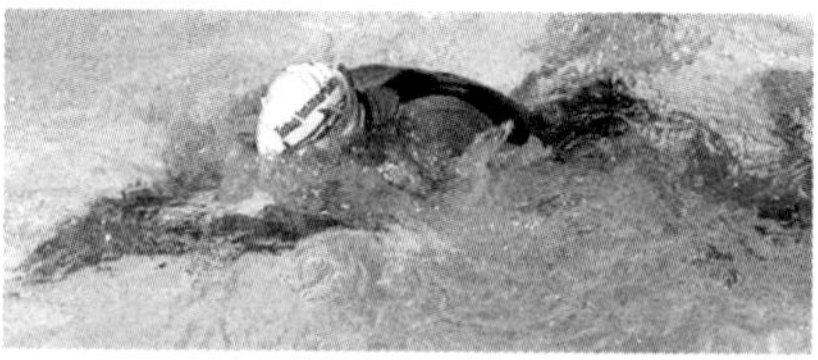

zum Atmen zu hoch aus dem Wasser zu *heben*. Anders gesagt: Konzentrieren Sie sich darauf, immer *knapp über* und *knapp unter* der Wasseroberfläche zu schwimmen.

Total Immersion unterteilt den Zugzyklus beim Brustschwimmen in drei Phasen, welche die Teilbewegungen des Körpers harmonisch verbinden: a) Gleiten, b) Beschleunigung aus den Hüften und c) speerartiges Vorschieben des Körpers. »Geborene« Brustschwimmer mögen aufgrund der größeren Beweglichkeit ihrer Fuß- und Kniegelenke sowie ihrer Hüften beim Brustbeinschlag im Vorteil sein. Aber letztlich kann jeder das effiziente Gleiten, die Beschleunigung aus den Hüften und das speerartige Vorschieben des Körpers lernen, um bei einem Wettkampf im Brustschwimmen gut abzuschneiden oder eine etwaige bisherige Schwäche in Lagenrennen zu beheben. Außerdem macht es einfach Spaß, effizient Brust zu schwimmen.

Gleiten

Jeder Brustzug beginnt und endet mit der Gleitphase. Der Wasserwiderstand ist am kleinsten und die Geschwindigkeit am größten, wenn Sie dabei wie ein Fisch stromlinienförmig ausgestreckt unter der Wasseroberfläche gleiten. Das Gleiten ist zum Glück koordinativ relativ einfach. Man kann lernen, sehr effektiv zu gleiten, indem man unter Wasser versucht, eine kompakte, schlank ausgestreckte horizontale Körperlinie einzunehmen und sich dabei nicht zu verkrampfen. Versuchen Sie, direkt unter der Wasseroberfläche mit waagerechter oder ganz leicht nach vorne geneigter Körperhaltung zu gleiten. Damit die Hüften auf gleicher Höhe wie der Oberkörper liegen, müssen Sie sich während der Gleitphase leicht auf Ihre Brust wie auf ein Luftkissen lehnen.

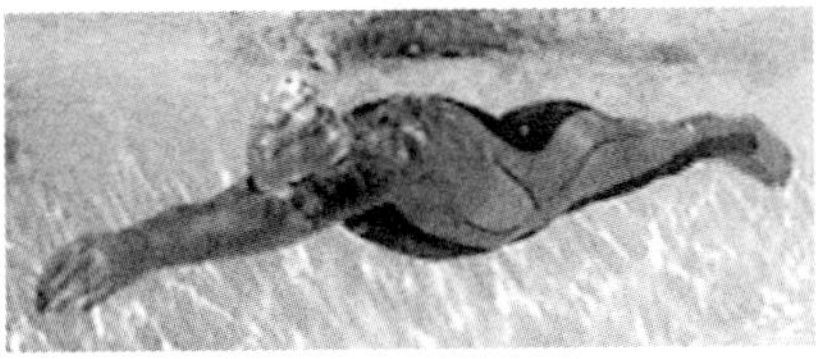

Schließen Sie die Gleitphase damit ab, dass Sie die Hände über die Schulterlinie hinaus nach außen führen. Sofern es sich nicht gerade um ein Sprint-Training oder ein Rennen über eine Sprint-Distanz handelt, sollten Sie sich für das Gleiten immer Zeit lassen. Halten Sie Ihren Körper vom Kopf bis zu den Zehen lang und stromlinienförmig, wenn Sie, um das Wasser zu fassen, die Hände nach vorne und außen strecken.

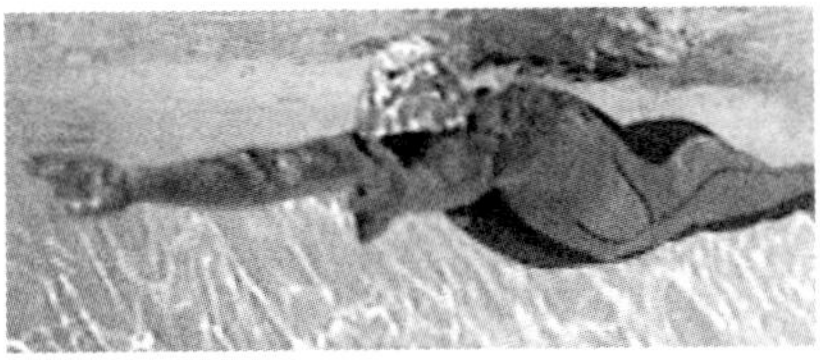

Das stromlinienförmige Ausstrecken des Körpers ist von so entscheidender Bedeutung für die Effizienz, dass Sie jeden Aspekt des Brustzugzyklus darauf ausrichten sollten. Alle anderen Entscheidungen, die Ihre Brustschwimmtechnik betreffen (wie weit nach außen oder wie tief Sie die Hände führen; wie hoch Sie sich zum Atmen aus dem Wasser heben; das Timing Ihres Beinschlags und wie ausgeprägt dieser ausfällt etc.) sollten Sie unter der Maßgabe treffen, möglichst schnell wieder ins Gleiten zurückzufinden.

Beschleunigung aus den Hüften

Die Beschleunigung aus den Hüften liefert praktisch ohne Anstrengung die Energie für alle Elemente des Zugzyklus. Ihre Bauchmuskulatur zieht Ihre Hüften an den im Wasser verankerten Händen nach vorne, während Ihre beschleunigten Hüften Ihre Hände zur Mitte zusammentreiben und Ihre Füße in Richtung des Gesäßes ziehen.

Wenn Ihre Hände den äußersten Punkt erreichen und das Wasser fassen, beugen Sie die Knie leicht. Ihre somit verkürzte Körperlinie löst eine Vorwärtsbeschleunigung der Hüften aus, und Ihre Füße werden zum Hintern gezogen. Die Energie der Hüftbewegung hilft Ihnen zudem, die Hände schnell zurück zur Mitte zu bringen. Halten Sie die Ellbogen hoch und weit auseinander, beschleunigen Sie sie dann nach innen und schieben Sie dabei die Hände nach vorne, zurück in die Position des Gleitens.

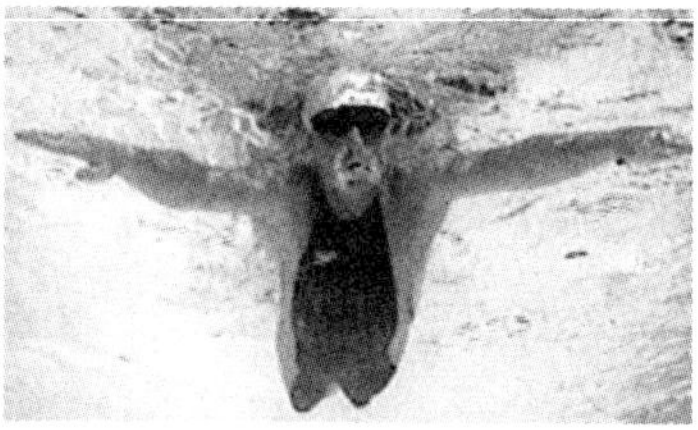

Speerartiges Vorschieben des Körpers

Das speerartige Vorschieben von Armen und Oberkörper überträgt die Energie der beschleunigten Hüften in eine vorwärtsgerichtete Geschwindigkeit und bringt Sie in die Gleitphase zurück. Wenn sich Ihre Füße zum Gesäß bewegen, drehen Sie die Zehen nach außen und »fassen« Sie das Wasser mit Ihrem Innenrist. Die Hüften sind in einer Position, aus welcher sich der Oberkörper nach vorne schieben kann. Die Hände werden vor dem Gesicht in einer »Gebetsstellung« zusammengeführt, wobei sich die Fingerspitzen berühren, und schneiden beim Nach-vorne-Schieben eine schmale »Öffnung« ins Wasser, durch die Ihre Arme, Ihr Oberkörper und Ihre Beine stromlinienförmig folgen. Durch den Beinschlag angetrieben, beenden Sie den Zug in der horizontalen Gleitposition knapp unter der Wasseroberfläche. Wenn es Ihnen gelingt, diese Bewegungsabläufe fein aufeinander abzustimmen, so dass sie zusammenwirken, können Sie höhere

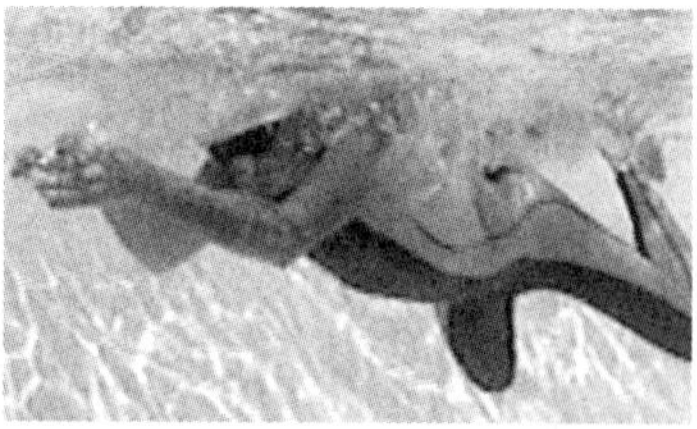

Geschwindigkeiten erreichen und gleichzeitig die körperliche Anstrengung minimieren.

Die beschleunigten Hüften und das speerartige Vorschieben des Körpers sollten immer nur einen Bruchteil der Zeit der Gleitphase in Anspruch nehmen, da a) Ihr Körper beim Beschleunigen und Vorschieben eine Arbeit verrichten muss, also ermüdet, und b) Sie in der Gleitphase dank des geringeren Wasserwiderstands viel besser in der Lage sind, die Geschwindigkeit aufrechtzuerhalten und eine Strecke im Wasser zurückzulegen (und somit die Zuglänge auszudehnen).

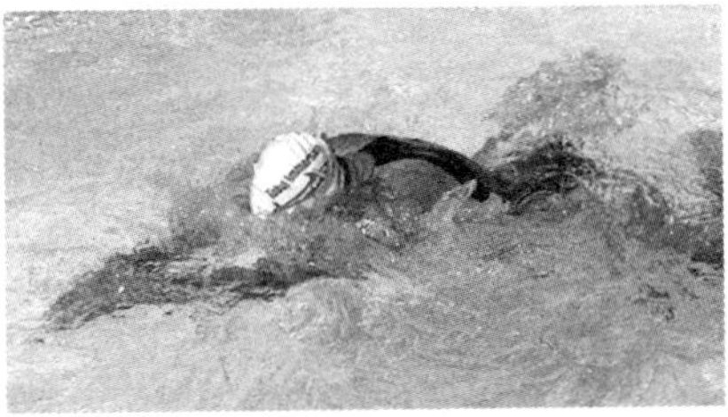

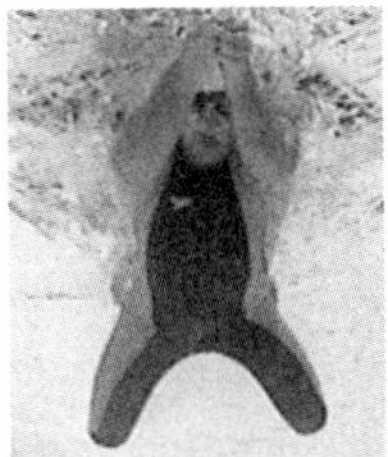

Kopfhaltung und Atmung

Neben den drei oben beschriebenen Phasen des Zugzyklus verdienen beim Brustschwimmen auch die Atmung und der Beinschlag spezielle Beachtung. Die stabile Kopfhaltung ist der Schlüssel für die Koordination der gesamten Bewegung. Wenn Ihr Kopf ständig auf und ab nickt, bewegt sich auch Ihr Körper übermäßig auf und ab. Wenn hingegen die Kopfstellung stabil ist, werden die Energie und der Bewegungsimpuls nach vorne gerichtet.

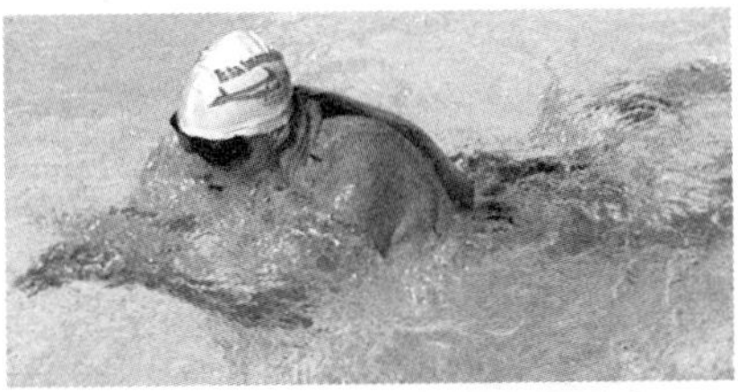

Atmen Sie, wenn Ihr Mund beim Zusammenführen der Hände von selbst so *eben* aus dem Wasser kommt, ohne dass Sie dabei das Kinn aus dem Wasser heben. Halten Sie Ihr Kinn tief und schauen Sie auf das Wasser hinunter und nicht nach vorne. Legen Sie den Kopf nach dem Einatmen – so geschmeidig wie möglich – zwischen die Arme, so dass Ihr Kopf, Ihre Arme und Ihr Oberkörper durch eine

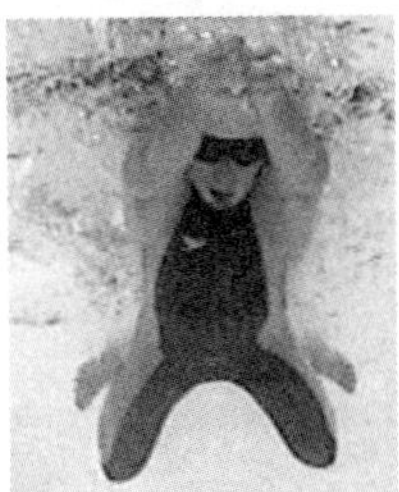

möglichst kleine Öffnung im Wasser nach vorne gleiten können. Atmen Sie beim Gleiten aus. Versuchen Sie nie, die Luft anzuhalten.

Einige sehr versierte Brustschwimmer können es sich beim Atmen unter Umständen leisten, höher aus dem Wasser zu kommen. Alle anderen – ganz gleich, ob es sich um Anfänger oder um fortgeschrittene Schwimmer handelt – haben meiner Erfahrung nach am meisten Erfolg, wenn sie stets nahe an der Wasseroberfläche bleiben. Sich höher aus dem Wasser zu heben, erfordert viel mehr Kraft und zudem eine außerordentlich gute Koordination und ein fein abgestimmtes Timing. Mit einem kompakten Zug ist es weitaus einfacher, diesen effektiv auszuführen.

Der Beinschlag

In den anderen Lagen kommen 60 bis 90 Prozent des Vortriebs aus dem Oberkörper, und die Beine werden hauptsächlich dazu benutzt, den Körper zu stabilisieren oder die Körperrotation zu unterstützen. Beim Brustschwimmen bringen die Beine den Schub und tragen damit insbesondere bei »geborenen« Brustschwimmern wesentlich zum Vortrieb bei. Vielleicht ist das beim Rest von uns etwas weniger stark der Fall, aber trotzdem ist er auch hier wichtig. Der Beinschlag sollte wie der Armzug von der Rumpfmuskulatur angetrieben werden. Die Beschleunigung aus den Hüften löst gleichzeitig auch eine Bewegung Ihrer Füße aus, die diese mit imposanter Geschwindigkeit nach hinten bringt.

Die Gleitphase. Halten Sie die Beine in der Gleitphase hoch im Wasser und lassen Sie sie ausgestreckt im »Windschatten« des Oberkörpers. Die Zehen sind gestreckt, und die Fußsohlen zeigen leicht nach innen. Halten Sie Beine und Füße weiterhin stromlinienförmig, wenn sich Ihre Hände aus der Gleitphase heraus nach außen bewegen, bevor Sie wieder mit dem Zug nach innen beginnen.

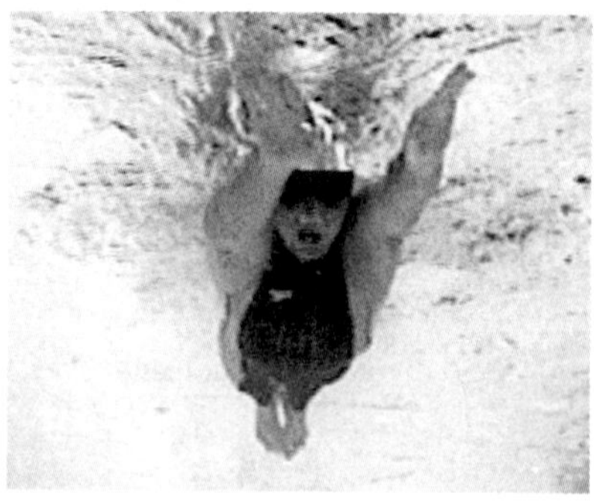

Die Rückholphase. Wie oben erklärt, sollten Sie Ihre Füße durch die Beschleunigung aus den Hüften in Richtung Gesäß ziehen, und nicht, indem Sie Ihre

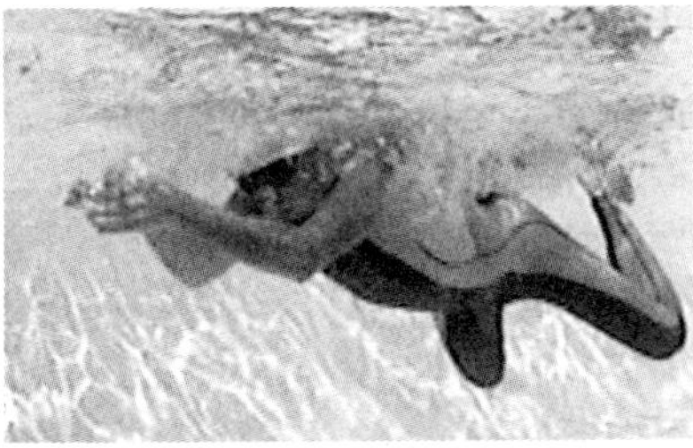

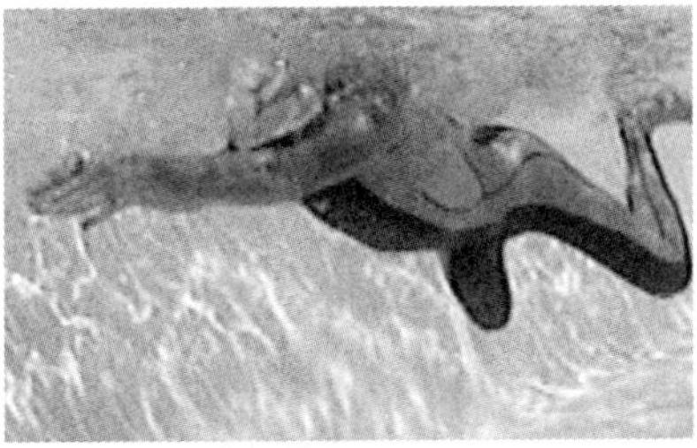

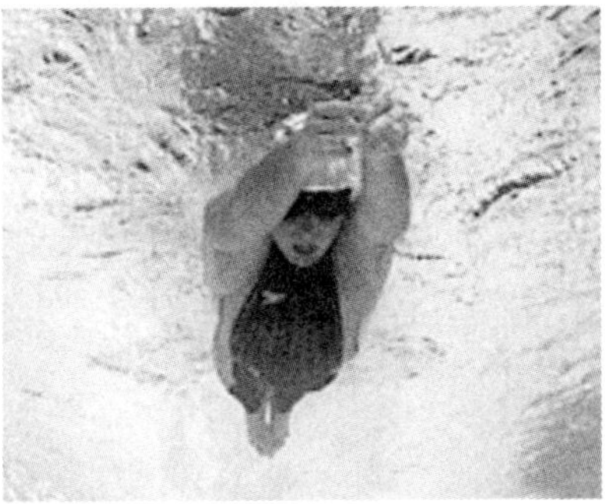

Oberschenkelmuskulatur einsetzen. Halten Sie dabei Beine und Füße im »Windschatten« des Oberkörpers, um den Widerstand zu reduzieren. Versuchen Sie nicht, die Füße noch höher zu bringen. Konzentrieren Sie sich darauf, die Bewegung schnell auszuführen.

Die Schubphase. Drehen Sie die Zehen schnell nach außen, um das Wasser zu fassen, und schlenzen Sie sie dann peitschenartig nach außen und nach hinten, wie eine Balletttänzerin, die auf die Spitzen springt. Während die Knie eher zusammen bleiben, beschreiben die Füße je eine halbkreisförmige Bewegung nach außen und hinten. Beenden Sie die Bewegung, indem Sie die Füße kräftig und mit Nachdruck zusammenführen. Strecken Sie die Zehenspitzen und stellen Sie sich vor, Sie »pressten« alles Wasser zwischen Ihren Beinen heraus. Strecken Sie sich in die kompakte Gleitposition und lehnen Sie sich, wenn Sie unmittelbar unter der Wasseroberfläche gleiten, nach vorne auf Ihre Brust wie auf ein Luftkissen.

Technikübungen zum schrittweisen Aufbau Ihres Stils

Da die stromlinienförmige Gleitposition unter Wasser am vorteilhaftesten ist, konzentrieren wir uns beim Erlernen von Armzug, Atmung und Beinschlag darauf, wie man diese Elemente jeweils ausführt, um möglichst schnell zurück in die Gleitposition zu kommen.

Schritt eins: Lernen Sie, sich mit den Händen im Wasser zu verankern

Bei diesen Übungen geht es im Wesentlichen um drei Dinge: Sie lernen, a) die Handbewegung beim Armzug schnell und kompakt auszuführen – so dass Sie Ihren Körper bei jedem Zugzyklus möglichst lange in der Gleitposition halten können, b) die Hände zu nutzen, um sich im Wasser zu verankern, und nicht etwa, um das Wasser nach hinten zu schieben, und c) den Schwimmzug und die Atmung bestmöglich miteinander zu koppeln.

Übung 1: Handbewegungen ohne Atmung

Sie können sich die stabile Kopfposition einfacher einprägen, wenn Sie die Handbewegung zunächst ohne Atmung einüben.

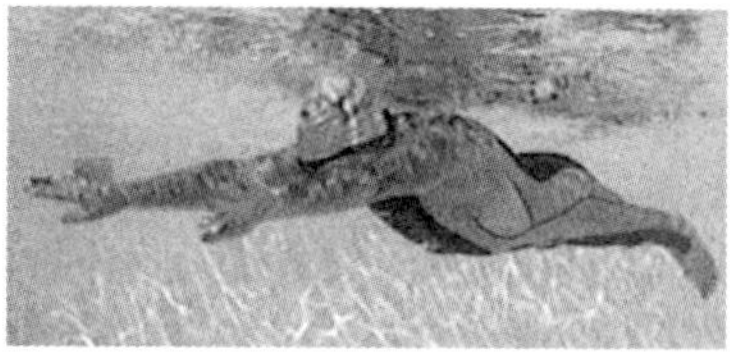

- Legen Sie sich in der Gleitposition auf die Wasseroberfläche. Machen Sie falls nötig einen leichten Kraulbeinschlag, um eine waagerechte Position beizubehalten, oder lassen Sie die Beine hinter sich herschweben. Halten Sie den Kopf gerade und in einer Linie mit der Wirbelsäule.

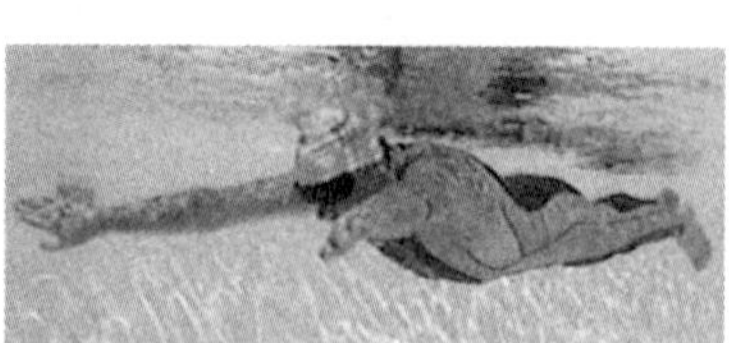

- Halten Sie den Kopf ruhig, während Sie die Hände nach außen führen, wobei der Abstand der Hände nur wenig mehr als Schulterbreite betragen sollte. Drehen Sie die Handflächen dabei leicht nach außen. Die Fingerspitzen zeigen immer nach vorne.
- Halten Sie, wenn die Hände den äußersten Punkt erreicht haben, einen Moment lang inne, lassen Sie die Hände nach unten hängen, um das Was-

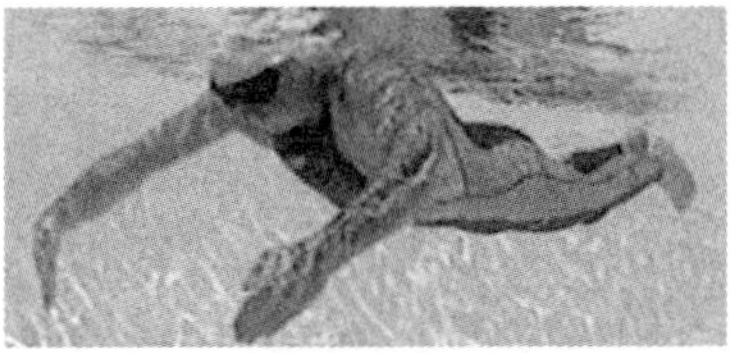
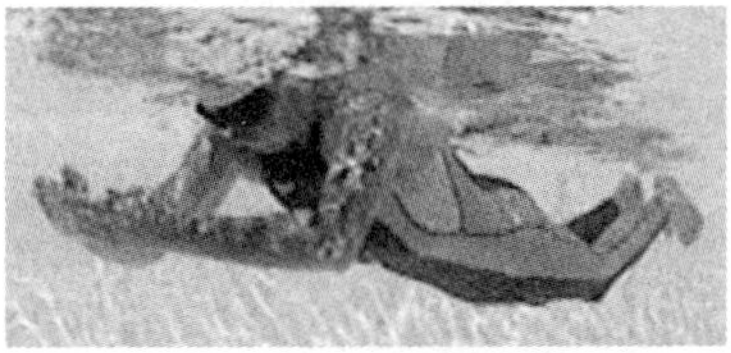
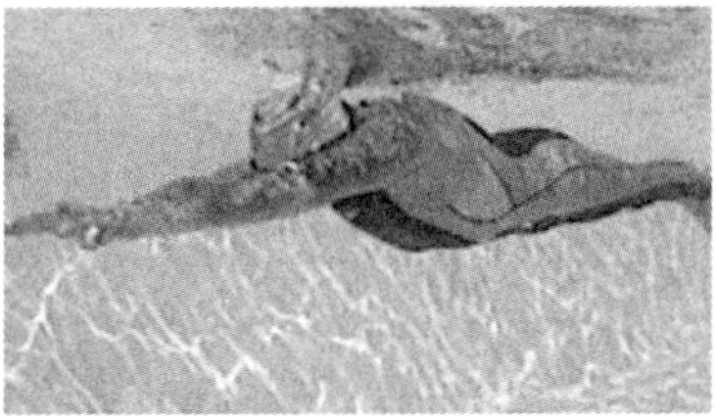

ser zu fassen und führen Sie sie dann leicht nach unten und wieder zur Mitte zurück. Halten Sie die Ellbogen oben, wenn sich die Hände nach innen bewegen. Achten Sie darauf, dass sich die Hände während dieser Bewegung immer vor den Schultern befinden. Wenn die Hände in der Mitte zusammenkommen, drehen sich auch die Ellbogen nach innen.

- Kehren Sie in die Gleitposition zurück und gleiten Sie (eventuell mit leichtem Kraulbeinschlag), bis sich der Körper so stabil anfühlt wie am Anfang. Dann beginnen Sie den nächsten Armzugzyklus.
- Üben Sie dies 10 bis 15 Minuten lang. Machen Sie jeweils einfach eine kurze Pause, sobald Sie atmen müssen, und setzen Sie die Übung danach fort. Achten Sie auf eine sanfte und kontrollierte Bewegung, bei welcher Sie die Hände möglichst gut im Wasser »verankern«.

Übung 2: Atmung

Lernen Sie zu atmen, ohne das Kinn aus dem Wasser zu heben.

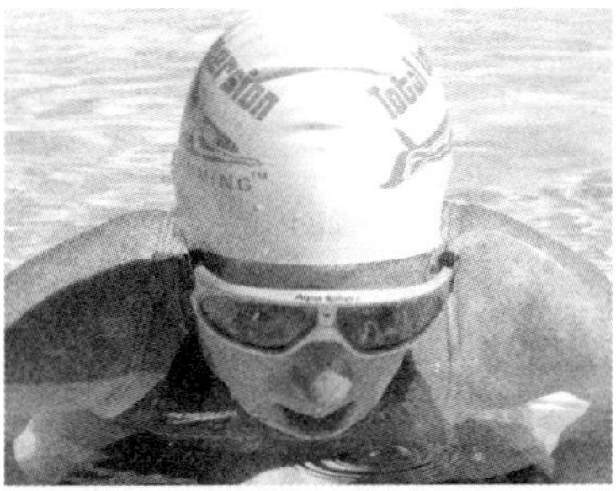

- Hocken Sie sich in seichtem Wasser hin. Heben Sie nun den Kopf aus dem Wasser, ohne dass dabei auch das Kinn aus dem Wasser kommt, und senken Sie ihn danach zurück ins Wasser.
- Heben Sie den Kopf gerade so weit aus dem Wasser, dass Sie so eben einatmen können. Dabei muss das Kinn die Wasseroberfläche noch berühren. Tauchen Sie dann den Kopf wieder ganz ein und blasen Sie die Luft

durch die Nase ins Wasser. Bewegen Sie sich, als würden Sie eine Genickstütze tragen. Diese stabile Kopfhaltung ist in allen Übungen in diesem Kapitel und auch beim Brustschwimmen in ganzer Lage beizubehalten.

- Üben Sie diese Abfolge nun – immer noch in seichtem Wasser am Boden hockend – zusammen mit kleinen Armzügen ein. Tauchen Sie den Kopf ein, bis er sich fast ganz unter Wasser befindet, während Sie die vorgestreckten Hände nach außen führen. Heben Sie den Kopf, wenn die Hände nach innen ziehen, bis das Kinn an der Wasseroberfläche ist. Halten Sie den Kopf ruhig und vermeiden Sie Nickbewegungen.

Übung 3: Handbewegungen mit Atmung

Koordinieren Sie die Atmung harmonisch mit der Handbewegung. Diese Übung wird mit ausgestreckten Beinen ohne Beinschlag oder mit leichtem Kraulbeinschlag ausgeführt.

- Atmen Sie zu Beginn nur bei jedem dritten oder vierten Armzug. Wenn das klappt, atmen Sie bei jedem zweiten und am Schluss bei jedem Armzug.
- Halten Sie den Kopf in neutraler Stellung und die Beine stromlinienförmig, wenn Sie die Hände nach außen bewegen. Warten Sie einen Moment, um das Wasser zu fassen, und führen Sie dann die Hände wieder nach innen. Beim Schwung nach innen hebt sich das Kinn knapp über die Wasseroberfläche. Schauen Sie nach unten und halten Sie die Hände so, dass Sie sie sehen können.

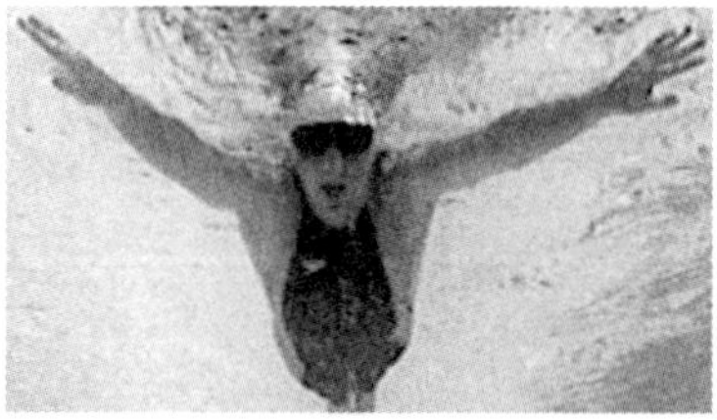

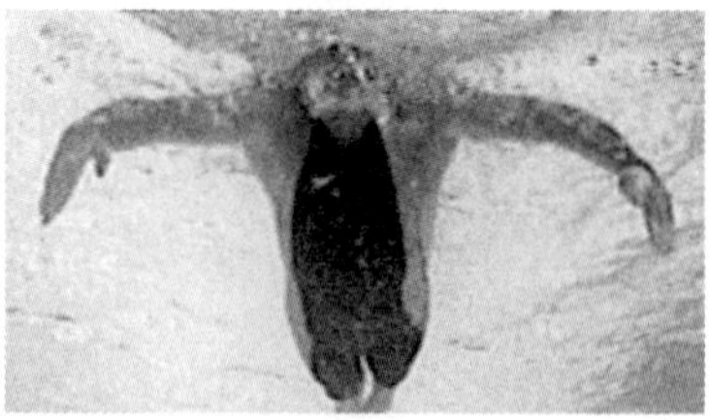

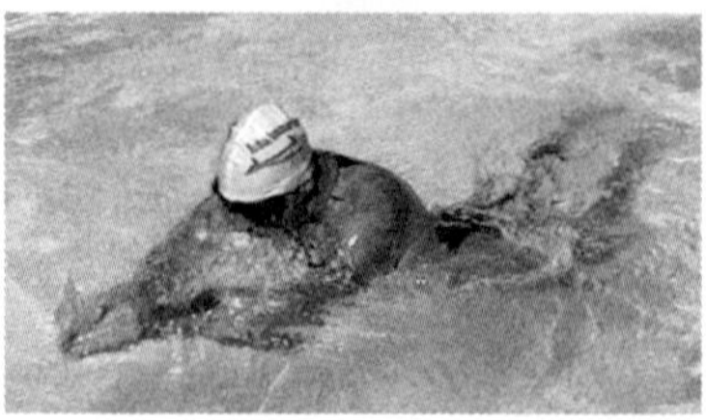

- Lassen Sie sich, wenn die Hände zusammenkommen, vorwärts fallen und führen Sie den Kopf sanft zwischen die Arme, während diese ihre volle Streckung nach vorne erreichen. Vermeiden Sie es, Wellen oder Spritzer zu verursachen. Gleiten Sie mit leichtem Kraulbeinschlag, bis Sie so stabil im Wasser liegen wie vor dem Zug. Wiederholen Sie dann den Zug.

- Übungstipp: Zählen Sie, wie viele Züge Sie benötigen, um 25 Meter zurückzulegen. Versuchen Sie, die Anzahl der Züge zu reduzieren. Üben Sie so ruhig wie möglich und ohne Spritzer zu verursachen. Halten Sie die Schultern immer an der Wasseroberfläche. Experimentieren Sie mit den folgenden Elementen: a) Wie weit können Sie die Hände nach außen führen und immer noch guten Halt im Wasser finden? b) Wie lange können Sie warten, bis Sie die Hände wieder nach innen führen? c) Führen Sie alle Bewegungen zunächst ohne jedwede Hast aus und erhöhen Sie dann nach und nach die Geschwindigkeit der Handbewegung nach innen.

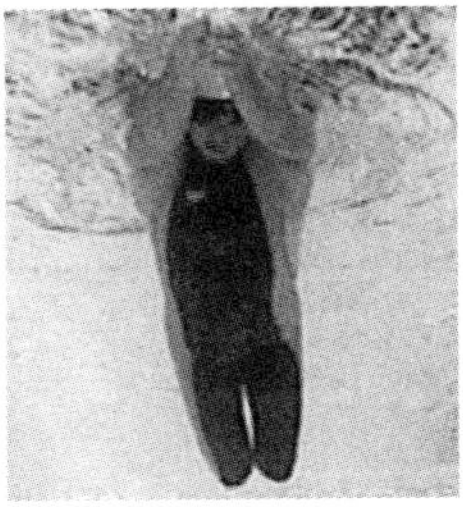

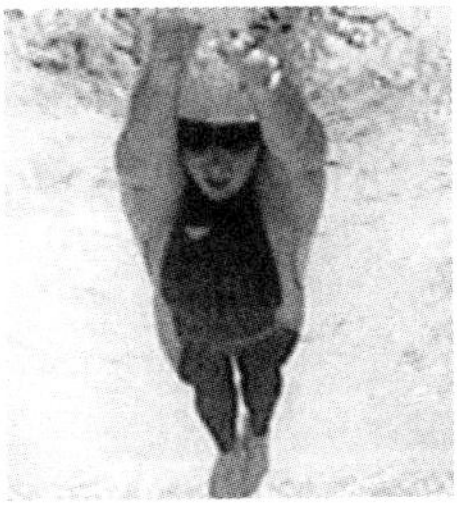

Schritt zwei: Aus der Hüfte beschleunigen und speerartig vorangleiten

1. Beugen Sie die Knie

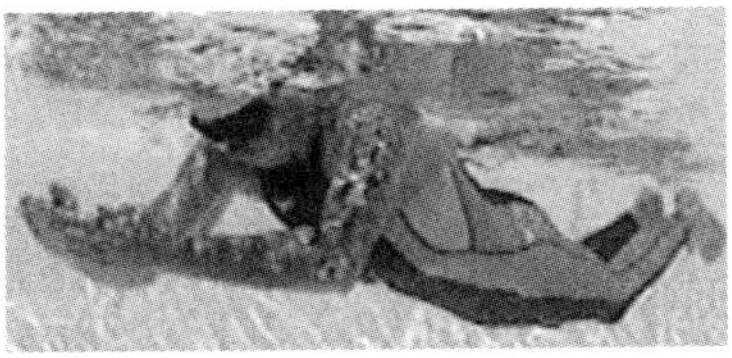

- Bisher sollten Sie bei den Armzugübungen die Beine jeweils gestreckt lassen. Jetzt aber sollen Sie die Knie ganz leicht beugen, wenn Sie mit den Händen den Zug nach innen beginnen. Achten Sie darauf: Ihre Knie beugen sich jeweils nur ein wenig. Strecken Sie die Knie wieder durch, wenn Sie sich nach vorne fallen lassen.
- Versuchen Sie, sich so lang wie möglich zu machen, wenn Sie die Hände nach vorne strecken.
- Führen Sie diese Bewegung so sanft wie möglich aus, ohne die Füße nach unten zu schlagen. Sie werden merken, dass Sie das korrekte Timing immer besser erspüren können.
- Atmen Sie mit dem Blick nach unten, mit dem Kinn an der Wasseroberfläche und ohne mit dem Kopf zu nicken.

2. Mit den Füßen nach unten schlagen

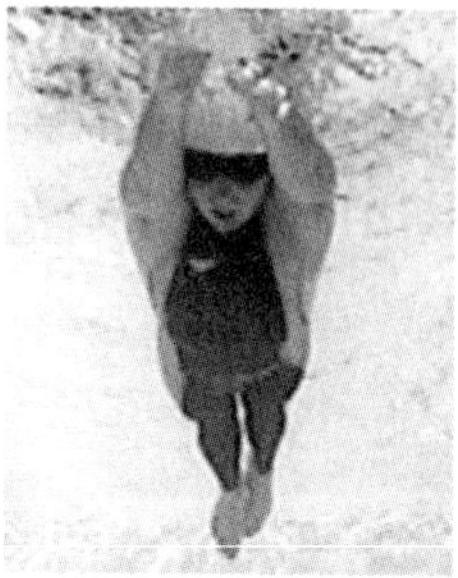

- Schlagen Sie mit Füßen und Zehen nach unten (Delfinbeinschlag), wenn Sie wie in der vorigen Übung die Hände nach vorne führen. Achten Sie darauf, die Knie nicht zu stark zu beugen. Ihre Knie sollten nur leicht einknicken.
- Nutzen Sie die Peitschenbewegung Ihrer Zehen, um die Hände schneller nach vorne zu bringen.
- Koordinieren Sie die Bewegung so, dass Füße und Hände gleichzeitig voll ausgestreckt sind.
- Gleiten Sie mit dem Oberkörper nach vorne und schlüpfen Sie mit Kopf, Armen und Oberkörper unmittelbar unter der Wasseroberfläche durchs Wasser.
- Achten Sie darauf, dass Atmung und Kopfbewegung sich sanft und nahtlos in die Gesamtbewegung einfügen.

3. Die Füße nach außen drehen

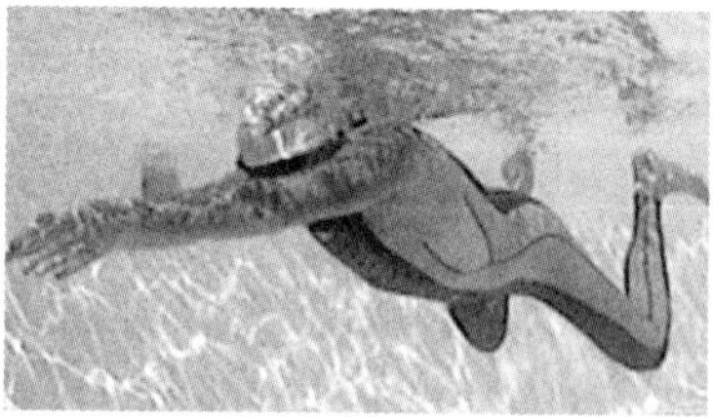

- Drehen Sie in der vorigen Übung die Füße nach außen, wenn Sie sie nach unten schlagen.
- Der Brustbeinschlag sollte kurz, kompakt und wie ein Peitschenschlag sein.
- Konzentrieren Sie sich darauf, den Körper nach dem Beinschlag wieder in die stromlinienförmige Lage knapp unter der Wasseroberfläche zu bringen. So schwimmen Sie schon fast richtig Brust.

Übungen für den Brustbeinschlag

Für viele Schwimmer ist es schwierig, die Füße symmetrisch nach außen zu drehen, wie es beim Brustbeinschlag gemacht werden muss. Wenn es Ihnen auch so geht, üben Sie zunächst länger mit Delfinbeinschlag. Hier folgen ein paar Übungen, die Ihnen helfen werden, den richtigen Brustbeinschlag zu erlernen.

Beinschlag an der Wand

Hängen Sie sich aufrecht an die Beckenwand. Die Arme stützen sich auf den Beckenrand, die Hüften sind an die Wand gedrückt.

1. Halten Sie Hüften und Knie an der Wand und Ihre Knie eng beianander. Ziehen Sie die Fersen bis auf die Höhe der Knie an. Führen Sie die Bewegung langsam aus und halten Sie die Füße zusammen.

2. Machen Sie eine kurze Pause und drehen Sie dann Ihre Füße nach außen. Warten Sie, bis Sie fühlen, wie Sie das Wasser mit dem Innenrist »fassen«.

3. Drücken Sie dann die Füße nach unten. Ihre Füße bewegen sich dabei erst auseinander und dann wieder aufeinander zu. Halten Sie die Füße so, dass diese das Wasser möglichst lange »halten«.

4. Schließen Sie die Bewegung ab, indem Sie Ihre Füße mit gestreckten Zehen zusammendrücken, so dass die Fußsohlen sich berühren und die Füße sich in einer Linie mit den gestreckten Beinen befinden. Machen Sie eine Pause, bevor Sie die Übung wiederholen.

Beinschlag in Rückenlage

Beginnen Sie diese Übung, indem Sie in Rückenlage gleiten, mit den Armen entweder an der Seite oder über dem Kopf ausgestreckt. Legen Sie sich entspannt auf das Wasser, bis Sie sich vom Wasser gut getragen fühlen.

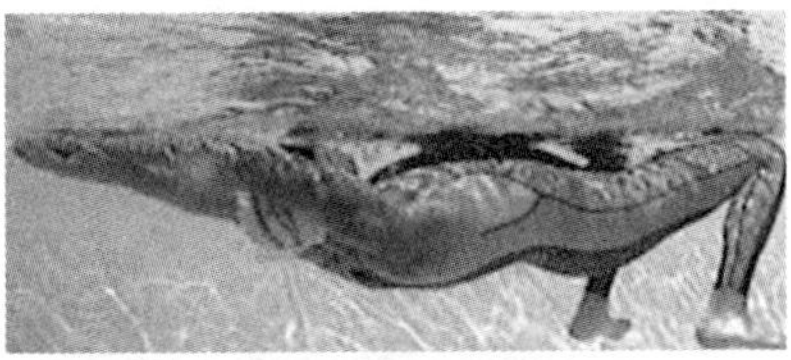

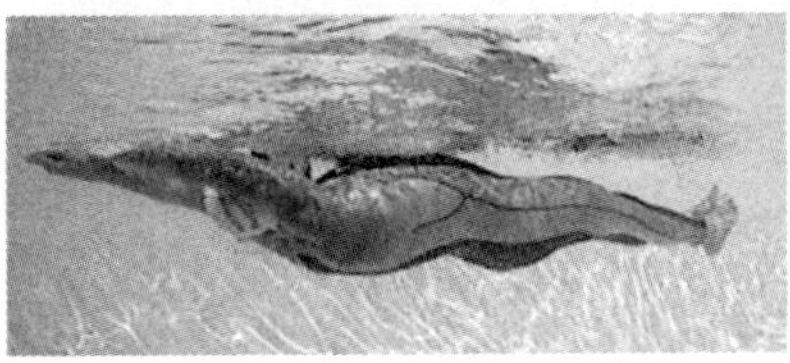

1. Beugen Sie wie bei der vorigen Übung die Knie und ziehen Sie die Fersen an. Bleiben Sie aber mit den Knien unter der Wasseroberfläche und halten Sie die Füße zusammen.

2. Drehen Sie die Füße nach außen, wenn sie sich unterhalb der Knie befinden. Stoßen Sie die Füße dann zurück, indem Sie mit dem Innenrist Druck aufs Wasser geben. Die Füße sollten sich beim Zurückstoßen leicht spreizen.

3. Schließen Sie die Bewegung druckvoll ab, indem Sie die Füße zusammenschlagen und die Fußspitzen gestreckt an die Wasseroberfläche kommen lassen.

4. Zählen Sie jeweils die Anzahl der Beinschläge, die Sie für 25 Meter benötigen.

Beinschlag in der Vertikalen

Klemmen Sie sich ein Schwimmbrett zwischen Arme und Brust, um im Wasser aufrecht zu schweben. Führen Sie den Beinschlag in der Vertikalen aus und achten Sie auf die folgenden Punkte: a) Schnelligkeit – ziehen Sie Ihre Füße schnell und schnappartig an und schlenzen Sie sie dann auch möglichst schnell wieder nach unten. b) Vollständige Bewegung – bewegen Sie die Füße kreisförmig nach außen und drücken Sie sie bis zur Streckung wieder zusammen, ohne dass dies zulasten von Punkt a) geht. Absolvieren Sie so viele Beinschläge in der Vertikalen, wie Sie bei der obigen Beinschlagübung in Rückenlage für 25 Meter benötigt haben, und legen Sie dann eine Pause ein.

Beinschlag in Bauchlage

Üben Sie zuerst ohne Atmung, um sich die neutrale Kopfstellung einzuprägen, und betonen Sie am Ende des Beinschlages die Rückkehr des Kopfes in die stromlinienförmige Lage zwischen den ausgestreckten Armen. Machen Sie drei oder vier Beinschläge, ohne zu atmen. Gehen Sie dann zu Beinschlag mit Atmung über oder halten Sie jeweils zum Atmen an, um danach wieder von vorne zu beginnen.

1. Starten Sie in der Gleitposition und halten Sie den Körper ausgestreckt. Beugen Sie dann die Knie leicht.
2. Bleiben Sie in der Gleitposition mit dem Kopf zwischen den Armen, wenn Sie die Füße nach außen drehen.

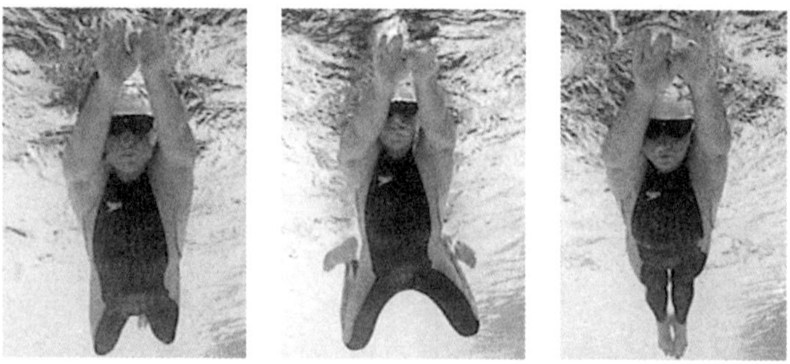

3. Wenn Sie die Füße nach hinten drücken und zusammenschlagen, sollten Sie das Gefühl haben, dass Ihr Kopf mit Unterstützung der Beinbewegung in einer perfekten Ausrichtung in einer Linie mit dem Körper nach vorne getrieben wird.

Um die Atmung in den Ablauf der Beinschlagübung zu integrieren, können Sie einen »Mini-Armzug« ergänzen, bei dem sich Ihre Hände nicht weiter als Schulterbreite auseinander bewegen.

1. Beginnen Sie in ausgestreckter Lage. Halten Sie die Beine gestreckt, wenn Sie die Hände ein wenig nach außen führen.

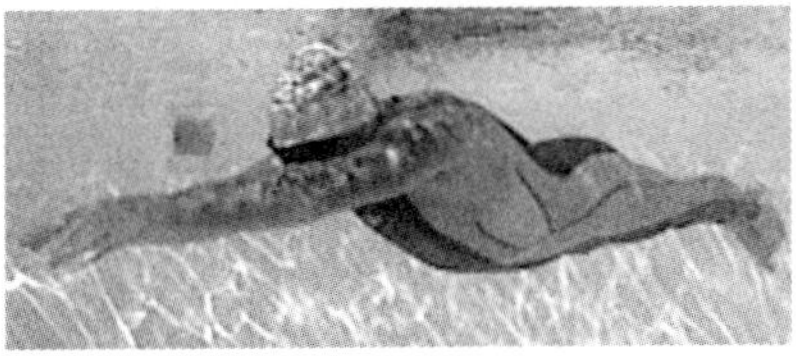

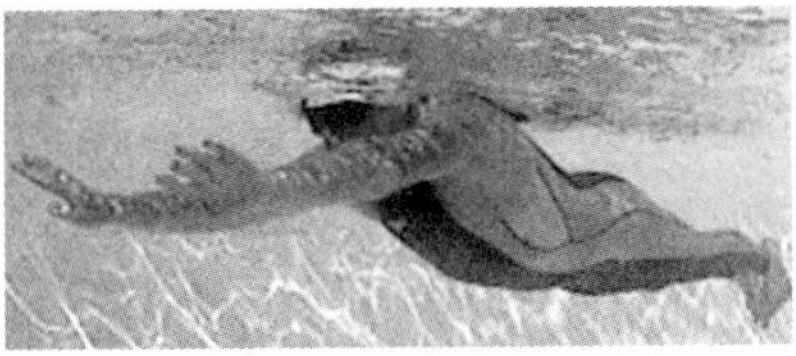

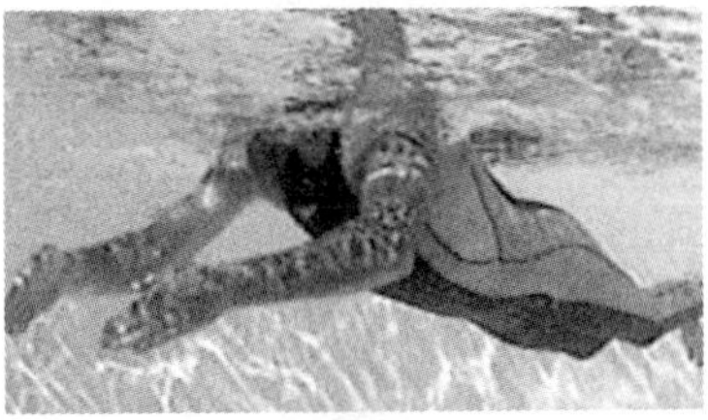

2. Knicken Sie mit den Knien ein, wenn Sie die Hände wieder nach innen führen. Sobald die Fersen hochkommen, heben Sie den Kopf leicht nach oben und atmen Sie ein, ohne dass Ihr Kinn das Wasser verlässt. Die Hände bleiben vor dem Kinn.

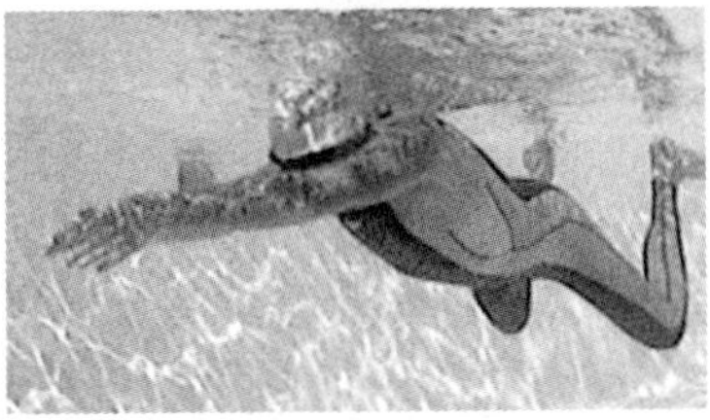

3. Lassen Sie den Kopf zwischen die Arme fallen und strecken Sie sich wieder aus, wenn die Füße den Beinschlag nach hinten beginnen.

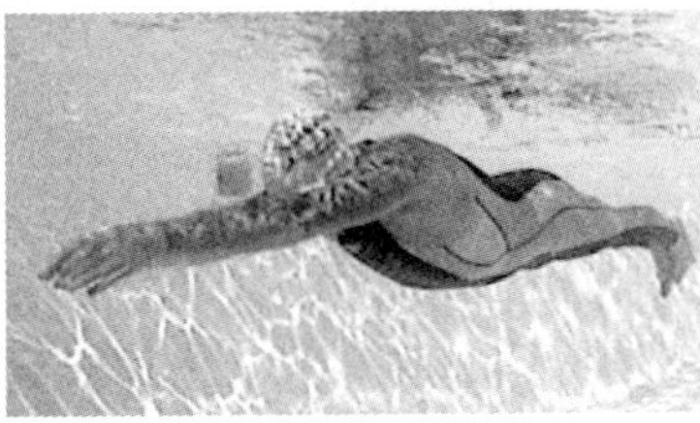

4. Konzentrieren Sie sich darauf, dass Kopf und Arme stromlinienförmig gehalten werden, wenn die Füße zusammenschlagen. Es sollte sich anfühlen, als ob Ihnen der Beinschlag hilft, den Körper noch stromlinienförmiger zu halten.

Versuchen Sie bei beiden Übungen, zwischen den Beinschlägen möglichst lange unter Wasser zu gleiten. Lehnen Sie sich dabei auf die Brust und halten Sie die Hüften hoch.

Brustschwimmen: Der Bewegungsablauf im Überblick

Halten Sie Ihre Körperlinie lang und gestreckt,
wenn sich die Hände aus der Gleitphase heraus nach außen bewegen.

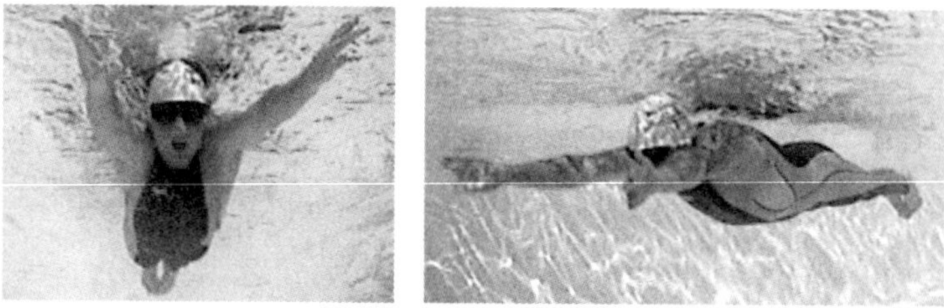

Halten Sie den Kopf ruhig, wenn die Hände
sich wieder nach innen bewegen und die Knie einknicken.

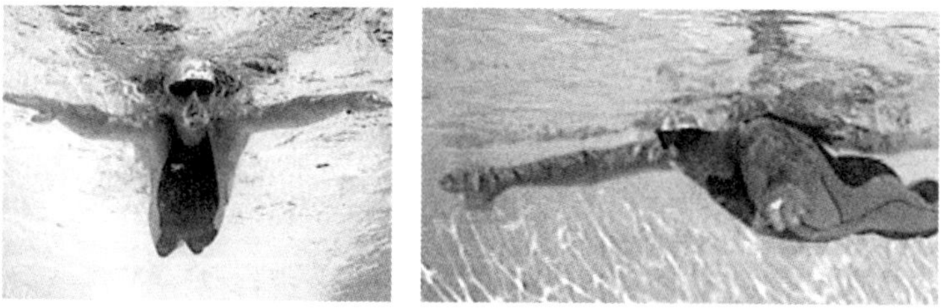

Die Hände bleiben immer vor dem Gesicht.

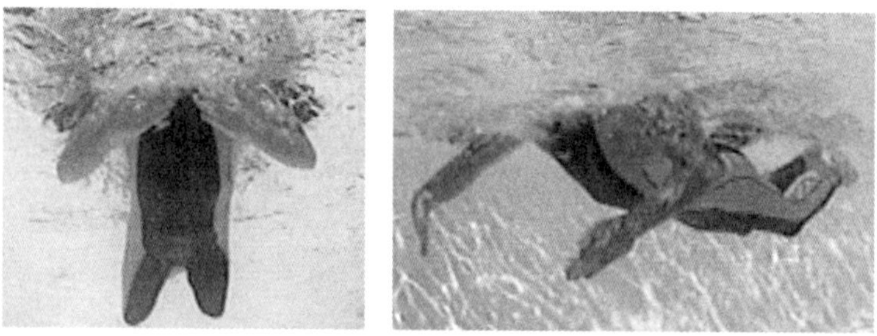

Richten Sie Arme und Kopf stromlinienförmig aus, wenn die Füße das Wasser fassen.

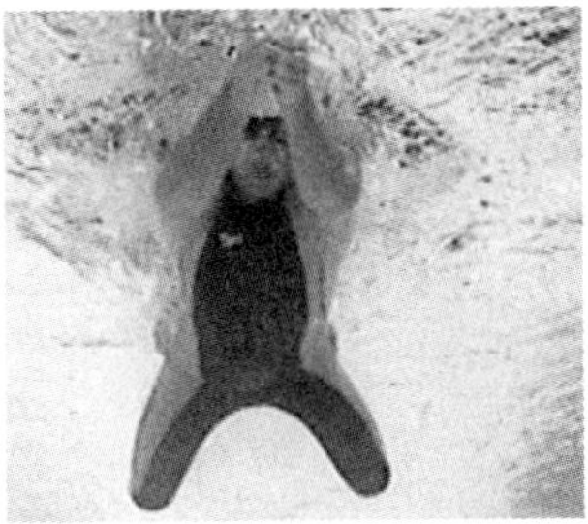

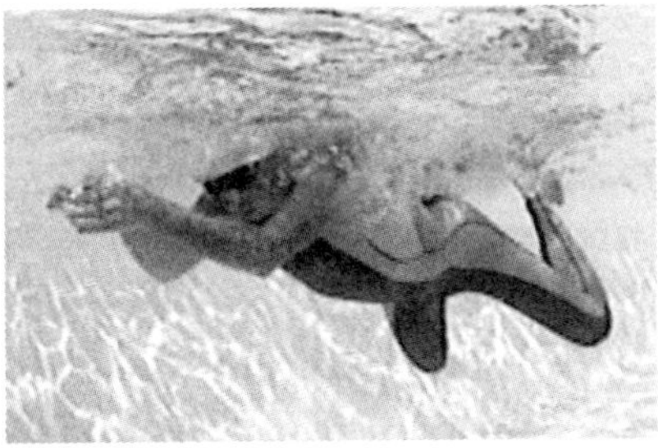

Gleiten Sie knapp unter der Wasseroberfläche wie ein Speer voran, wenn Sie Druck auf die Füße geben.

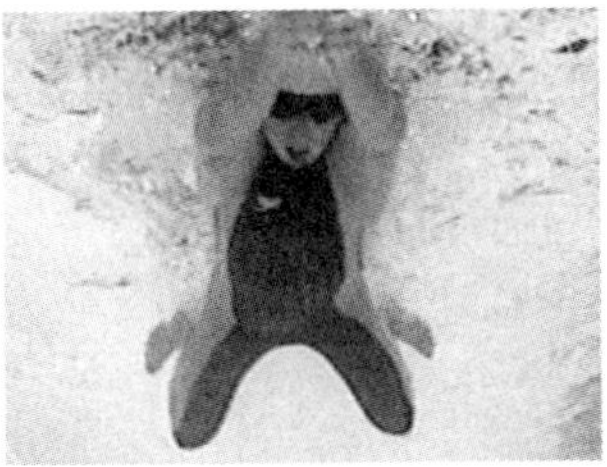

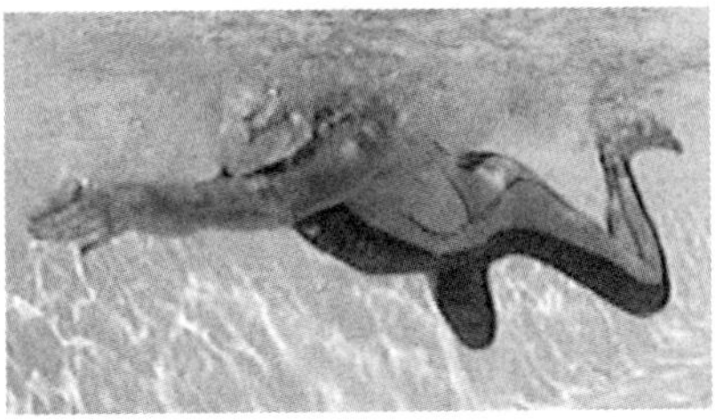

Halten Sie die Gleitposition und lehnen Sie sich auf die Brust.

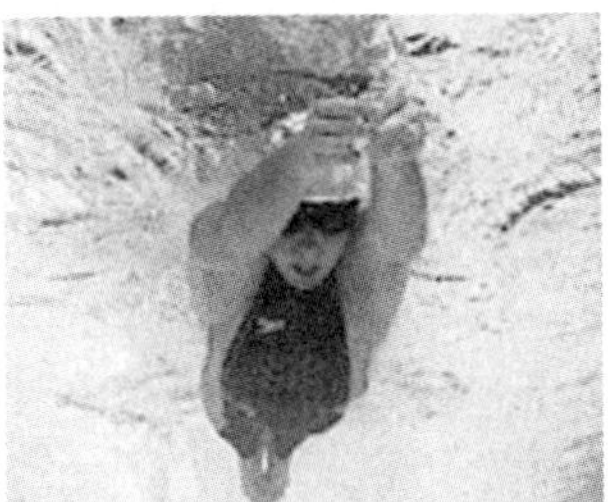

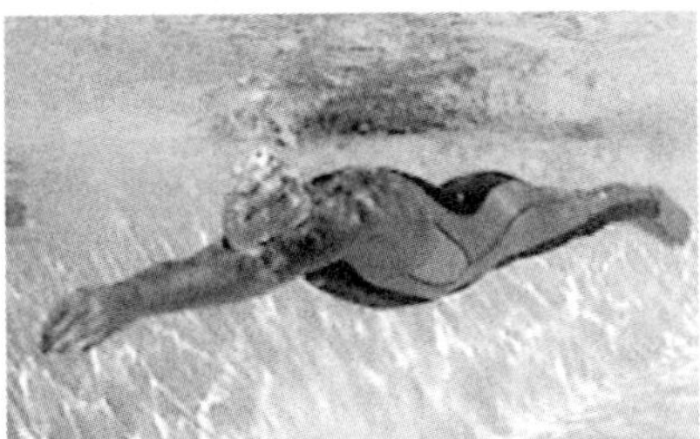

Brustschwimmen: Übungstipps

Das Brust- und Schmetterlingsschwimmen können Sie jeweils am besten mit kurzen Serien und kurzen Wiederholungen lernen. Im Vergleich zu den beiden Lagen Freistil und Rücken, bei denen Sie womöglich auch über längere Distanzen und in längeren Serien einen sauberen Schwimmstil aufrechterhalten können, ist dies beim Brustschwimmen schwieriger. Aber das schränkt Ihre Aussichten, sich auch im Brustschwimmen zu verbessern, keineswegs ein.

Mike Barrowman und Amanda Beard haben beide Weltrekorde über 200 Meter Brust aufgestellt, obwohl sie im Training selten mehr als 50 Meter am Stück geschwommen sind. In einer Serie, einer Trainingseinheit oder einer Woche kamen bestimmt auch bei ihnen viele Meter Brust zusammen, aber sie haben im Training das Brustschwimmen in ganzer Lage auch immer wieder mit unterschiedlichen Technik-, Armzug- oder Beinschlagübungen abgewechselt, wie ich sie auf den vorangegangenen Seiten beschrieben habe. Anstatt 10 x 100 Meter oder 5 x 200 Meter zu schwimmen, sahen ihre Serien vermutlich eher wie folgt aus: 50 Meter Armzug – 50 Meter ganze Lage – 50 Meter Beinschlag – 50 Meter ganze Lage – 50 Meter Technikübung – 50 Meter ganze Lage.

Diese Art des Trainings hat sich gerade im Brustschwimmen häufig als überlegen erwiesen, weil das Timing und die Koordination bei dieser Lage derart fein aufeinander abgestimmt sein müssen, dass sich schon bei leichter Ermüdung – oder einem Moment der Unachtsamkeit – ineffektive Bewegungsabläufe in das Muskelgedächtnis einprägen können. Ich empfehle auch Ihnen, in den ersten Wochen und Monaten, in denen Sie anhand des in diesem Buch beschriebenen Programms trainieren, die überwiegende Zeit im Wasser den im vorigen Abschnitt beschriebenen Übungen zu widmen. Hier zwei Beispiele, wie dies in der Praxis aussehen kann:

- Absolvieren Sie eine ausgewählte Übung vier bis acht Mal über jeweils 25 oder 50 Meter und konzentrieren Sie sich dabei auf nur ein Element der Bewegung. Bleiben Sie bei dieser Übung, bis sich das beschriebene Gefühl konsistent einstellt. Schwimmen Sie dann eine kurze Serie in ganzer Lage oder gehen Sie zur nächsten Übung über.

- Absolvieren Sie ein bis drei 25-Meter-Wiederholungen einer ausgewählten Übung und schwimmen Sie dann im Anschluss eine Länge in ganzer Lage. Konzentrieren Sie sich dabei auf denselben Aspekt der Koordination wie in der Übung.

Auf was Sie achten sollten

Bei jeder Serie, die Sie in ganzer Lage Brust schwimmen, sollten Sie auf einen der folgenden Punkte achten: Timing, Koordination, Anzahl der benötigten Züge oder Schwimmgolf-Ergebnis. Schwimmen Sie nie einfach so. Halten Sie sich bei jeder Länge ein klares Ziel vor Augen. Hier ein paar für das Brustschwimmen besonders geeignete Fokuspunkte, auf die Sie Ihre Aufmerksamkeit richten können:

- Schwimmen Sie mit neutraler Kopfstellung, schauen Sie dabei immer nach unten und heben Sie das Kinn nicht aus dem Wasser.
- Atmen Sie, als würden Sie eine Genickstütze tragen (vermeiden Sie also Nickbewegungen mit dem Kopf).
- Seien Sie beim Nach-außen-Führen der Hände geduldig und erhöhen Sie den Druck beim Nach-innen-Führen.
- Bewegen Sie Hände und Füße explosiv, wenn die Knie einknicken.
- Führen Sie den Beinschlag so kompakt und schnell aus, wie Sie können ... und halten Sie dann geduldig die Gleitposition aufrecht.
- Stoßen Sie sich *wie eine Nadel* durchs Wasser. Gleiten Sie knapp unter der Wasseroberfläche durch eine möglichst schmale Öffnung im Wasser. Versuchen Sie, in einem Zugzyklus doppelt so lange unter Wasser zu verbringen wie über Wasser.
- Tauchen Sie die Brust tiefer ein, wenn Sie gleiten, und fühlen Sie, wie die Hüfte dabei hochkommt.
- Leiten Sie die Energie immer *nach vorne*. Das heißt, ziehen Sie sich nach vorne, bewegen Sie sich beim Atmen nach vorne, drücken Sie sich mit dem Beinschlag nach vorne und gleiten Sie als Resultat des Beinschlages nach vorne.

Übungen für das Timing

- Warten Sie mit dem Eintauchen des Kopfes, bis Ihre Hände voll nach vorne ausgestreckt sind. Dies trägt dazu bei, dass die Hände nach der Beendigung des Zuges übergangslos und ohne Unterbrechung sofort wieder nach vorne geführt werden.
- Es sollte sich anfühlen, als ob Ihre Füße die Hände nach vorne schieben. Das beugt einem »Totpunkt« innerhalb der Beinschlagbewegung vor.
- Üben Sie die folgende Serie von 4 x 25 Metern (je 25 Meter für jede Übung a bis d): a) Zählen Sie in der Gleitposition bis zwei, wenn Sie die Füße zusammengeschlagen haben. b) Zählen Sie im Gleiten bis eins, wenn Sie die Füße zusammengeschlagen haben. c) Beginnen Sie in dem Moment mit den Händen zu ziehen, wenn Sie die Füße zusammenschlagen. d) Beginnen Sie den Zug mit den Händen unmittelbar bevor Sie die Füße zusammenschlagen. Wiederholen Sie diese Vierer-Serie drei bis vier Mal und lernen Sie, wie Sie übergangslos von einem langen Zug zu einem schnelleren Zug wechseln können.
- Achten Sie auf einen geschmeidigen, unterbrechungslosen Rhythmus der Auf-und-ab-Bewegung von Brust und Hüften. Verlangsamen Sie den Rhythmus, wenn Sie langsam schwimmen wollen. Führen Sie die Wellenbewegung von Brust und Hüften schneller aus, um schneller zu schwimmen. Sie müssen aber unabhängig vom Rhythmus immer in die vollständig gestreckte Gleitposition gelangen.

Zügezählen und Schwimmgolf

- Versuchen Sie, bei der dritten Timing-Übung eine Zugzahl von vier bis fünf Zügen auf 25 Metern zu erreichen. Lernen Sie, das Timing und den Rhythmus so zu wählen, dass Sie die Anzahl der Züge pro Länge praktisch beliebig vorgeben können.
- Nutzen Sie die Schwimmuhr, um die Zeit pro Länge zu messen. Schwimmen Sie eine Serie von drei oder vier Längen (25 Meter oder 50 Meter) und üben Sie, bei gegebener Zugzahl jedes Mal ein bisschen weniger Zeit zu benötigen. Versuchen Sie dann, mit einer Zugzahl am unteren Rand Ihres Zugzahlbereichs so schnell wie möglich zu schwimmen, indem Sie die

Bewegungen mit mehr Kraft ausführen. Wenn Sie also im Brustschwimmen einen Zugzahlbereich von sieben bis zehn Zügen pro Länge haben, sollten Sie versuchen, mit sieben oder acht Zügen pro Länge so schnell wie möglich zu schwimmen.

- Schwimmen Sie eine Serie (über 50, 75 oder 100 Meter), bei welcher Sie mit der tiefst möglichen Zugzahl beginnen und bei jeder Wiederholung dann einen Zug pro Länge mehr machen und entsprechend schneller schwimmen. Ihr Ziel sollte es sein, den Rhythmus irgendwann so variieren zu können, dass Sie jederzeit in der Lage sind, Ihre Geschwindigkeit nahtlos und sehr präzise anzupassen.
- Spielen Sie Schwimmgolf. Das heißt, halten Sie für jede Wiederholung fest, wie viele Sekunden und wie viele Züge Sie pro Länge gebraucht haben und addieren Sie die beiden Werte. Ermitteln Sie für jede ZpL, die innerhalb Ihres individuellen Zugzahlbereichs liegt, welches Schwimmgolf-Ergebnis (Anzahl Züge plus Zeit in Sekunden) Sie erreichen.

12

Rückenschwimmen

Was Sie über das Rückenschwimmen wissen sollten

Das Rückenschwimmen ist eng mit dem Freistil verwandt, da sich der Körper eines Schwimmers in beiden Lagen jeweils um seine *Längsachse* entlang der Wirbelsäule dreht. (Beim Brust- und Schmetterlingsschwimmen hingegen erfolgt die Rotation – oder vielmehr das wellenförmige Auf- und Abwippen – um eine kurze Achse, die von Hüfte zu Hüfte verläuft.) Beide Längsachsenschwimmstile, also Rücken und Freistil, haben drei wesentliche Dinge gemein: a) Sie als Schwimmer liegen permanent horizontal ausgestreckt im Wasser. b) Sie verringern den Wasserwiderstand, indem Sie sich entlang Ihrer Wirbelsäule längs ausrichten und Ihren ganzen Körper um diese Längsachse in eine leichte Seitenlage rotieren lassen. c) Durch Gewichtsverlagerungen von einer Seite auf die andere können Sie Vortrieb erzeugen. Aufgrund dieser Übereinstimmungen zahlt sich eine verbesserte Rückenschwimmtechnik häufig auch im Freistil aus, auch wenn Sie gar nicht bewusst darauf hingearbeitet haben.

Weil Sie beim Rückenschwimmen auf dem Rücken liegen und auch rückwärts schwimmen, müssen Sie sich orientieren, ohne die Linie am Beckenboden oder die Wand vor der Wende sehen zu können. Außerdem bedeutet diese besondere Lage, dass die einsetzbare Kraft und die Hebelwirkung limitiert sind. Es ist deshalb gerade im Rückenschwimmen von entscheidender Bedeutung, dass Sie sich stets äußerst geschmeidig bewegen und stromlinienförmig halten – eine Fertigkeit, von der Sie auch in den anderen Lagen profitieren werden.

Auch, wer sich vorwiegend als Freistilschwimmer sieht, sollte deshalb im Training immer mal wieder Übungen für das Rückenschwimmen absolvieren. Ich persönlich betrachte mich in erster Linie als Ausdauerschwimmer und ich schwimme gerne Wettkämpfe im Freiwasser. Trotzdem absolviere ich bei meinen Trainingseinheiten im Schwimmbad meist auch Technikübungen für das Rückenschwimmen. Zum Beispiel schwimme ich gern ein paar Längen Rücken als Erholung zwischen harten Freistilserien. Denn obwohl im Rücken- und Freistilschwimmen die gleichen Muskeln belastet werden, sind die Bewegungsabläufe gegenläufig: Muskeln, die in der einen Lage kontrahieren, werden bei der anderen gedehnt und umgekehrt. So kann lockeres Rückenschwimmen die ermüdeten Freistilmuskeln entspannen.

Hinzu kommt: Im Freistilschwimmen ist das Atmen keine simple Aktivität, die man einfach von Natur aus richtig macht, sondern eine schwimmtechnische Herausforderung an sich, die vielen Menschen erhebliche Schwierigkeiten bereitet. Im Rückenschwimmen hingegen kann man immer atmen. Mir macht das Rückenschwimmen auch einfach Spaß. Bei keiner anderen Lage kann man so geschmeidig wie ein Aal durchs Wasser gleiten. Ich mag die unterschiedlichen Bewegungsabläufe, die erforderlich sind, und den Beitrag, den sie zu meinem allgemeinen Wassergefühl liefern.

Ich schwimme jedes Jahr bei Masters-Wettkämpfen auch ein paar Rückenrennen, um zu sehen, wie ich mich verbessert habe. Das motiviert mich, Rückenschwimmen mit der gleichen Aufmerksamkeit zu üben, wie ich es im Freistil praktiziere. Das Training für das Rückenschwimmen kann ganz ähnlich ausfallen wie das Freistil-Training. Das liegt daran, dass es in diesen beiden Längsachsenlagen im Vergleich zu den Kurzachsenschwimmstilen Brust und Schmetterling jeweils deutlich einfacher ist, auch bei längeren Wiederholungen und Serien die erforderliche Effizienz aufrechtzuerhalten. Deshalb können Sie Rückenschwimmen auch gut als Ausdauertraining nutzen.

Wie Sie den Wasserwiderstand reduzieren

Lernen Sie, sich horizontal ins Wasser zu legen, so dass Sie sich immer vom Wasser getragen fühlen. Drehen Sie sich von einer Seite auf die andere, weil der Wasserwiderstand in der Seitenlage kleiner ist. Gleiten Sie in jedem Zugzyklus ein wenig länger voll ausgestreckt in Seitenlage.

Entspannen Sie sich im Wasser. Wenn man in Rückenlage das Gefühl hat, unterzugehen, richtet man sich instinktiv auf, um kein Wasser zu schlucken, und knickt in den Hüften ein. Das hat zur Folge, dass die Hüften noch mehr absinken und es verleitet einen Schwimmer dazu, die Arme mehr für die Stabilität im Wasser als für den Vortrieb zu nutzen. Lernen Sie, sich *entspannt* vom Wasser tragen zu lassen. Neigen Sie den Kopf entspannt nach hinten, bis die Ohren eingetaucht sind und das Wasser Kinn und Schwimmbrille berührt. Lehnen Sie sich auf die Schulterblätter, bis sich Hüften und Beine leicht anfühlen und horizontal schweben. Der Olympiasieger und Weltrekordhalter Lenny Krayzelberg zum Beispiel hat seinen Fokus immer darauf gerichtet, seine Hüften an der Wasseroberfläche zu halten. Er wusste: Wenn sein Kopf tief im Wasser liegt, kommen seine Hüften automatisch hoch.

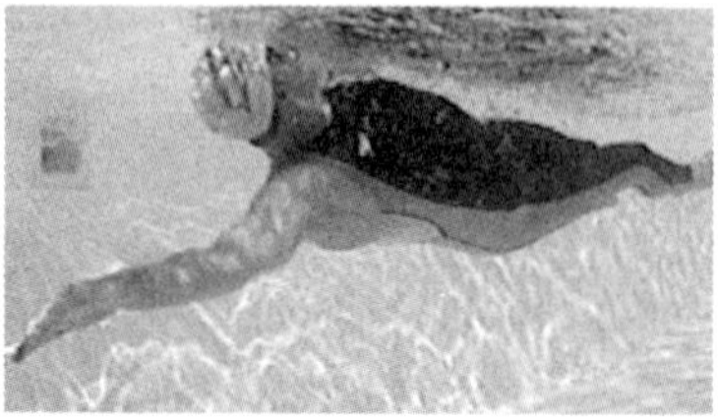

Drehen Sie sich von einer Seite auf die andere. Wenn man entspannt auf dem Wasser liegt und die Hüften an der Wasseroberfläche sind, kann man sich viel einfacher von einer Seite auf die andere drehen. Die Rotation des ganzen Körpers um die Längsachse reduziert den Wasserwiderstand und gibt den Rhythmus vor. Aus der Drehbewegung gewinnen Sie Energie für den Vortrieb.

Sie können diese Drehbewegung auf folgende Arten verbessern:

- Halten Sie den Kopf als Drehachse ruhig. Stellen Sie sich eine gerade Linie vor, die vom Kopf durch Ihre Wirbelsäule bis zu den Zehen verläuft. Halten Sie diese Linie während der Drehung waagerecht nach vorne gerichtet wie einen Laserstrahl.

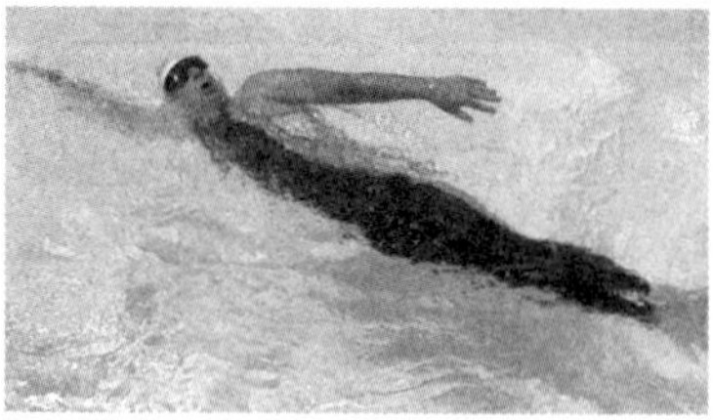

- Fühlen Sie, wie die Hüften bei jeder Drehung an die Oberfläche kommen. Lenny Krayzelberg sagte dazu: »*Wenn ich Rücken schwimme, versuche ich zu fühlen, wie erst die eine, dann die andere Hüfte an die Wasseroberfläche* kommt.«
- Kommen Sie jeweils mit einer Schulter aus dem Wasser. Wenn Sie mit dem rechten Arm ziehen, muss die linke Schulter aus dem Wasser schau-

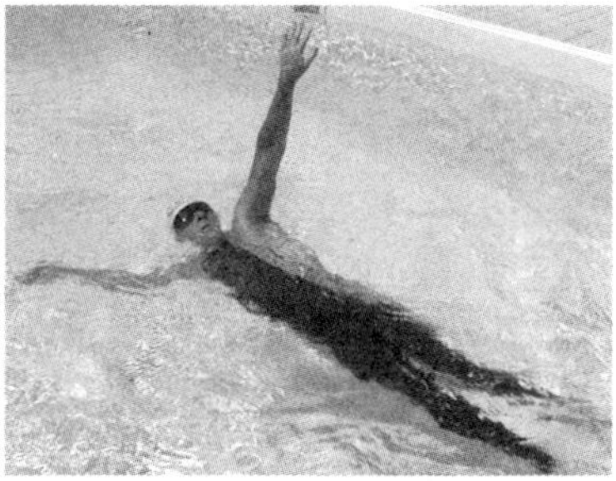

en und umgekehrt. Sie werden merken: Wenn Sie sich auf die Rotation der Schultern konzentrieren, fühlt es sich anders an, als wenn Sie auf die Rotation der Hüften achten. Beides hilft.

- Lehnen Sie sich immer entspannt zurück. Während Sie Ihr Augenmerk auf die Rotation der Schultern oder Hüften richten, drücken Sie Kopf und Schulterblätter unverkrampft ins Wasser.

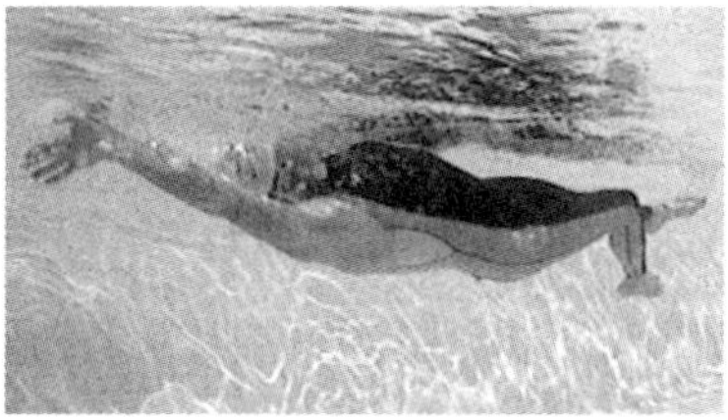

Bleiben Sie möglichst lange schlank ausgestreckt. Im Brustschwimmen habe ich empfohlen, möglichst lange stromlinienförmig ausgestreckt unter der Wasseroberfläche zu gleiten. Im Rückenschwimmen ist der Wasserwiderstand am kleinsten, wenn Sie von den Fingerspitzen bis zu den Zehen voll ausgestreckt in leichter Seitenlage gleiten. Versuchen Sie, diese Position nach jedem Zug ein wenig länger beizubehalten, während Sie mit der ausgestreckten Hand geduldig das Wasser fassen. Der andere Arm, der über Wasser zurück nach vorne geführt wird, kann schon ein Drittel des Weges zurückgelegt haben, bis Sie mit dem neuen Zug beginnen. Drehen Sie sich dann schnell auf die andere Seite, so dass Ihre andere Hüfte an die Wasseroberfläche kommt und Sie sich schnell wieder in Ihrer stromlinienförmigsten Gleitposition befinden.

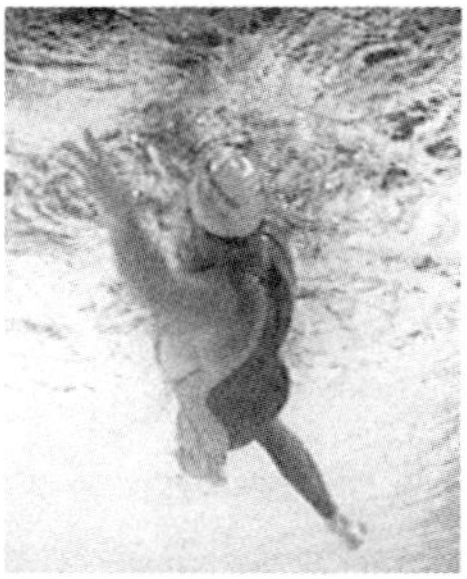

Wie Sie den Vortrieb verbessern

In den Kapiteln 8 und 9 haben Sie gelernt, wie man durch geduldiges Wasserfassen und den Einsatz der Rumpfmuskulatur am effektivsten Vortrieb erzeugt.

Das Wasser fassen. Geduld beim Wasserfassen hilft dabei, sich nicht zu stark auf die Armmuskeln zu verlassen. Führen Sie die Rückholhand und den Arm mit möglichst wenig Spritzern und Verwirbelungen sanft ins Wasser, bis die Hand mit zur Seite weisender Handfläche ausgestreckt ist. Drehen Sie dann die Hand nach außen, um das Wasser zu fassen, so dass die Handfläche in Richtung der Füße zeigt. Drehen Sie dabei im Wesentlichen nur das Handgelenk und die Hand. Der Ellbogen sollte sich nur sehr wenig beugen. Achten Sie darauf, dass Sie von den Fingern bis zu den Zehen lang ausgestreckt bleiben.

Lassen Sie die Rumpfmuskulatur arbeiten. Achten Sie dabei auf die folgenden beiden Punkte:

- Koordinieren Sie den Armzug und die Rückholung des anderen Armes so, dass die beiden Hände sich auf Höhe der Schultern aneinander vorbeibewegen. Zum einen sollte sich dies so anfühlen, als wenn Ihre beiden Arme miteinander verbunden wären, so dass der Rückholarm Energie auf den Zugarm überträgt. Zum anderen sollten Sie auch das Gefühl haben, dass Ihre Bauch- und Rückenmuskeln mit den Armen zusammenarbeiten.
- Achten Sie darauf, die Hüften rhythmisch an die Oberfläche zu bringen und dabei das Timing der Arme wie oben beschrieben beizubehalten. Fühlen Sie, wie sich der Rhythmus der Hüftrotation über die Rumpfmuskulatur auf die Bewegung der Arme überträgt.

Visualisierungshilfen für das Rückenschwimmen

Hier einige bildliche Darstellungen, die Ihnen als Visualisierungshilfen dazu dienen sollen, eine bessere Vorstellung von den verschiedenen Phasen des Zuges zu bekommen:

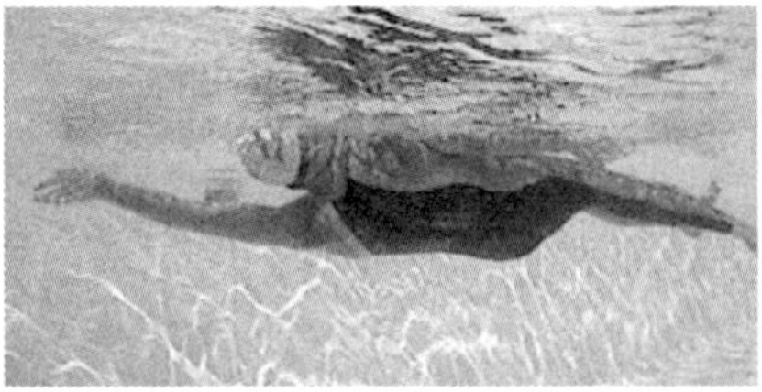

1. Schneiden. Stellen Sie sich die Außenseite der Hand und den Arm als Messerklinge vor. Führen Sie Hand und Arm wie ein Messer, das durch Butter schneidet, ins Wasser hinein. Machen Sie an der Wasseroberfläche keine Pause. Führen Sie Arm und Hand vom höchsten Punkt der Rückholung mit einer glatten Bewegung und ohne zu spritzen ins Wasser, bis sich der Arm zusammen mit der Schulter unterhalb Ihres Körpers befindet.

2. Das Wasser umschlingen. Drehen Sie die Hand nach außen, als ob Sie die Leine berühren wollten, und »schlingen« Sie Ihre Hand dann um das Wasser, so

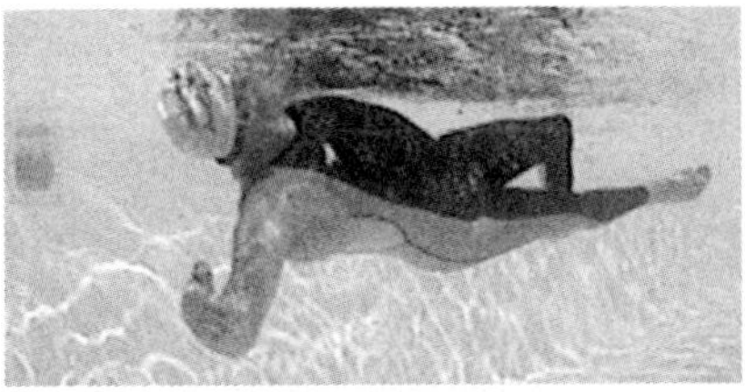

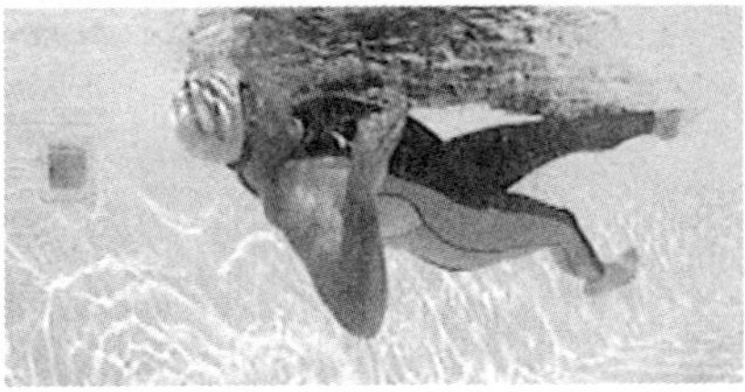

dass Sie es in Richtung der Füße schieben können. Fühlen Sie, wie das Wasser seinerseits Druck auf Ihre Hand ausübt.

3. Armdrücken. Üben Sie das Folgende zunächst an Land: Legen Sie sich in leichter Seitenlage mit ausgestrecktem Arm hin, wobei Handrücken und Ellbogen auf dem Boden ruhen. Winkeln Sie dann den Unterarm an, um die Hand zu heben, und drehen Sie sie mehrfach wie beim Armdrücken bis auf Höhe der Schultern. Anschließend absolvieren Sie dieselbe Übung im Wasser liegend: Drehen Sie Ihre Hand über den Ellbogen, bis die Innenseite des Unterarms in Richtung der Füße zeigt. Spüren Sie den festen Druck, den das Wasser Ihnen entgegensetzt.

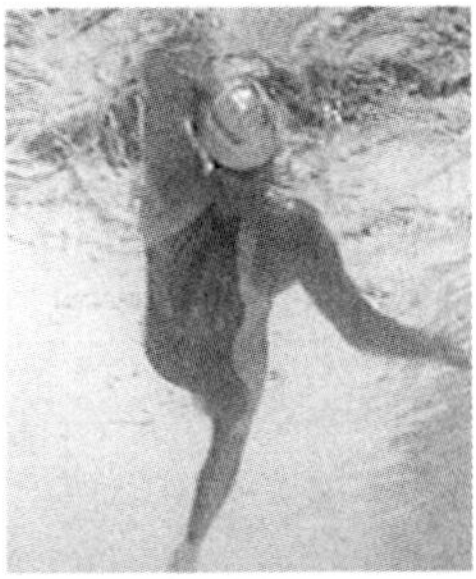

4. Das Wasser werfen. »Werfen« Sie das Wasser in Richtung der Füße, sobald die Hand den Ellbogen passiert. Der Abschluss der Bewegung sollte sich anfühlen, als wollten Sie einen Basketball auf den Boden dribbeln. Führen Sie dann die Hand mit dem Handrücken voran aus dem Wasser.

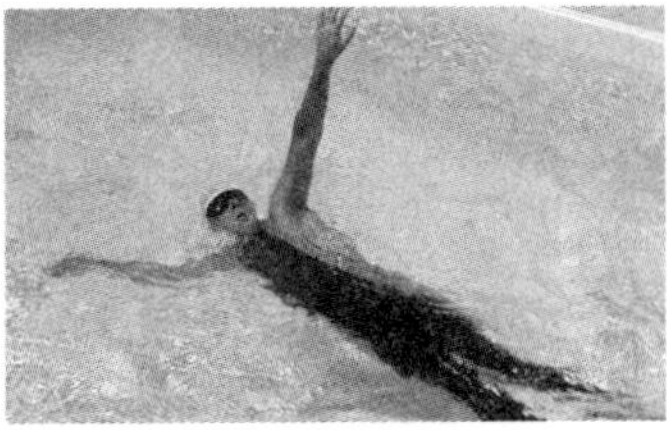

5. Zielen. Drehen Sie die Handfläche nach außen, wenn Sie die Hand über Ihren Kopf führen, und »zielen« Sie gerade über den Arm, wie über einen Gewehrlauf. Achten Sie darauf, dass sich der Kopf während des gesamten Ablaufes nicht bewegt.

Halten Sie sich diese Beschreibungen immer vor Augen, wenn Sie die entsprechenden Technikübungen zur Verbesserung Ihres Rückenschwimmstils absolvieren, und nutzen Sie diese Visualisierungshilfen auch als Fokuspunkte, wenn Sie in ganzer Lage schwimmen.

Der Beinschlag

Während im Freistil der Zweierbeinschlag (zwei Beinschläge pro Doppelarmschlag bzw. ein Beinschlag auf jeden Armzug) üblich ist, verwenden praktisch alle Schwimmer beim Rückenschwimmen einen Sechserbeinschlag (sechs Beinbewegungen pro komplettem Armzyklus).

- Die Beine sollten sich rhythmisch mit dem Körper mitdrehen, so dass sie nach rechts schlagen, wenn der rechte Arm eintaucht, und nach links, wenn der linke Arm eintaucht. Der Beinschlag sollte leicht, sanft und rhythmisch sein und nicht als anstrengend empfunden werden.
- Der Beinschlag sollte die Wasseroberfläche kräuseln, aber Knie und Füße dürfen nie durch die Wasseroberfläche an die Luft kommen.
- Führen Sie den Beinschlag von der Hüfte ausgehend mit fast vollständig gestreckten Beinen aus. Sie können dieses Bewegungsmuster zunächst aufrecht im Wasser mit einem Schwimmbrett vor der Brust einüben und sich dabei alle paar Sekunden um eine Vierteldrehung nach links und rechts um Ihre Längsachse drehen. Nutzen Sie diese Übung dann auch in der Horizontalen, wenn Sie die balancierte Wasserlage und die stromlinienförmig gestreckte Position üben.

Technikübungen zum schrittweisen Aufbau Ihres Stils

1. Horizontale Wasserlage (»Sweet Spot«)

Erfahren Sie das Gefühl, entspannt, stabil und vom Wasser getragen im Wasser zu liegen. Finden Sie den richtigen Winkel für die Drehbewegung um die Längsachse. Strecken Sie den Körper lang und gerade ausgerichtet aus.

- Lehnen Sie sich mit seitlich angelegten Armen entspannt zurück, bis sich das Wasser auf der Höhe der Schwimmbrille kräuselt. Halten Sie das Wasser um Ihr Gesicht herum ruhig. Dies gilt auch für alle weiteren Technikübungen für das Rückenschwimmen.
- Drehen Sie, während Sie in Rückenlage von leichtem Beinschlag vorwärtsgetrieben im Wasser liegen, den Körper auf die rechte Seite, bis die linke Hüfte an die Wasseroberfläche gelangt. Der Kopf bleibt während der

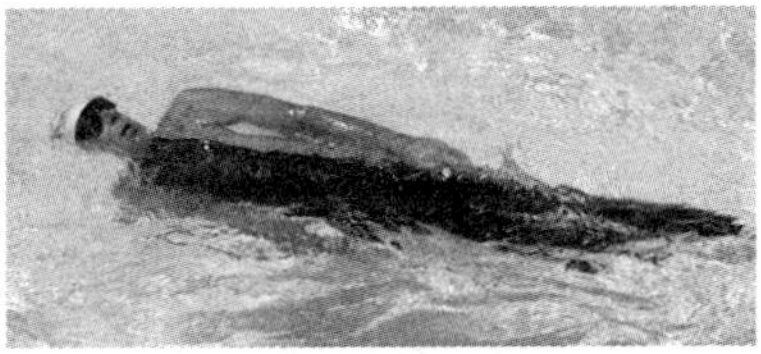

Drehung ruhig in seiner Position und die Wirbelsäule gerade ausgerichtet.

- Wenn die Hüfte an die Wasseroberfläche kommt, liegt der ganze Körper wie ein Kanu in Seitenlage und die obere Schulter ist an der Luft. Das ist die »Sweet Spot«-Position.
- Liegen Sie entspannt auf dem Wasser. Atmen Sie gleichmäßig und rhythmisch.

Übungstipps:

1. Üben Sie zuerst das Gleiten mit angelegten Armen in Seitenlage. Gleiten Sie angetrieben durch einen leichten, kompakten Beinschlag eine ganze Länge auf der linken Seite mit dem rechten Arm in der Luft. Halten Sie den Kopf ruhig mit dem Gesicht nach oben. Es muss sich so anfühlen, als würden Sie am Kopf nach vorne gezogen werden. Wechseln Sie bei der nächsten Länge die Seite. Üben Sie dies so lange, bis Sie auf beiden Seiten entspannt ausgestreckt im Wasser dahingleiten können.

2. Beginnen Sie dann mit der Drehung um Ihre Körperlängsachse. Gleiten Sie eine halbe Länge mit Beinschlag auf der einen Seite und drehen Sie sich dann für den Rest der Länge auf die andere Seite. Üben Sie dies, bis Sie auf beiden Seiten und auch während der Drehungen entspannt im Wasser liegen.

3. Erhöhen Sie dann die Anzahl Drehungen pro Länge auf sechs bis acht und verkürzen Sie jeweils die Phasen in Seitenlage. Üben Sie dies, bis es sich entspannt und kontrolliert anfühlt. Insbesondere als Anfänger sollten Sie sich dafür viel Zeit nehmen.

4. Anfänger sollten danach zur nächsten Technikübung (Gleiten mit ausgestrecktem Arm) übergehen. Als fortgeschrittener Rückenschwimmer kann es ratsam sein, die Sweet-Spot-Übung zunächst auch mit Längen zu kombinieren, die Sie in ganzer Lage schwimmen. Achten Sie dabei darauf, auch beim Schwimmen in ganzer Lage das gleiche Gefühl des rhythmischen Rollens der Hüfte mit ruhig gehaltenem Kopf zu erreichen.

2. Ausgestreckte Gleitposition

Mit dieser Technikübung erlernen Sie die stabile, stromlinienförmige Gleitposition, mit der im Rückenschwimmen jeder einzelne Zug beginnt.

Diese Position ist unter anderem ideal geeignet, um den Wasserwiderstand während des Rückholens des Armes möglichst klein zu halten. Weiterhin hilft sie Ihnen dabei, den Arm sauber ins Wasser einzutauchen und das Wasser möglichst effektiv zu fassen.

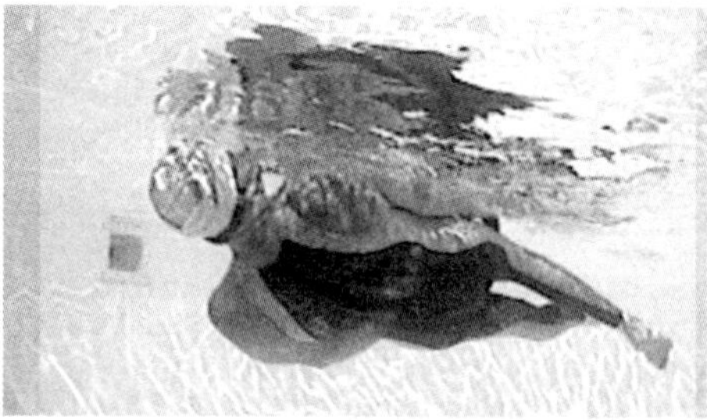

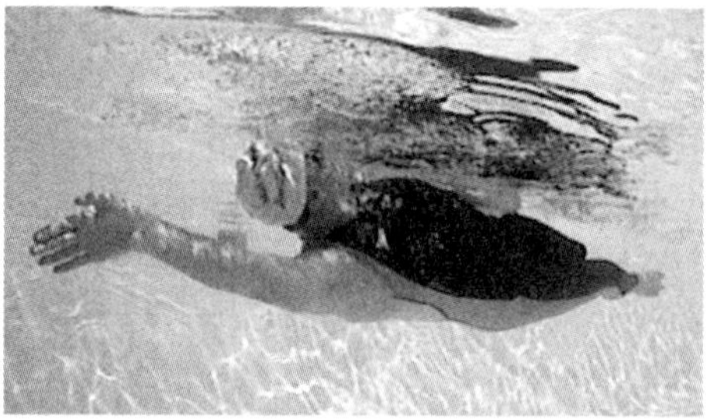

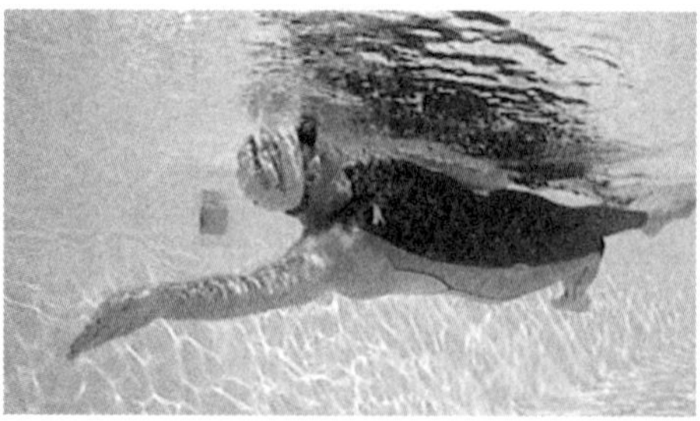

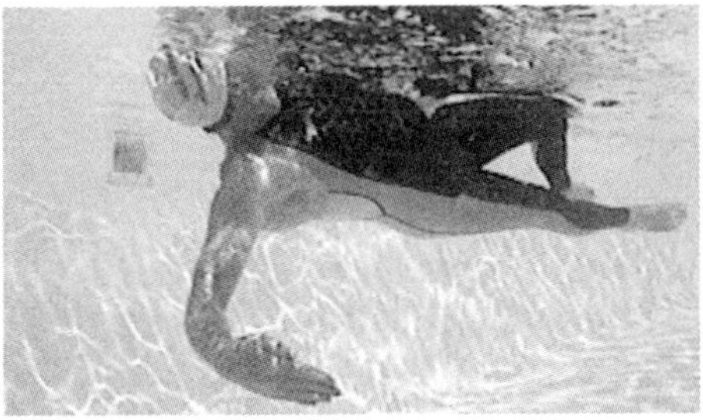

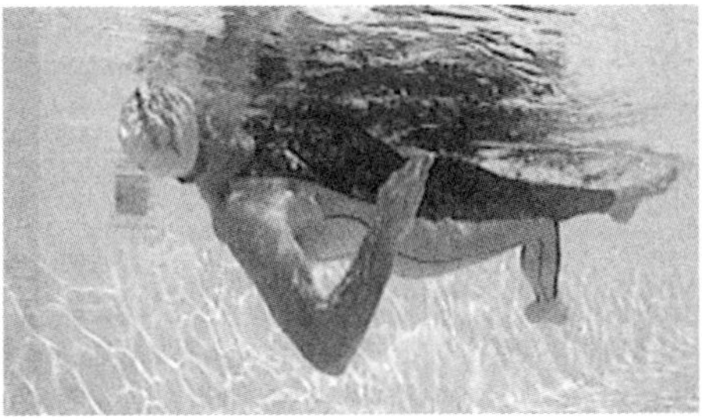

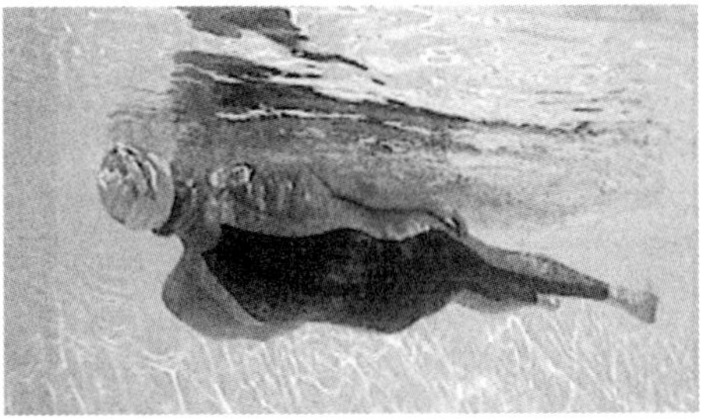

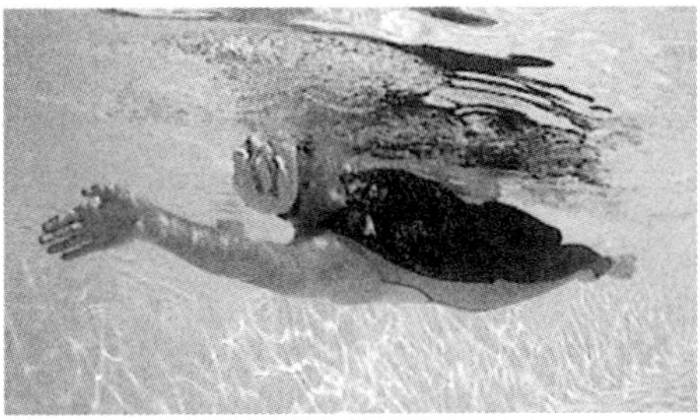

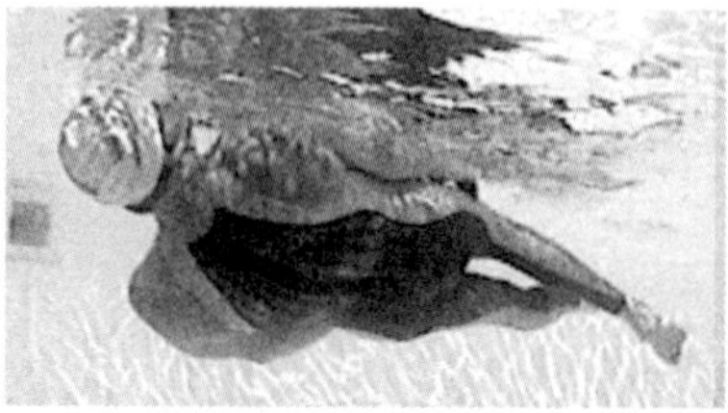

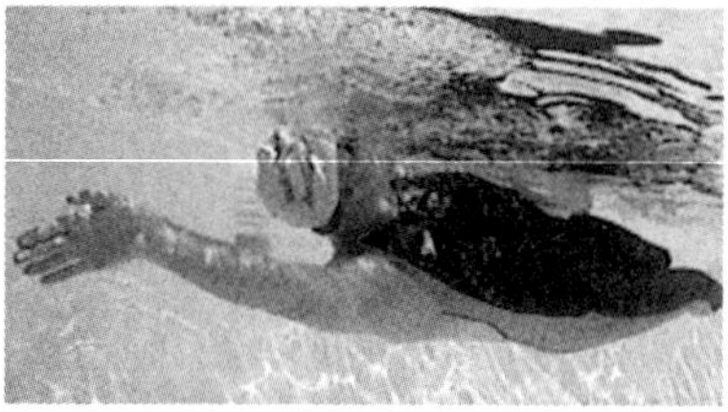

- Gleiten Sie gleichmäßig von einem leichten Beinschlag angetrieben in der Sweet-Spot-Position dahin. Die Arme sind seitlich angelegt, eine Ihrer Hüften berührt die Wasseroberfläche. Heben Sie nun den oberen Arm ausgestreckt an, führen Sie ihn nach vorne und tauchen Sie ihn sauber ins Wasser ein. Drehen Sie Ihren Körper gleichzeitig auf die andere Seite, so dass nun der andere Arm, der an der Hüfte angelegt ist, aus dem Wasser kommt. Jetzt befinden Sie sich in der ausgestreckten Gleitposition in Seitenlage. Warten Sie, bis Sie das Gefühl haben, stabil und mit balancierter Wasserlage dahinzugleiten. Führen Sie dann mit dem nach vorne ausgestreckten Arm unter Wasser den Armzug aus und drehen Sie sich dabei wieder auf die andere Seite in die Ausgangslage zurück, mit beiden Armen seitlich angelegt. Warten Sie, bis Sie sich stabil und entspannt fühlen, und wiederholen Sie dann den Ablauf.
- Führen Sie den Arm langsam und präzise über Wasser nach vorne und tauchen Sie ihn sauber ins Wasser ein. Um ein Übergreifen über die Körperachse zu vermeiden, sollten Sie darauf achten, dass a) immer ein Abstand zwischen Schulter und Ohr gewahrt bleibt, b) Hand bzw. Handgelenk beim Eintauchen nach außen schauen und c) Sie das Gefühl haben, dass Ihre Hand eigentlich zu weit außen eintauchen würde.
- Wenn der Arm nach vorne ausgestreckt ist, legen Sie sich entspannt und stromlinienförmig aufs Wasser. Lassen Sie das Wasser ruhig an Ihrem Kopf vorbeiströmen und halten Sie die andere Hüfte an der Wasseroberfläche.

Übungstipps:

1. Beginnen Sie mit nur einer oder zwei Drehbewegungen auf 25 Metern und erhöhen Sie die Anzahl dann geduldig auf fünf oder sechs Drehungen. Vermeiden Sie es, das Wasser während der Drehbewegung aufzuwirbeln.

2. Konzentrieren Sie sich zuerst – für mehrere Übungsstunden – auf eine stabile und stromlinienförmige Wasserlage. Wenn Sie sich diese gut eingeprägt haben, können Sie Ihre Aufmerksamkeit jeweils auf einen der oben beschriebenen Fokuspunkte richten: das glatte, spritzerlose »Schneiden« ins Wasser, das geduldige »Umschlingen« des Wassers mit den Händen, das »Armdrücken« mit dem Unterarm, das »Werfen« des Wassers in Richtung der Füße und das »Zielen« über den gestreckten Rückführarm. Üben Sie jeden Punkt, bis Sie ihn automatisiert haben.

3. Der letzte Schritt bei dieser Technikübung besteht darin, auf die Pause des Armes an der Hüfte zu verzichten: Führen Sie den Arm also unmittelbar nach dem Werfen des Wassers gleich wieder aus dem Wasser heraus nach oben und drehen Sie sich dabei auf die andere Seite. Behalten Sie hingegen die Pause in der ausgestreckten Gleitposition bei. Sie müssen davon ausgehen, dass es bestimmt acht bis zehn Stunden Übung braucht, bis Sie das wirklich gut hinbekommen.

4. Anfänger im Rückenschwimmen sollten sich dann als Nächstes die nachfolgend erläuterten Rollübungen vornehmen. Für fortgeschrittene Rückenschwimmer hingegen empfiehlt es sich, die Technikübung für die ausgestreckte Gleitposition zunächst auch mit dem Schwimmen in ganzer Lage abzuwechseln. Das heißt zum Beispiel: eine Länge Technikübung auf der rechten Seite, eine Länge ganze Rückenlage, eine Länge Technikübung auf der linken Seite, eine Länge ganze Rückenlage und so weiter. Achten Sie bei solchen gemischten Serien stets darauf, wie sich die horizontale, seitliche Gleitposition während der Technikübung und während des Schwimmens in ganzer Lage anfühlt.

Rollübungen für das Rückenschwimmen

In dieser Übungsserie lernen Sie das korrekte Timing für den Beginn des Zuges. Der Rückführarm bewegt sich, während der andere Arm oben ausgestreckt im Wasser ruht. Er wartet dort geduldig mit dem Wasserfassen und dem Beginn des Zuges, so dass sich der Armzug über die Rollbewegung des Körpers mit der Kraft der Rumpfmuskulatur verbinden kann. Somit ergibt sich eine leichte Überlappung in der Bewegung der beiden Arme.

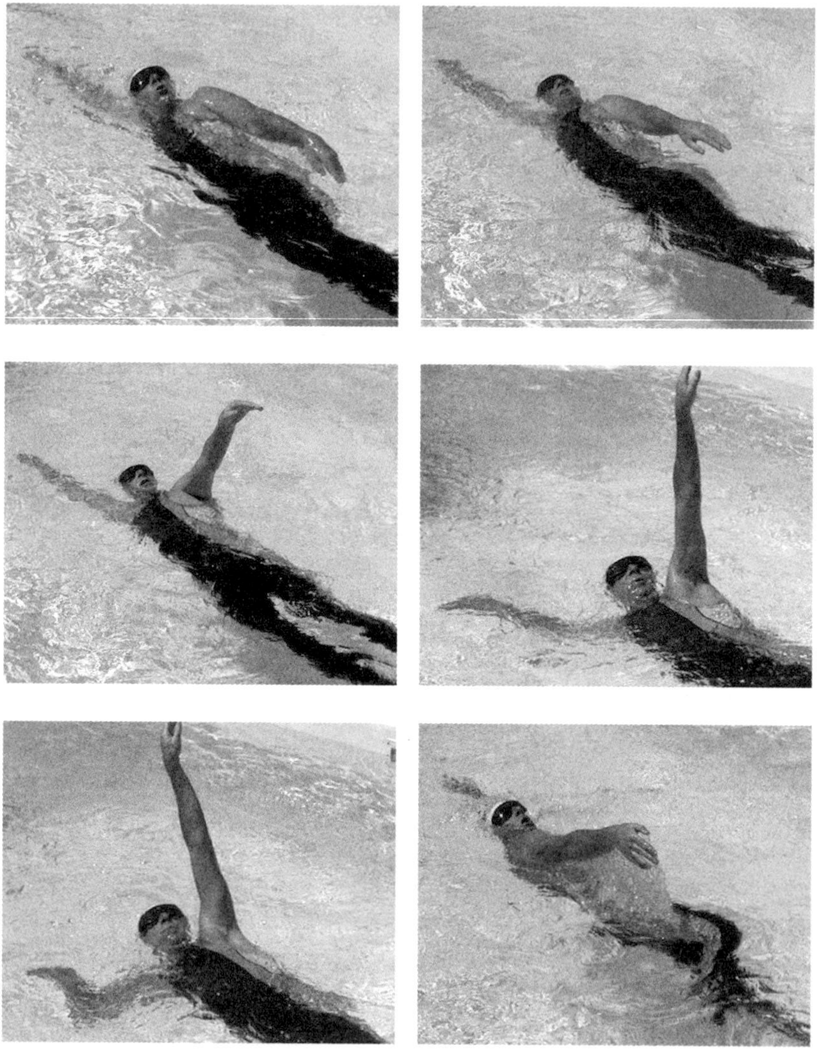

3. Teilweises Rückführen des Armes

Mit dieser Technikübung lernen Sie, die horizontale Wasserlage beizubehalten, wenn Sie anfangen, den Arm über Wasser nach oben zu führen.

- Gleiten Sie, angetrieben von leichtem Beinschlag, in ausgestreckter Seitenlage, mit einer Hüfte an der Wasseroberfläche. Heben Sie dann die entsprechende Hand leicht aus dem Wasser. Lassen Sie die Hand dabei entspannt am Handgelenk hängen.
- Überprüfen Sie die horizontale Wasserlage und lassen Sie die Hand dann wieder auf die Hüfte sinken. Wiederholen Sie dies, angetrieben von nur leichtem Beinschlag, bis Sie stabil und entspannt mit der Hand über der Wasseroberfläche gleiten können. Es ist wichtig, dass Sie horizontal ausgestreckt sind, *bevor* Sie die Hand aus dem Wasser heben, und dass Sie diese Wasserlage auch während des Hebens des Arms beibehalten.
- Nehmen Sie die Hand nach und nach höher aus dem Wasser, ohne dabei Ihre balancierte, horizontale Wasserlage zu verlieren. Schreiten Sie nicht zu schnell voran. Immer wenn Sie eine höhere Handposition erreicht haben, sollten Sie diese zunächst so lange einüben, bis Sie es schaffen, sie für drei oder mehr Atemzüge beizubehalten, ohne dass sich ein Gefühl von Unsicherheit im Wasser einstellt.

4. Rollen mit Pause

Wenn Sie mit dem ausgestreckten Arm warten, bis der Rückführarm etwa 30 Grad aus dem Wasser reicht, bevor Sie mit dem neuen Zug beginnen, können Sie ein wenig länger in der stromlinienförmigen, den Wasserwiderstand minimierenden Gleitposition bleiben und dann die beiden Arme mit der Kraft der Rumpfmuskulatur verbinden.

- Beginnen Sie wie in der vorangegangenen Übung. Gleiten Sie ausgestreckt in seitlicher Gleitlage mit leichtem Beinschlag, heben Sie den Arm um 30 Grad nach oben und halten Sie die Bewegung dann an.
- Wenn Sie sich stabil und entspannt fühlen, beginnen Sie den Zug mit dem ausgestreckten Arm unter Wasser und führen Sie gleichzeitig den Rückholarm weiter nach oben. Achten Sie darauf, die Handfläche der Rückholhand nach außen zu drehen, so dass diese mit dem kleinen Finger voraus ins Wasser eintaucht. Der Daumen befindet sich beim Eintauchen also oben.
- Machen Sie in der ausgestreckten seitlichen Gleitlage auf der anderen Seite eine Pause, bis Sie wieder stabil und entspannt gleiten. Warten Sie

immer so lange, bis Sie das Gefühl haben, stabil im Wasser zu liegen, bevor Sie den Arm aus dem Wasser heben.

- Üben Sie dies, bis Sie die Bewegung entspannt, kontrolliert und ohne Hast ausführen können und das Wasser ruhig an Ihrem Gesicht vorbeiströmt. Es darf beim Eintauchen nicht spritzen.
- Der anspruchsvollste Teil dieser Technikübung besteht darin, auf die Pause mit der Hand an der Hüfte komplett zu verzichten. Es ist das Ziel, die Hand am Ende des Zuges (also nach der Wurfbewegung) ohne Unterbrechung gleich aus dem Wasser zu heben und in die eingeübte 30-Grad-Position zu bringen. Behalten Sie aber die Pause in der ausgestreckten Gleitposition bei. Es kann viele Stunden dauern, bis Sie dies gut beherrschen.
- Für erfahrene Schwimmer empfiehlt es sich, jedes Mal, wenn man beim Rollen mit Pause einen Schritt weitergekommen ist, innerhalb einer Serie die Technikübung mit dem Schwimmen in ganzer Lage abzuwechseln. Weniger geübte Schwimmer hingegen sollten, sobald sie diese Technikübung so weit beherrschen, zur nächsten Rollübung übergehen, zum Rückenrollen.

5. Rückenrollen

Mit dieser Technikübung bringen Sie zusätzliche Dynamik in den Bewegungszyklus, ohne dafür die kontrollierte, balancierte und entspannte Wasserlage aufzugeben.

- Verzichten Sie nun auf die Pause, die Sie in der vorangegangenen Technikübung noch gemacht haben, wenn der Arm etwa 30 Grad aus dem Wasser ragt. Behalten Sie aber die Pause beim Gleiten in der ausgestreckten Seitenlage bei.
- Das Rückführen des Armes erfolgt nun also ohne Pause in einer durchgängigen Bewegung. Achten Sie aber darauf, die Rückholbewegung so l-a-n-g-s-a-m wie möglich auszuführen, während die ausgestreckte Hand geduldig vorne wartet. Beginnen Sie den neuen Zug, wenn Ihre Rückholhand genau die Position erreicht hat, in der Sie in der vorigen Technikübung noch eine Pause eingelegt haben. Ihre beiden Hände sollten sich beim Passieren der Schultern kreuzen.

- Üben Sie dies, bis Sie das Rückholen absolut ruhig und kontrolliert ausführen können. Das Wasser sollte Ihr Gesicht ohne Turbulenzen umfließen, und es darf beim Eintauchen des Armes nicht spritzen.
- Durch die Überlappung der beiden Armbewegungen sollte es sich anfühlen, als ob Ihre Arme von Ihrer Rumpfmuskulatur angetrieben werden, wenn diese die Schultern passieren.
- Konzentrieren Sie sich auf das Timing der Armbewegungen mit geduldigem Warten des ausgestreckten Armes, bis es sich natürlich anfühlt. Richten Sie dann die Aufmerksamkeit auf die weiter oben erläuterten Visualisierungshilfen (Schneiden, Umschlingen, Armdrücken, Werfen). Konzentrieren Sie sich aber immer nur auf einen dieser Fokuspunkte gleichzeitig.

6. Dreierrollen

Der Übergang von der Rollübung zum Schwimmen in ganzer Lage.

- Beginnen Sie in ausgestreckter Seitenlage mit leichtem Beinschlag. Führen Sie dann drei rhythmische Armzüge aus (d.h. Ihre Hüften pausieren nie). Machen Sie anschließend in ausgestreckter Seitenlage auf der anderen Seite eine Pause, bis die gewünschte Balance und lange Körperlinie wiederhergestellt ist. Konzentrieren Sie sich dabei auf die folgenden Punkte:
- Versuchen Sie, auch während sich Ihre Hüften stetig und rhythmisch von einer Seite auf die andere drehen, so ruhig und stabil zu bleiben wie in der ausgestreckten Seitenlage.
- Behalten Sie die geduldig vorne ausgestreckte Hand und die 30-Grad-Überlappung bei, die Sie sich in den vorigen Technikübungen eingeprägt haben.
- Achten Sie darauf, dass das Wasser um Ihr Gesicht herum ruhig bleibt und dass es beim Eintauchen des Armes nicht spritzt.
- Üben Sie, bis die komplette Bewegung gut koordiniert abläuft und sich kontrolliert anfühlt. Gehen Sie dann zum Schwimmen in ganzer Lage über (oder wechseln Sie innerhalb einer Serie das Dreierrollen mit dem Schwimmen in ganzer Lage ab).

Rückenschwimmen: Übungstipps

Technikübungen

Die Technikübungen für das Rückenschwimmen lassen sich als eigenständiger Trainingsschwerpunkt zur Verbesserung und Feinabstimmung Ihres Schwimmstils ebenso nutzen wie auch als eine Möglichkeit, um eine Zeitlang bewusst mit geringer Intensität zu schwimmen, wenn Sie innerhalb einer Trainingseinheit von einer vorangegangenen Serie erschöpft sind. Die ersten beiden Übungen, also die horizontale Seitenlage mit angelegten Armen und die ausgestreckte Gleitposition, bieten Ihnen Gelegenheit, den leichten Flatterbeinschlag zu üben und dabei – anders als bei Beinschlagübungen mit dem Schwimmbrett – die stromlinienförmige Wasserlage zu verbessern. Die dritte Übung mit leicht angehobenem Arm vertieft diese Fertigkeit noch weiter. Mit der vierten Übung, dem Rollen mit Pause, verbessern Sie dann die Wasserlage im »dynamischen Gleichgewicht«.

Langfristig sind das Rückenrollen und das Dreierrollen die beiden Technikübungen für das Rückenschwimmen, denen Sie sich am häufigsten widmen werden. Es gibt mehrere Möglichkeiten, diese Übungen sinnvoll einzusetzen und zu kombinieren:

- Absolvieren Sie vier bis acht 25- oder 50-Meter-Wiederholungen der Übung Rückenrollen. Wiederholen Sie die Übung, bis sich das Timing der Armbewegungen konsistent und natürlich anfühlt. Wenn Sie so weit sind, schwimmen Sie eine kurze Serie in ganzer Rückenlage und versuchen Sie dabei, das gleiche Gefühl zu entwickeln wie während der Übung. Oder kombinieren Sie die Technikübung mit dem Schwimmen in ganzer Lage und dehnen Sie dabei schrittweise die Distanzen aus: von zunächst 50 Metern (25 Meter Rollen + 25 Meter ganze Lage) auf 75 Meter (25 Meter Rollen + 50 Meter ganze Lage) und schließlich auf 100 Meter (50 Meter Rollen + 50 Meter ganze Lage oder 25 Meter Rollen + 75 Meter ganze Lage). Benutzen Sie das gleiche Schema auch für das Dreierrollen.
- Sie können auch eine Pyramide mit Rollen, Dreierrollen und ganzer Lage schwimmen. Eine solche Serie könnte zum Beispiel so aussehen: 3 x 25 Meter (in der Reihenfolge 25 Meter Rollen, 25 Meter Dreierrollen, 25 Meter

ganze Lage) oder 4 x 25 Meter (in der Reihenfolge 25 Meter Rollen, 25 Meter ganze Lage, 25 Meter Dreierrollen, 25 Meter ganze Lage).

Schwimmen mit ausgewählten Fokuspunkten: Auf was Sie achten sollten
Bei jeder Länge, die Sie in ganzer Rückenlage schwimmen, sollten Sie sich auf ein bestimmtes Element der Schwimmtechnik konzentrieren, die Anzahl der Züge pro Länge zählen oder Schwimmgolf praktizieren. Manchmal lassen sich auch zwei Übungsformen sinnvoll kombinieren, also zum Beispiel Schwimmgolf mit dem Fokus auf das »Armdrücken«. Wenn Sie eine der oben beschriebenen gemischten Serien aus Technikübungen und Schwimmen in ganzer Lage absolvieren, sollten Sie Ihr Augenmerk während der kompletten Serie immer auf einen ausgewählten Aspekt richten.

Hier eine Auflistung der hilfreichsten Fokuspunkte, auf welche Sie sich beim Rückenschwimmen konzentrieren können:

- Lehnen Sie sich entspannt zurück, bis sich die Hüften und Beine leicht anfühlen.
- Halten Sie das Wasser rund um Ihr Gesicht ruhig und halten Sie den Kopf still.
- Drehen Sie die Hüften rhythmisch von einer Seite auf die andere und lassen Sie die Arme diesem Rhythmus folgen.
- Bringen Sie die Schultern bei jedem Zug rhythmisch – ohne Widerstand – über die Wasseroberfläche.
- Seien Sie beim Wasserfassen geduldig, lassen Sie den ausgestreckten Arm ein wenig länger liegen und bringen Sie dabei den Rückholarm schon aus dem Wasser (Überlappung).

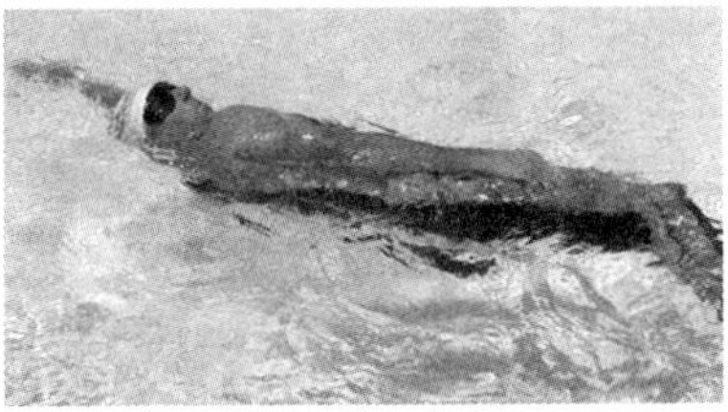

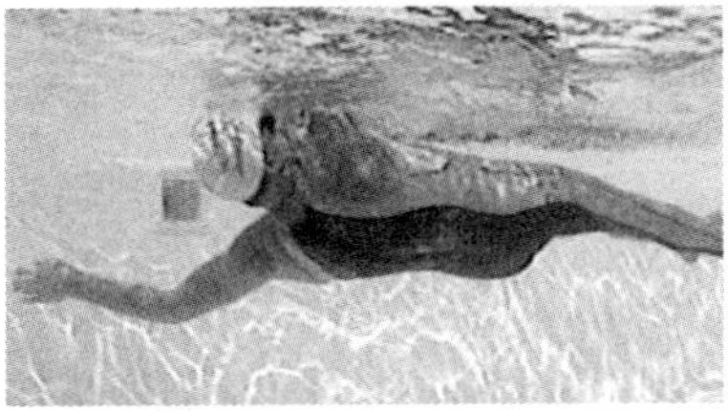

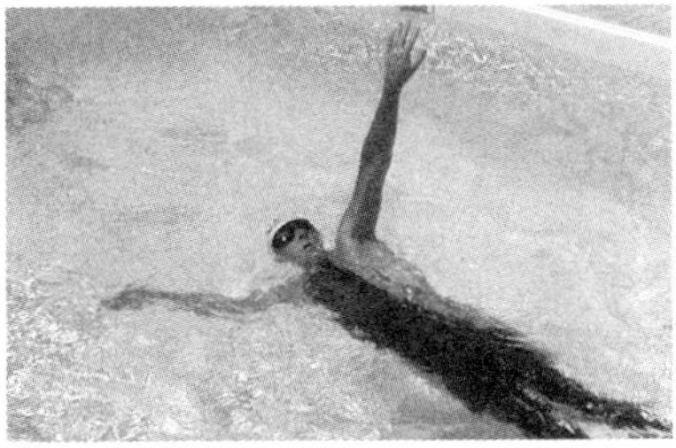

- Achten Sie darauf, dass sich Ihre beiden Arme auf der Höhe Ihrer Schultern aneinander vorbeibewegen, und stellen Sie sich vor, dass beide Arme über Ihre Schulterblätter zu einer Einheit verbunden wären.

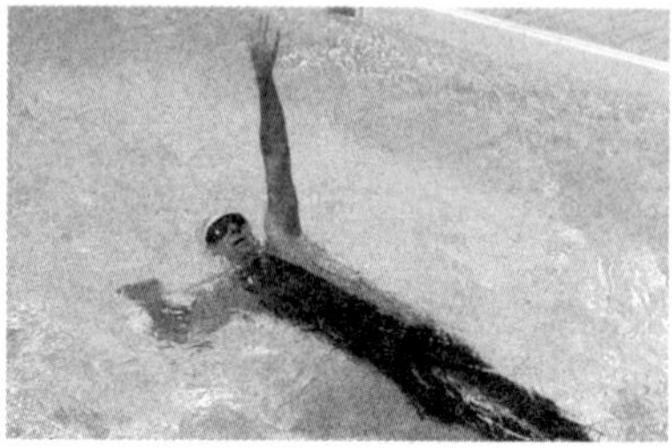

- Achten Sie darauf, dass Sie beim Eintauchen mit dem Arm ins Wasser schneiden, das Wasser mit der Hand umschlingen, den Arm wie beim Armdrücken drehen und das Wasser nach hinten werfen. Aber konzentrieren Sie sich immer nur auf einen Aspekt gleichzeitig.

Zügezählen und Schwimmgolf

- Legen Sie Ihren persönlichen Zugzahlbereich für das Rückenschwimmen fest. Dieser sollte in etwa Ihrer Zugzahl pro Länge im Freistil entsprechen und sinnvollerweise drei bis vier Züge umfassen. Lernen Sie, den Rhythmus und das Timing konsistent so anzupassen, dass Sie eine vorgegebene Zugzahl pro Länge stets mit großer Genauigkeit erreichen können.
- Benutzen Sie eine Schwimmuhr und versuchen Sie über drei bis vier Längen (25 Meter oder 50 Meter) bei gleichbleibender Zugzahl von Länge zu Länge ein wenig schneller zu schwimmen. Versuchen Sie auch, mit einer ZpL an der Untergrenze Ihres Zugzahlbereichs so schnell wie möglich zu schwimmen, indem Sie die Bewegungen kraftvoller ausführen. Wenn Ihr Zugzahlbereich für 25 Meter z.B. zwischen 16 und 19 Zügen liegt, versuchen Sie also mit 16 oder 17 Zügen so schnell wie möglich zu schwimmen.
- Üben Sie Serien mit 50, 75 oder 100 Metern (2 bis 4 x 25 Meter), bei denen Sie zunächst mit einer ZpL an der Untergrenze Ihres persönlichen Zugzahlbereichs beginnen. Erhöhen Sie dann von Länge zu Länge die ZpL um einen Zug und ziehen Sie auch gleichzeitig das Tempo an. Ihr Ziel sollte es sein, sich bei jeder Zugzahl sicher und wohl zu fühlen. Zudem sollte sich immer mehr das Gefühl einstellen und festigen, dass Sie Ihre Schwimmgeschwindigkeit mit Leichtigkeit erhöhen können, indem Sie die ZpL steigern.

- Vergleichen Sie für jede einzelne ZpL in Ihrem persönlichen Zugzahlbereich das Schwimmgolf-Ergebnis, das Sie erreichen (Anzahl Züge plus Zeit in Sekunden).

Benutzen Sie Fausthandschuhe

Fausthandschuhe aus Gummi pressen die Hand zur Faust zusammen, so dass man die Handfläche beim Zug nicht benutzen kann. Diese Übungshilfen werden eingesetzt, um zu lernen, mit dem Arm Druck aufs Wasser zu übertragen. Alternativ können Sie auch einfach Ihre Hände zu Fäusten ballen. Ich glaube, ich persönlich habe im Rückenschwimmen sogar noch stärker von Fausthandschuhen profitiert als in den anderen Lagen. Mit ihrer Hilfe habe ich insbesondere meine Effektivität im Wasserfassen, bei der Armdrück- und der Wurfbewegung verbessert. Wenn ich 20 Minuten oder länger Technikübungen mit Fausthandschuhen absolviere oder mit ihnen in ganzer Rückenlage schwimme, habe ich danach das Gefühl, wie ein Olympionike mit dem Wasser zu schwimmen, wenn ich wieder die ganze Hand einsetze. Sie helfen mir, die Züge mit mehr Gefühl zu beginnen und meine Zuglänge auszudehnen. Da ich mit Fausthandschuhen weniger Druck aufs Wasser geben kann, bin ich gezwungen, den rhythmischen Schwung aus den Hüften besser zu nutzen, was meinen Schwimmstil bei jeder Geschwindigkeit entspannter macht. Wenn auch Sie solche Fausthandschuhe regelmäßig für die erste Hälfte der Übungen verwenden, machen Sie schneller Fortschritte.

Längere Distanzen schwimmen

Rückenschwimmen eignet sich auch sehr gut, um mit längeren Serien oder längeren Distanzen die Ausdauer zu trainieren, was sonst in der Regel im Freistil gemacht wird. Wenn Sie die horizontale Wasserlage beherrschen, ist Rückenschwimmen sehr entspannend und kann mit einer solchen Leichtigkeit erfolgen, dass Sie ohne weiteres eine Serie von 20 x 100 Metern oder eine Stunde am Stück schwimmen können. Das gelingt sonst nur mit einer sehr effizienten Freistiltechnik. Jedoch sollten Sie, wenn Sie lange Distanzen schwimmen, sich dabei immer auf einen Aspekt der richtigen Schwimmtechnik konzentrieren und von Zeit zu Zeit auch die Zugzahl überprüfen.

Schmetterlingsschwimmen

Was Sie über das Schmetterlingsschwimmen wissen sollten

Schmetterlingsschwimmen steht in dem Ruf, die schwierigste oder sogar »grausamste« Lage zu sein. Dieses Image ist entstanden, weil viele Schwimmer tatsächlich eine Art »*Krampfschmetterling*« schwimmen. Wenn man Schmetterling hingegen entspannt und ökonomisch schwimmt, sieht es wunderschön aus und fühlt sich auch gut an. Das ist zugegebenermaßen nicht ganz einfach. Auch ich habe dies erst gelernt, nachdem ich mich 40 Jahre lang abgemüht hatte.

Obwohl ich Schmetterlingsschwimmer trainierte, die auf internationalem Niveau konkurrenzfähig waren, hatten die Trainingsmethoden, die diese talentierten Schwimmer erfolgreich machten, auf mich wenig Wirkung. Eine oder zwei Längen Schmetterling in einem 25-Meter-Becken genügten, und ich war völlig erschöpft. Mit 50 Jahren habe ich für mich beschlossen, dass mein Körper einfach nicht für das Schmetterlingsschwimmen gemacht ist. Ich erlaubte mir, altersbedingt auf diese Lage komplett zu verzichten. So schwamm ich mehrere Jahre lang keinen Zug Schmetterling mehr.

Als ich dann jedoch Videoaufnahmen des Weltrekordhalters Michael Phelps Bild für Bild analysierte, fielen mir plötzlich Feinheiten auf, die mir zuvor entgangen waren. Voller Begeisterung nahm ich Anpassungen an den Technikübungen für das Schmetterlingsschwimmen vor, die ich schon jahrzehntelang im Training meiner Schwimmer benutzte. Innerhalb weniger Übungsstunden reifte in mir das Gefühl, dass ich diese anspruchsvolle Lage vielleicht doch noch lernen könnte. Nach kurzer Zeit konnte ich am Stück acht, zwölf und dann sechzehn Längen Schmetterling mit nur kurzen Pausen schwimmen, ohne zu ermüden.

Natürlich würde ich nie so schnell wie Michael Phelps schwimmen, aber nach jahrzehntelanger Frustration war ich so begeistert von meinem Durchbruch im hohen Alter, dass ich mich sogar für Masters-Wettkämpfe über 200 Meter Schmetterling angemeldet habe. Wenn Sie selbst noch nie Schmetterling geschwommen sind (oder vielleicht zum letzten Mal im Schulalter) und jetzt denken, dass Sie zu alt sind für diese anspruchsvolle Lage, wird Sie mein Beispiel hoffentlich ermutigen. Ich selbst lernte erst mit 55 Jahren, richtig Schmetterling zu schwimmen, und ich hatte seither das Vergnügen, zahlreiche andere Schwimmer zu beobachten, die es in TI-Workshops ebenfalls in wenigen Stunden gelernt haben, obwohl sie bereits in ihren Sechzigern oder Siebzigern waren.

Schmetterlingsschwimmen hat zudem den Vorteil, dass es Ihnen Fertigkeiten vermittelt, die Ihnen in allen Lagen zugutekommen: stromlinienförmige Wasserlage, geduldiges Wasserfassen, Einsatz der Rumpfmuskulatur, Wassergefühl und Rhythmus. Wenn Sie gut Schmetterling schwimmen können, ist es sehr wahrscheinlich, dass Sie auch andere Lagen besser beherrschen. Umgekehrt geht diese Gleichung weniger häufig auf.

Mit dem Ansatz von Total Immersion kann es *jeder* lernen, mühelos 25 Meter Schmetterling zu schwimmen und – darauf aufbauend – dann auch längere Distanzen mit erstaunlicher Leichtigkeit zurückzulegen. Mit der Zeit können Sie dann auch schneller und mit mehr Krafteinsatz schwimmen. Aber ganz gleich, ob Sie in der Schmetterlingslage mit höherem Tempo oder nur locker schwimmen wollen, als Allererstes müssen Sie aufhören, Energie zu verschwenden.

Drei Dinge machen das, was ich oben als »Krampfschmetterling« umschrieben habe, so ermüdend:

Armzug und Beinschlag. Sich unnötig abmühende Schmetterlingsschwimmer ziehen mit den Armen nach hinten und schleudern sie dann über Wasser nach vorne. Und sie setzen den Beinschlag ein, um die Hüften oben zu halten. Effiziente Schmetterlingsschwimmer hingegen nutzen die Bewegung des gesamten Körpers als Einheit und setzen nicht Arme und Beine unabhängig voneinander ein.

Sich aus dem Wasser stemmen. Die Schwerkraft ist so unnachgiebig, dass es sich lohnt, mit ihr anstatt gegen sie zu arbeiten. Beim Krampfschmetterling stemmt sich ein Schwimmer mit jedem Zug hoch aus dem Wasser. Effiziente

Schmetterlingsschwimmer indes schmiegen sich immer nah an die Wasseroberfläche und lassen die Brust – der Schwerkraft folgend – absinken, um auf diese Weise die Hüften an die Oberfläche zu bringen.

Schwimmen mit roher Gewalt: Schmetterling ist eine Lage des Rhythmus und keine Lage der Kraft. Auch die besten und schnellsten Schmetterlingsschwimmer bewegen sich eher anmutig und geschmeidig durch das Wasser, als dass sie sich mit purer Muskelkraft gegen die Konkurrenz durchsetzen würden. Die Hauptbewegung im Schmetterling ist ein geschmeidiges, rhythmisches Auf und Ab von Brust und Hüften. Achten Sie deshalb bei allen in diesem Kapitel vorgestellten Technikübungen und auch beim Schmetterlingsschwimmen in ganzer Lage darauf, immer rhythmisch zu bleiben.

Führen Sie sich dies immer wieder vor Augen und versuchen Sie, nach und nach all die Dinge abzustellen, die das Krampfschmetterlingsschwimmen so strapaziös machen, und sie durch ökonomischere Bewegungen zu ersetzen. Verinnerlichen Sie diese neue Betrachtungsweise des Schmetterlingschwimmens, und Sie werden erstaunt sein, wie einfach sich diese vermeintlich so schwierige und grausame Lage tatsächlich schwimmen lässt.

Wie Sie die Erholung maximieren und den Wasserwiderstand minimieren

Sparen Sie Energie, indem Sie sich stromlinienförmig im Wasser halten.

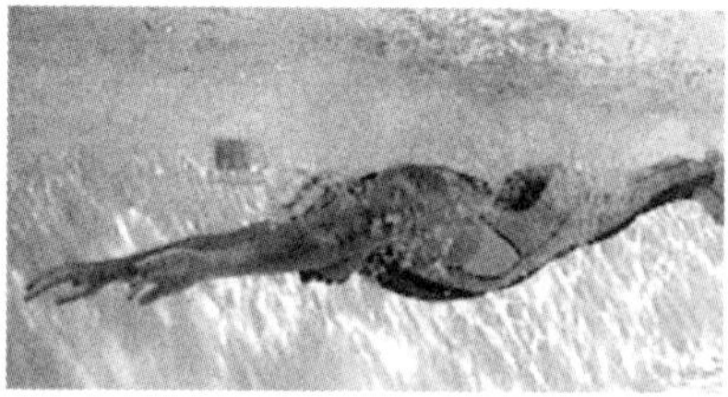

Machen Sie sich beim Schwimmen groß. Beim Schmetterlingsschwimmen ist der Wasserwiderstand dann am geringsten, wenn Sie lang ausgestreckt knapp unter der Wasseroberfläche gleiten. Um in einem Zugzyklus möglichst lange in dieser günstigen Position zu verbleiben, müssen Sie zum einen *sehr geduldig* sein, wenn die Arme nach vorne ausgestreckt sind, und zum anderen die Zugbewegung mit den Händen *sehr schnell* ausführen, sobald Sie sie eingeleitet haben.

Halten Sie sich stromlinienförmig. Tauchen Sie, wenn Sie die Arme nach vorne bringen, sanft ins Wasser ein und halten Sie sich dann stromlinienförmig ausgestreckt. Achten Sie darauf, die Beine gestreckt zu lassen, bis die Brust ganz eingetaucht ist. Lassen Sie dann die Knie einknicken, beugen Sie sie so wenig wie möglich und beginnen Sie erst dann mit dem Armzug. Und achten Sie auch auf ruhige Fußbewegungen beim Beinschlag – es darf dabei weder beim Schwimmen in ganzer Schmetterlingslage noch bei den Technikübungen spritzen.

Wie Sie Vortrieb erzeugen

Sie erreichen mit weniger Aufwand mehr, wenn Sie das Wasser geduldig fassen und bewusst die Rumpfmuskulatur einsetzen.

Halten Sie sich am Wasser fest. Anstatt das Wasser nach hinten zu schieben, sollten Sie sich vorstellen, dass sich Ihre Hände im Wasser *verankern* und Ihr Körper sich dann an den Händen vorbei nach vorne bewegt. Wenn Sie es richtig anstellen, müssen Ihre Armmuskeln nicht mehr leisten, als sich einfach nur am Wasser festzuhalten, während die erheblich anstrengendere Aufgabe, den Körper im Wasser voranzubringen, von Ihrer viel kräftigeren Rumpfmuskulatur übernommen wird.

Schwimmen Sie vorwärts. Bündeln Sie Ihre Energie beim Rückführen der Arme über Wasser, beim *sauberen* Eintauchen und auch beim stromlinienförmigen Gleiten immer nach vorne, um den Schwung aufrechtzuerhalten. Ob es nun um Hände, Kopf, Brust oder Hüften geht: Die vorwärtsgerichtete Bewegung ist für das effiziente Schmetterlingsschwimmen von entscheidender Bedeutung. Sie werden diesem Aspekt in diesem Kapitel immer wieder begegnen, insbesondere auch in den Technikübungen.

Eine durchgehende, fließende Bewegung

Die folgende Sequenz von Momentaufnahmen veranschaulicht, was beim effizienten Schmetterlingsschwimmen während eines Zugzyklus geschieht.

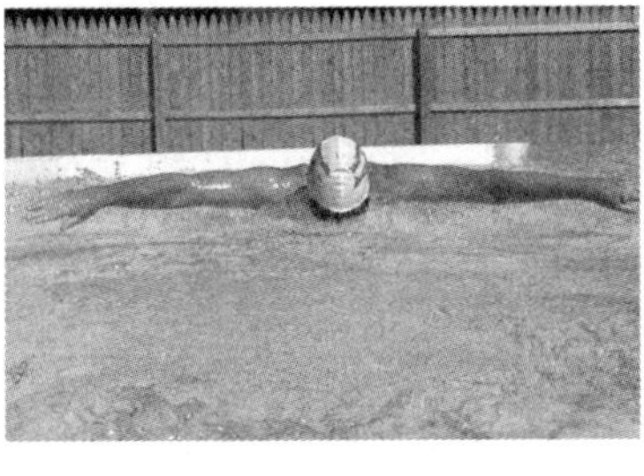

Eintauchen: *... nach vorne gerichtet ... sanft.* Ihr Kopf taucht vor den Armen ins Wasser. Halten Sie ihn gerade entlang der Wirbelsäule und drücken Sie das Kinn nicht nach unten. Halten Sie die Arme weit genug auseinander, um problemlos zwischen ihnen absinken zu können, und lassen Sie die Unterarme in der Nähe der Wasseroberfläche. Der Kopf und die Brust sinken zwischen den Armen ab. Achten Sie darauf, dass die Arme nahe der Wasseroberfläche bleiben.

Absinken: Wenn Sie in dieser Phase des Zugzyklus geduldig sind, bringen Sie sich in eine günstige Position, um Ihre Kraft für Sie arbeiten zu lassen, und Sie sorgen zudem dafür, dass Sie einen etwas längeren Teil des Zugzyklus in der stromlinienförmigsten Wasserlage verbringen können. Lassen Sie die Brust unter die Wasseroberfläche absinken, bis Sie fühlen, dass Ihre Hüften höher liegen als Ihre Brust. Strecken Sie dann Hände und Ellbogen leicht nach außen, um die oberen Rückenmuskeln zu aktivieren, und fassen Sie das Wasser.

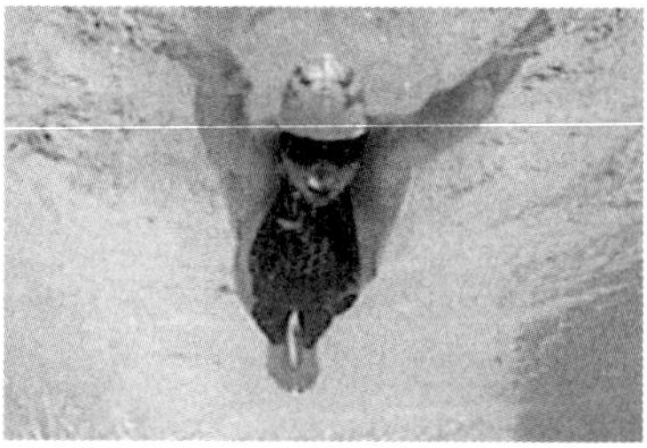

Halten: Das Absinken der Brust bringt die Hüften an die Wasseroberfläche und erzeugt Druck auf Händen und Unterarmen, welcher sich in Vortrieb im Wasser umsetzen lässt. Pausieren Sie für einen Moment mit dem Beinschlag – halten Sie die Beine ausgestreckt an der Wasseroberfläche – und spüren Sie die Spannung im Oberkörper. Ziehen Sie dann sanft genug mit den Händen, so dass diese Ihren Platz im Wasser wie ein Anker halten können.

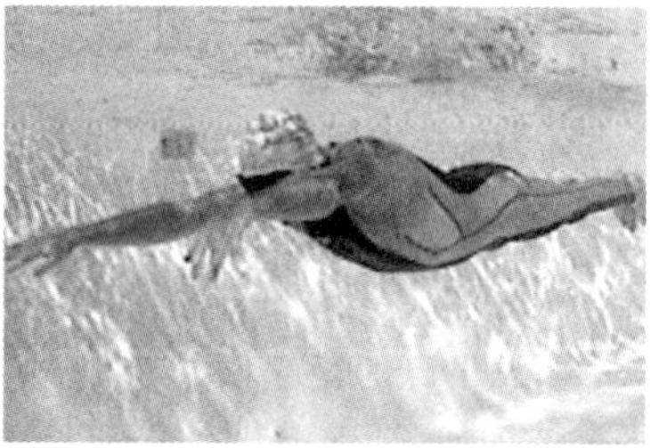

Gleiten und Armzug: Nachdem Sie die Beine stromlinienförmig ausgestreckt und hoch im Wasser gehalten haben, lassen Sie die Knie einknicken und setzen Sie Arm- und Rumpfmuskulatur ein, um Ihre Brust über die Hände zu bringen. Die Hände schwingen dabei zunächst ein wenig nach innen, um den Platz im Wasser zu halten, und schneiden daraufhin möglichst umgehend leicht nach außen und direkt aus dem Wasser heraus. Als Visualisierungshilfe für die Linie, die die

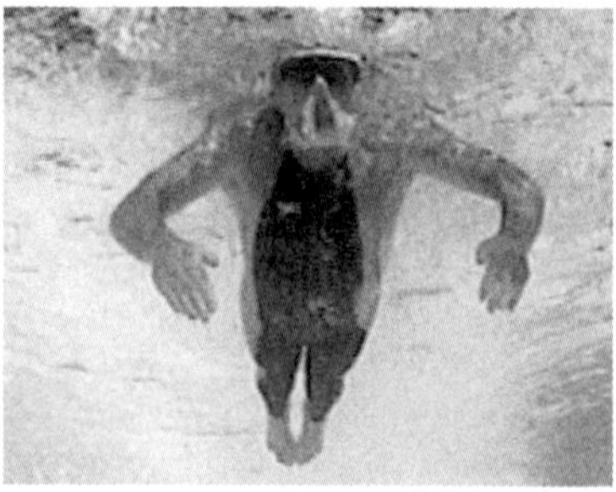

Hand beschreibt, gebe ich Kursteilnehmern dabei gern den Rat, sie sollten sich die Form eines Schlüssellochs vorstellen.

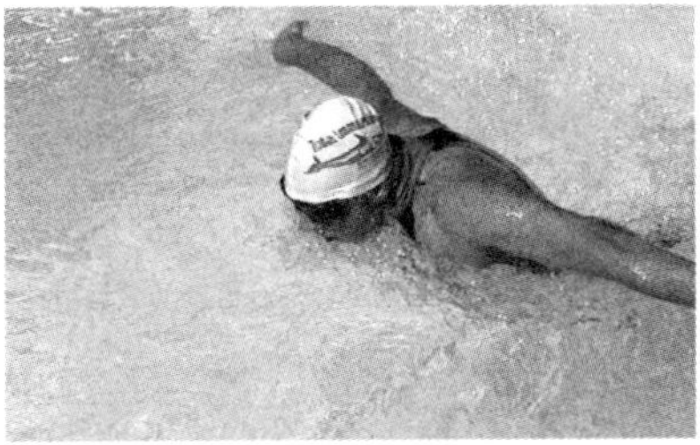

Schmiegen Sie sich ans Wasser: Nutzen Sie den Vortrieb, um Kopf und Schultern durch die Wasseroberfläche »nach vorne« zu bringen, wobei Ihr Kinn die Wasseroberfläche streift. Schwimmen Sie in dieser Phase des Zugzyklus bewusst blind, also mit geschlossenen Augen, weil der Versuch, etwas sehen zu wollen, sich häufig dahingehend auswirkt, dass sich das Eintauchen des Kopfes ein wenig verzögert. Werfen Sie nun die Hände wie bei einem Karatehieb energisch von Ihren Hüften weg, so dass sie förmlich nach vorne *fliegen*. Schmiegen Sie sich dann mit *entspannten* Armen vorne an die Wasseroberfläche.

Anmerkungen zum Atmen

Lange Zeit hielten Schwimmtrainer ihre Schützlinge an, möglichst wenig zu atmen, weil sie dachten, dass die Hüften beim Atmen absinken. Beim Schmetterlingsschwimmen liegt es aber in der Natur der Sache, dass man schnell außer Atem kommt – auch weil der hohe körperliche Einsatz bei dieser Lage die Brustmuskeln anspannt, was es wiederum den Lungen erschwert, sich auszudehnen.

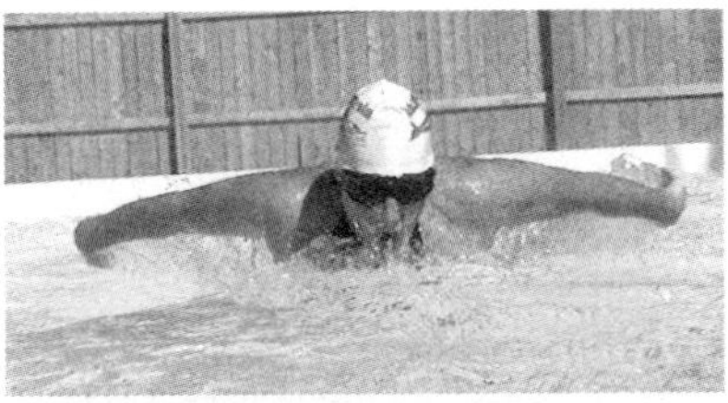

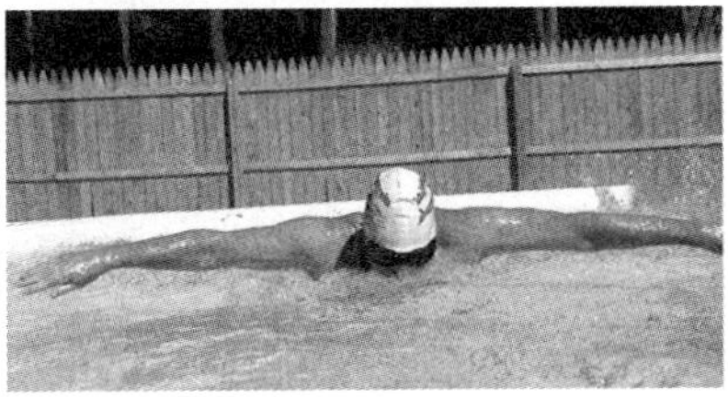

Sie sollten deshalb lieber daran arbeiten, etwaige Fehler beim Atmen zu korrigieren, anstatt zu versuchen, diese nur zu überspielen, indem Sie Atemzüge auslassen. Beachten Sie dabei insbesondere die beiden folgenden Punkte: a) Es ist leichter zu atmen, wenn Sie sich mit Händen und Armen im Wasser verankern, als wenn Sie mit ihnen nach hinten ziehen. Es trägt zu einem entspannteren Atmen bei, wenn Sie während der kompletten Zeit, in der sich

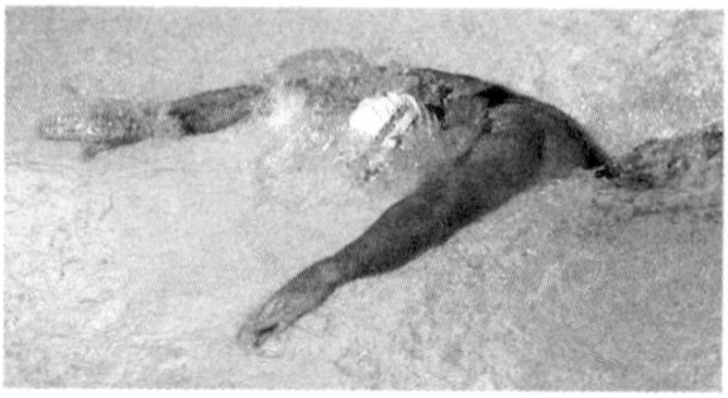

Ihr Kopf unter Wasser befindet, gleichmäßig ausatmen. b) Wenn Sie sich mit den nach vorne gebrachten Armen an die Wasseroberfläche anschmiegen und die Brust nach dem Eintauchen absinken lassen, kommen die Hüften automatisch an die Wasseroberfläche. Das erlaubt es Ihnen, bei jedem Zug zu atmen, ohne die horizontale Wasserlage zu verlieren. Die Muskeln arbeiten natürlich besser, wenn sie immer genügend Sauerstoff haben. Deshalb empfehle ich, bei jedem Zug zu atmen. Die einzige Ausnahme ist, wenn das Atmen Sie beim Erlernen einer neuen Technikübung stört.

Anmerkungen zum Beinschlag

Der Beinschlag beim Schmetterlingsschwimmen wird auch »Delfinkick« genannt. Aber *Delfine kicken nicht*, sie machen eine Wellenbewegung, und das sollten auch Sie tun. Achten Sie darauf, die Beine *stromlinienförmig auszustrecken* und so die Wellenbewegung des Körpers, die durch das Absinken der Brust ausgelöst wird, mit den Beinen weiterzuführen. Halten Sie die Füße immer unter Wasser. Wenn sich Ihre Knie beugen und Ihre Füße aus dem Wasser ragen, unterbrechen Sie die Wellenlinie Ihres Körpers, was den Wasserwiderstand erhöht und die Kraftübertragung behindert.

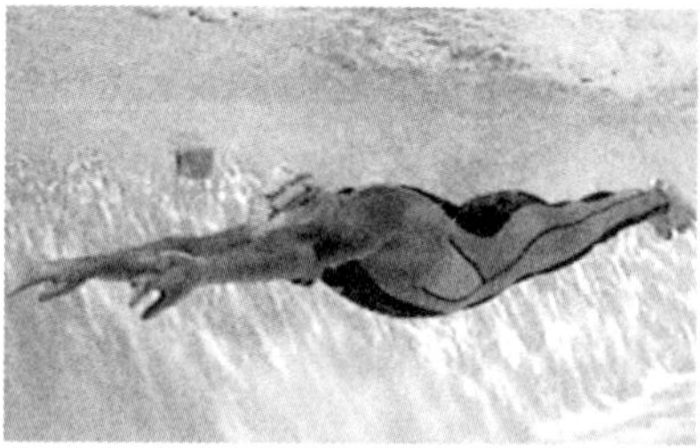

Halten Sie die Oberschenkel hoch, wenn die Brust absinkt, und warten Sie, bis die Fersen an die Wasseroberfläche kommen. Schlenzen Sie mit den Füßen nach unten, um beim Eintauchen der Arme den Übergang in die stromlinienförmige Wasserlage zu unterstützen.

Beim schnellen Schmetterlingsschwimmen macht man zwei Kicks pro Zugzyklus. Der erste erfolgt beim Eintauchen der Hände und ist leichter und kleiner. Nutzen Sie ihn, um die Hände nach vorne zu schieben, sich im Wasser länger auszustrecken und die Brust nach unten zu drücken. Der zweite Beinschlag erfolgt, wenn Sie die Arme aus dem Wasser heben. Er ist explosiver und erzeugt mehr Vortrieb aus den Oberschenkeln. Dieser zweite Beinschlag ist an die kraftvolle Bewegung des Rumpfes gekoppelt und hilft, Arme und Oberkörper nach vorne zu *katapultieren*. Das ist die kräftigste Bewegung, die im Schwimmen überhaupt vorkommt.

Sie können beide Formen des Beinschlags viel besser während Ihrer normalen Technikübungen und beim Schwimmen ganzer Lage üben als mit speziellen Beinschlagserien mit dem Schwimmbrett. Denn wenn Sie ein Schwimmbrett halten, können Sie Ihre Brust nicht absinken lassen und somit die Rumpfmuskulatur nicht für den Beinschlag nutzen. Deshalb setzt man beim isolierten Beinschlagtraining mit dem Schwimmbrett unweigerlich vor allem die Oberschenkelmuskeln ein, aber genau das gilt es zu vermeiden. Technikübungen und das Schwimmen in ganzer Lage sind viel besser geeignet, um den richtigen Beinschlag für das Schmetterlingsschwimmen zu erlernen, weil Sie dabei die Beine an die effiziente Wellenbewegung des ganzen Körpers ankoppeln können. Aus dem gleichen Grund rate ich beim Schmetterlingsschwimmen auch davon ab, Pull-Buoys zu benutzen. Mit dem Pull-Buoy nämlich neigt man dazu, die Kopplung der Beine an die Bewegung des Oberkörpers zu unterbrechen und sich deshalb ineffiziente Bewegungsmuster einzuprägen.

Technikübungen zum schrittweisen Aufbau Ihres Stils

In diesem Abschnitt lernen Sie, Ihre Technik im Schmetterlingsschwimmen Schritt für Schritt aufzubauen und zu verfeinern, so dass Sie diese Lage schließlich entspannt schwimmen können, ohne zu verkrampfen und sich abzumühen. So schaffen Sie dann auch die Grundlage für das schnelle Schmetterlingsschwimmen.

1. Körperwelle nach Art der Delfine

Lernen Sie, sich stromlinienförmig auszustrecken und das Gefühl für den Rhythmus im Rumpf aufzubauen.

- Legen Sie sich mit nach vorne ausgestreckten Armen horizontal aufs Wasser und halten Sie die Hände leicht außerhalb der Schulterlinie. Senken und heben Sie rhythmisch die Brust. Das heißt, drücken Sie Ihre Brust nach unten und lassen Sie sie dann wieder los. Versuchen Sie, dabei einen möglichst ruhigen und entspannten Rhythmus zu finden. Mit jedem Takt sollten Sie sich ein wenig nach vorne bewegen.

- Halten Sie Ihre Beine stromlinienförmig ausgestreckt und fühlen Sie, wie sich die Wellenbewegung des Körpers bis in die Fußspitzen fortsetzt. Schlagen Sie rhythmisch mit den Beinen, indem Sie in den Knien einknicken, wenn Sie die Brust loslassen, und schlenzen Sie mit den Füßen nach unten, wenn Sie die Brust nach unten drücken.

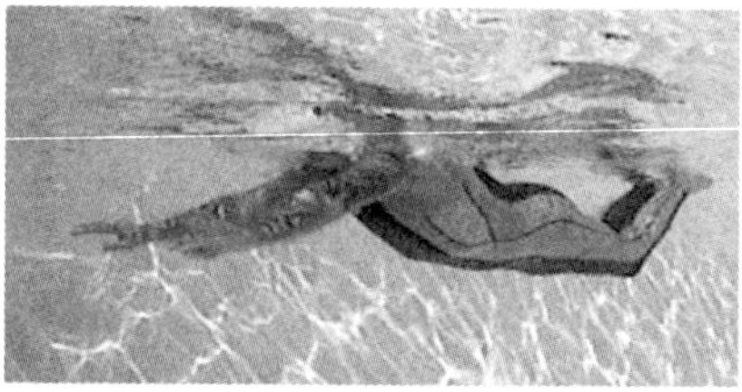

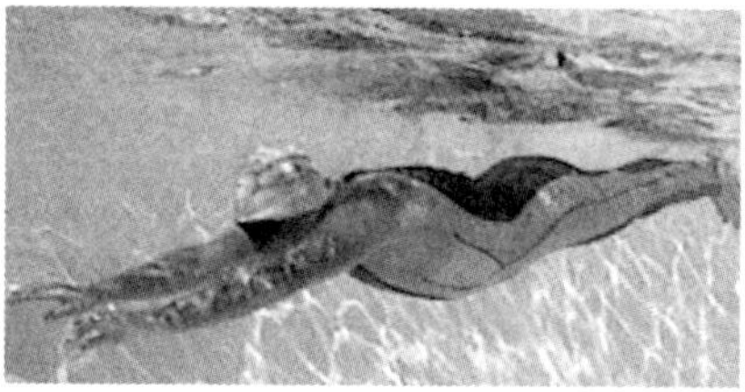

- Spüren Sie, wie sich Ihre Körperlinie jedes Mal verlängert, wenn Sie die Brust nach unten drücken und mit den Füßen nach unten schlenzen.
- Halten Sie den Kopf entspannt und gerade. Der Winkel zwischen Kinn und Kehle sollte sich beim Nach-unten-Drücken der Brust leicht öffnen und sich beim Loslassen der Brust schließen. Achten Sie darauf, Ihren Kopf beim Absenken der Brust nicht zu tief ins Wasser zu tauchen.

2. Körperwelle mit Atmung

- Üben Sie die Atmung zunächst in der Hockposition in seichtem Wasser ein. Beugen Sie sich vor, bis das Gesicht eintaucht. Üben Sie, den Kopf nur ein oder zwei Zentimeter aus dem Wasser zu heben und im schmalen Raum zwischen Mund und Wasser einzuatmen – *vermeiden Sie es, mit dem Kopf eine Nickbewegung zu machen.*

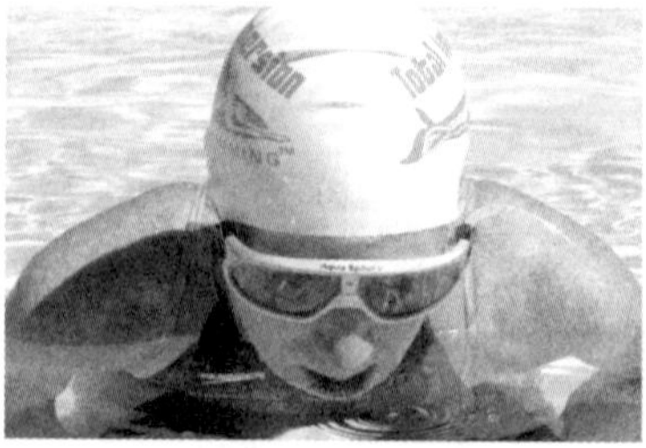

- Setzen Sie dann die Körperwellen-Übung fort. Heben Sie den Kopf, wenn die Brust hochkommt, leicht an, schauen Sie nach unten ins Wasser und atmen Sie mit dem Kinn im Wasser ein. Halten Sie dabei den Kopf ruhig.

- Atmen Sie zu Beginn nur bei jedem dritten bis fünften Zugzyklus und erhöhen Sie dann sukzessive die Atemfrequenz, bis Sie in der Lage sind, bei jedem Zyklus problemlos ein Mal zu atmen.
- Heben Sie das Kinn nicht aktiv aus dem Wasser. Lassen Sie es innerhalb der Wellenbewegung des Körpers von selbst geschehen. Wenn Sie die Knie einknicken lassen, hebt sich der Kopf automatisch – atmen Sie ein, wenn sich der Mund aus dem Wasser hebt.
- Fokussieren Sie nicht mit den Augen aufs Wasser vor Ihrem Gesicht. Oder halten Sie zu Beginn die Augen sogar komplett geschlossen. Denn wenn Sie jedes Mal warten, bis Sie mit den Augen vor sich etwas erkennen, verzögert sich fast unweigerlich das Wiedereintauchen des Kopfes ins Wasser.
- Fügen Sie das Atmen in den durch das Hinabdrücken der Brust gesteuerten Rhythmus ein, den Sie sich in der vorigen Übung eingeprägt haben.

Übungstipps für die Körperwelle

Die Körperwellen-Übung eignet sich insbesondere auch als Aufwärmen für die weiteren Technikübungen in dieser Reihe. Darüber hinaus gelingt es Ihnen mit dieser Übung weitaus besser, Ihre Muskeln auf die richtige Bewegung einzustimmen, als es mit Delfinbeinschlag-Serien mit dem Schwimmbrett möglich wäre.

1. Wenn Sie im Wasser nicht vorwärtskommen – weil zum Beispiel Ihre Fußgelenke nicht beweglich genug sind oder weil Sie einen verspannten Rücken haben –, können Sie die Übung mit langen Flossen ausführen (empfehlenswert sind in diesem Fall sogenannte »Slim Fins«). Die Flossen wirken unterstützend, weil sie sich ausreichend biegen, wenn es Ihre Fußgelenke nicht tun. Zudem verlängern Sie mit Flossen Ihre Körperlinie und können somit die Wellenbewegung des Körpers besser umsetzen. Aber achten Sie darauf, die Flossen nur zu benutzen, um entspannt zu bleiben, und nicht, um zu versuchen, Geschwindigkeitsrekorde aufzustellen.

2. Indem Sie die Körperwellen-Übung – für jeweils drei bis fünf schnelle Zyklen – unter Wasser ausführen, lernen Sie, die Bewegung kompakter und rhythmischer zu halten.

3. Sie können die Übung vertiefen, wenn Sie sich dabei auf folgende Punkte konzentrieren:

- Halten Sie die Hände locker und bewegen Sie sie bei jedem Herunterdrücken der Brust nach vorne.
- Bewegen Sie den Kopf nur wenig. Vermeiden Sie es, zu nicken. Das Kinn bleibt beim Atmen im Wasser. Wenn Sie die Brust herunterdrücken, taucht die Hinterseite des Kopfes nur wenig unter die Wasseroberfläche.
- Wenn Sie sich auf die Beine konzentrieren, achten Sie darauf, nur die Zehen rhythmisch nach unten zu schlenzen und die Füße immer unter Wasser zu halten.

Die Wasserengel-Übung

Mit dieser Übung lernen Sie, die Arme mit einer entspannten Bewegung nahe an der Wasseroberfläche nach vorne zu bringen.

Lassen Sie sich mit ausgestreckten Armen und Beinen vom Wasser tragen. Setzen Sie einen ganz leichten Kraulbeinschlag ein oder verwenden Sie einen Pull-Buoy, damit die Beine oben bleiben. Bewegen Sie Ihre ausgestreckten Arme unmittelbar unter der Wasseroberfläche vor und zurück: Am vorderen Punkt sollten sich Ihre Arme in der Zehn-Uhr- bzw. Zwei-Uhr-Position befinden (also vor dem Kopf, aber mehr als Schulterbreite auseinander) und am hinteren Punkt in der Acht-Uhr- bzw. Vier-Uhr-Position (also so, dass ein Abstand zu den Oberschenkeln gewahrt bleibt). Achten Sie darauf, dass Ihre Arme möglichst entspannt bleiben, während Sie aber gleichzeitig versuchen, mit den Händen den größtmöglichen Kreis direkt an der Wasseroberfläche entlangzustreichen. Führen Sie Ihre Arme sanft nach vorne und hinten, ohne dass sich Ihr Körper dabei im Wasser vor- oder zurückbewegt.

3. Wellenreiten

Diese Technikübung bringt Ihnen bei, wie Sie mit Ihrer Brust über die im Wasser verankerten Hände nach vorne gleiten und sich dabei mehr auf die Rumpfmuskulatur als auf die

Arme verlassen. Beim Rückführen der Arme ist darauf zu achten, diese – so wie Sie es mit der Wasserengel-Übung einstudiert haben – gleichermaßen schwungvoll wie entspannt nach vorne zu bringen.

- Beginnen Sie mit der Körperwelle und strecken Sie die Arme beim Herunterdrücken der Brust leicht nach außen.
- Verankern Sie die Hände im Wasser, gleiten Sie mit der Brust nach vorne und schlenzen Sie mit den Füßen nach unten. Dies sollte sich anfühlen, als ob Sie auf einer Welle reiten.
- Bringen Sie die Arme wie in der Wasserengel-Übung nach vorne: a) Die Arme sind knapp unter der Wasseroberfläche. b) Die Daumen führen die Bewegung an, und die Arme greifen weit nach außen. c) Schwingen Sie die Arme nach vorne, bis diese sich in derselben Position wie in der Körperwellen-Übung befinden, und schlenzen Sie die Füße nach unten, wenn Sie sich stromlinienförmig nach vorne ausstrecken.

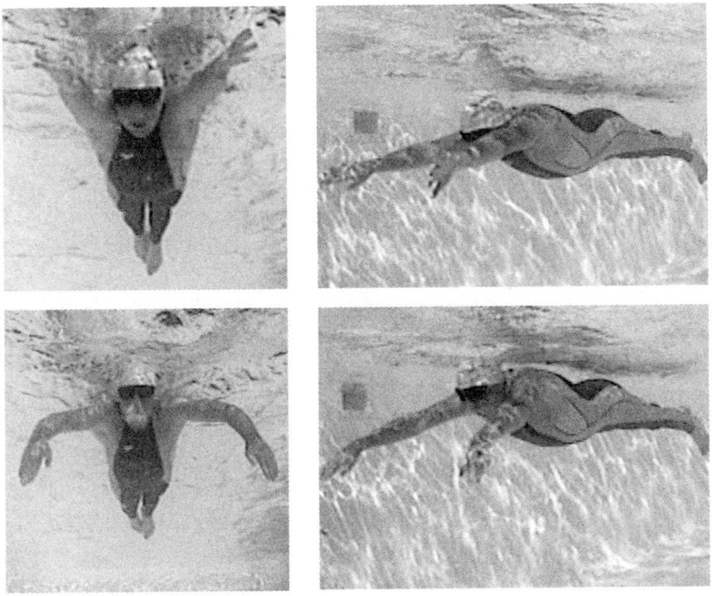

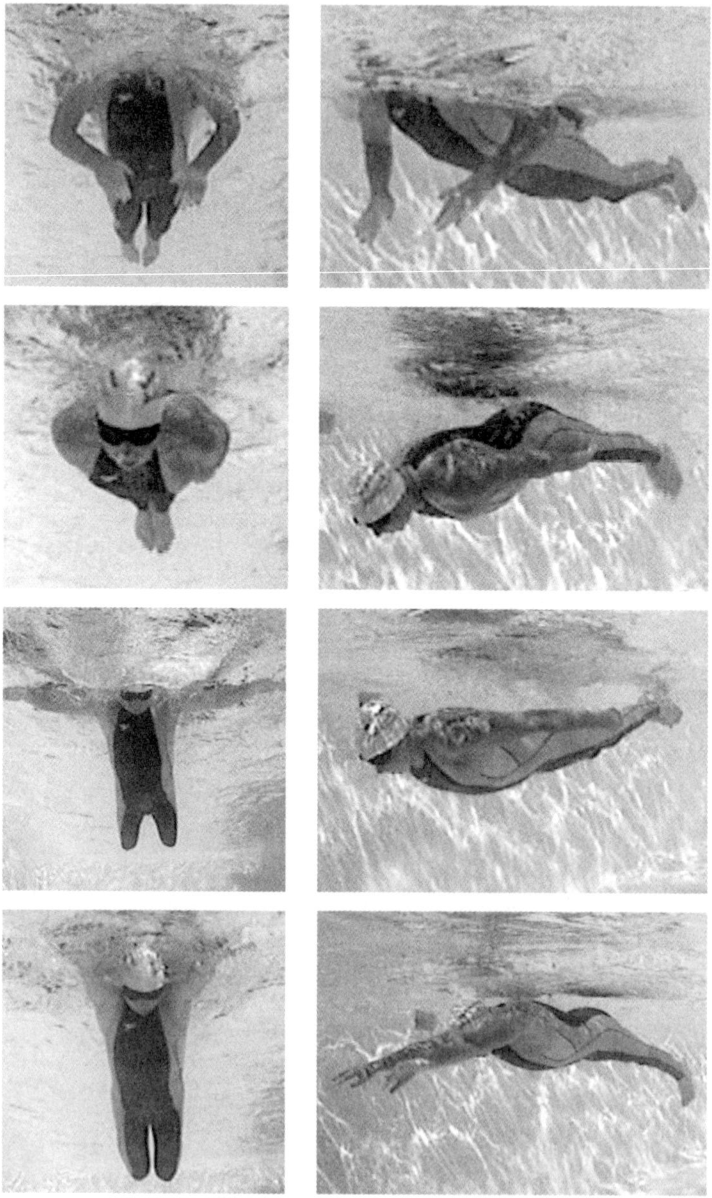

Übungstipps für das Wellenreiten

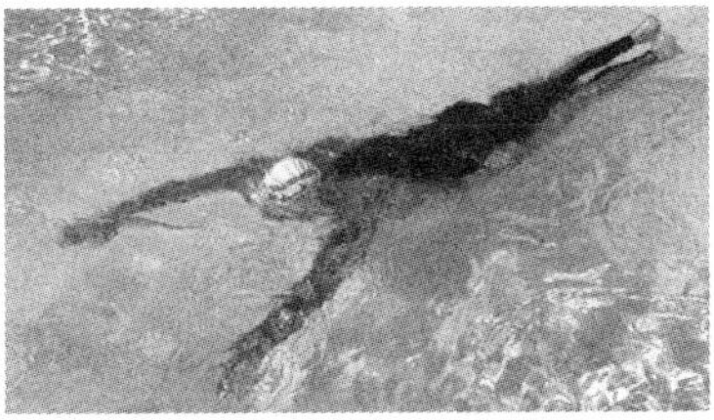

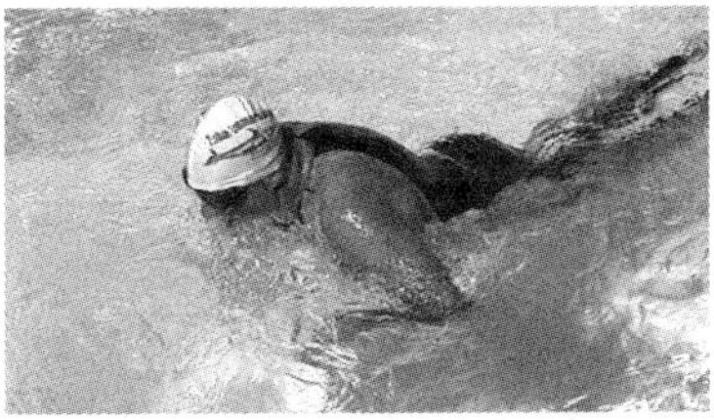

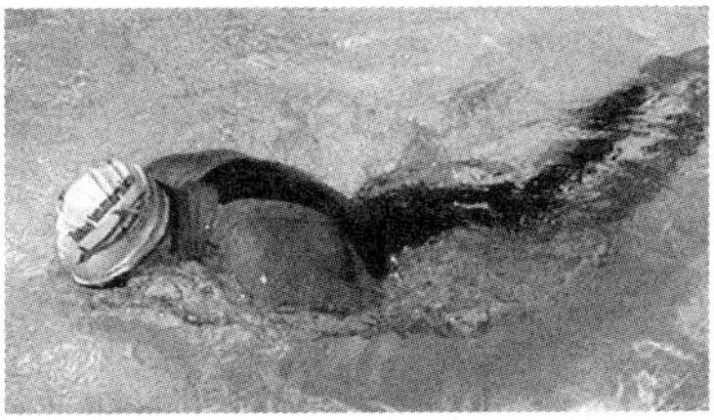

1. Verbessern Sie die Koordination der Bewegung, indem Sie zunächst mit nur einem Zugzyklus beginnen und die Anzahl der Züge dann schrittweise erhöhen. Achten Sie jeweils auf diese Abfolge: Herunterdrücken der Brust, Nach-vorne-Schieben des Oberkörpers, Herunterdrücken der Brust, Anhalten. Üben Sie dies, bis sich die komplette Bewegung geschmeidig und nahtlos anfühlt. Schwingen Sie dann zusätzlich die Arme über Wasser nach vorne: Herunterdrücken der Brust, Nach-vorne-Schieben des Oberkörpers, Herunterdrücken der Brust, Arme-nach-vorne-Schwingen, Herunterdrücken der Brust, Anhalten. Üben Sie dies, bis Sie den gesamten Bewegungsablauf beherrschen, ohne dass der Rhythmus verloren geht oder gestört wird. Fügen Sie dann weitere Zugzyklen hinzu, bis Sie drei volle Armzüge ohne Atmen ausführen können.

2. Wie schon bei der Körperwellen-Übung besteht der nächste Schritt darin, die Übung um das Atmen zu ergänzen. Atmen Sie mit dem Kinn im Wasser ein, wenn Sie den Oberkörper nach vorne schieben. Schauen Sie dabei nach unten, nicht nach vorne. Auch das Atmen sollte, genau wie die gesamte Bewegung, möglichst sanft, entspannt und ruhig erfolgen. Wichtig ist es, Geräusche und Spritzer zu minimieren.

3. Achten Sie darauf, dass die Bewegung mehr vom Rumpf als von den Armen getrieben wird.

4. Delfinspringen

Mit dieser Technikübung lernen Sie, wie Sie mit dem Körper vorne landen und sauber ins Wasser eintauchen, um dann Ihre Brust absinken zu lassen und so die Beine vor dem nächsten Zug nahe an die Oberfläche zu bringen.

- Schwingen Sie in hüfttiefem Wasser stehend die Arme knapp über der Oberfläche nach vorne und stoßen Sie sich dabei vom Boden nach vorne ab. Tauchen Sie wie bei einem Kopfsprung sauber ins Wasser ein, strecken Sie sich stromlinienförmig aus und gleiten Sie, bis Sie vom Auftrieb der Lungen wieder an die Oberfläche getragen werden. Stellen Sie sich dann wieder im Wasser hin und wiederholen Sie den Sprung. Üben Sie dies, bis es sich anfühlt, als ob Sie eine Welle zurück an die Oberfläche reiten würden.
- Experimentieren Sie mit unterschiedlichen Eintauchtiefen nach dem Sprung. Versuchen Sie, auf diese Weise das optimale Gleichgewicht zwischen den drei folgenden Aspekten zu finden: a) wie sauber Sie eintauchen, b) wie weit Sie gleiten und c) wie leicht die Hüften an die Oberfläche gelangen. Wenn der Delfinsprung sauber gelingt und Sie geschmeidig auftauchen, können Sie zum nächsten Schritt übergehen.
- Machen Sie einen Delfinsprung und absolvieren dann aus dem Gleiten heraus einen kompletten Zug Schmetterling, an dessen Ende Sie so weit gleiten wie möglich. Üben Sie dies, bis a) das zweite Eintauchen nach dem Zug ebenso sauber ist wie das erste und b) Sie sich beim zweiten stromlinienförmigen Gleiten genauso schnell und weit im Wasser vorwärtsbewegen wie nach dem Delfinsprung. Achten Sie darauf, die Bewegung so entspannt und geschmeidig wie möglich auszuführen. Fügen Sie jeweils einen weiteren Zugzyklus hinzu, sobald sich der letzte Zug genauso reibungslos und geschmeidig anfühlt wie der erste.

Übungstipps für das Delfinspringen

Ihr vorrangiges Ziel sollte es sein, dass sich jedes Eintauchen, Landen und Gleiten so sauber und geschmeidig anfühlt wie das erste. Nehmen Sie sich dann der Reihe nach die einzelnen Fokuspunkte für das Schmetterlingsschwimmen vor (die Sie am Ende dieses Kapitels noch einmal zusammengefasst nachlesen können; siehe »Konzentration auf ein Detail der Schwimmtechnik«, S. 135-136), um sich während der Delfinsprung-Übung voll und ganz auf jeweils einen dieser Aspekte zu konzentrieren. Arbeiten Sie jeweils so lange an einem bestimmten Detail, bis dieses wirklich »sitzt«. Gehen Sie erst dann zum nächsten Fokuspunkt über.

1. Halten Sie bei jedem Eintauchen das stromlinienförmige Gleiten so lange bei, bis Ihre Hüften den höchsten Punkt erreicht haben – erst dann verankern Sie die Hände und beginnen mit dem Zug. Tauchen Sie tiefer, wenn Sie das Gefühl haben, dass Ihre Hüften nicht höher als Ihre Schultern nach oben kommen. Wenn Sie die Übung so weit beherrschen, sollten Sie darauf hinarbeiten, dass Sie während der Phase, in der sich Ihre Hüften noch zur Wasseroberfläche hinaufbewegen, im Wasser möglichst weit vorankommen.

2. Jedes Mal, wenn Sie einen weiteren Zug hinzugefügt haben, sollten Sie so lange bei dieser Zugzahl bleiben, bis sich die Armbewegung, das Eintauchen und das stromlinienförmige Gleiten genauso gut anfühlen wie beim ersten Zug des Übungszyklus.

3. Wenn Sie es schaffen, vier oder fünf saubere Züge aneinanderzureihen, sollten Sie dazu übergehen, das Delfinspringen anhand der weiter unten aufgelisteten Fokuspunkte zu absolvieren.

Entspanntes Schmetterlingsschwimmen

Wenn Sie so weit sind, nach einem Delfinsprung mindestens fünf gute Züge ausführen zu können, können Sie damit beginnen, in kompletter Lage Schmetterling zu schwimmen und Ihren Stil dabei sukzessive zu verfeinern. Der Bewegungsablauf im Überblick:

Landen Sie mit dem Armen weit genug auseinander, um sauber zwischen ihnen eintauchen zu können.

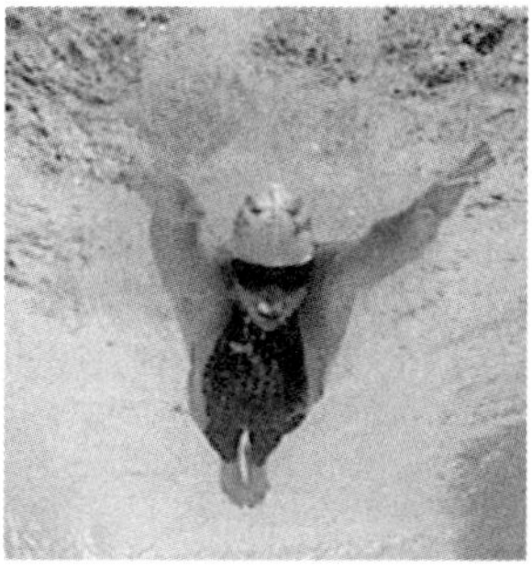

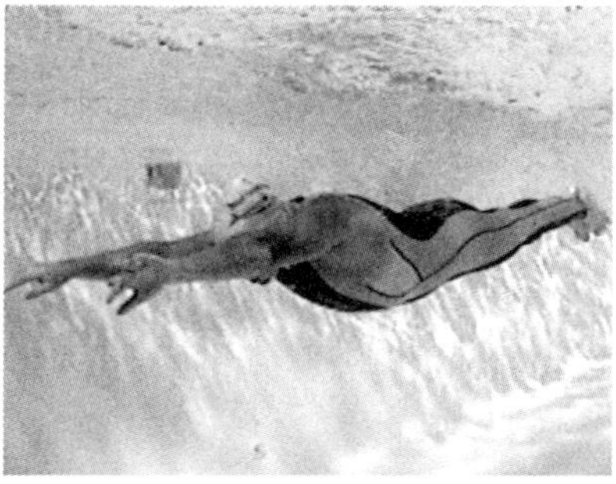

Halten Sie die Beine stromlinienförmig, wenn Sie das Wasser fassen.

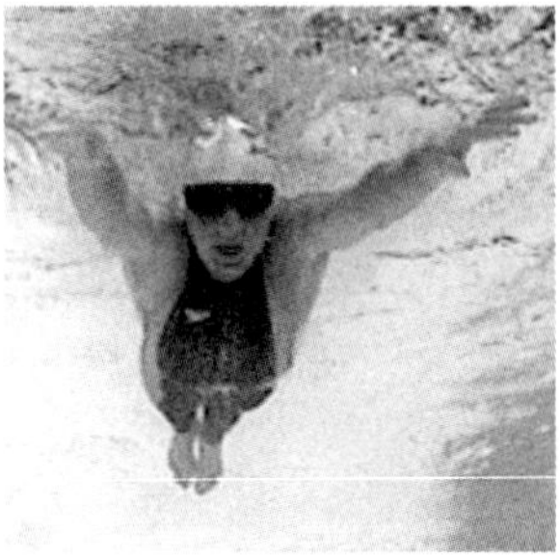

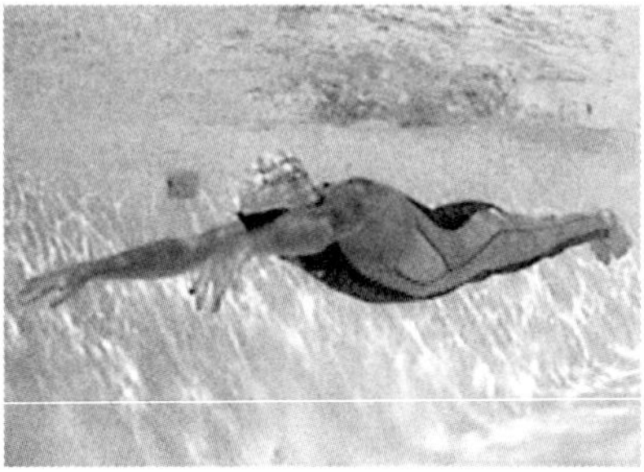

Gleiten Sie mit Kopf und Brust über Ihre Hände voran.

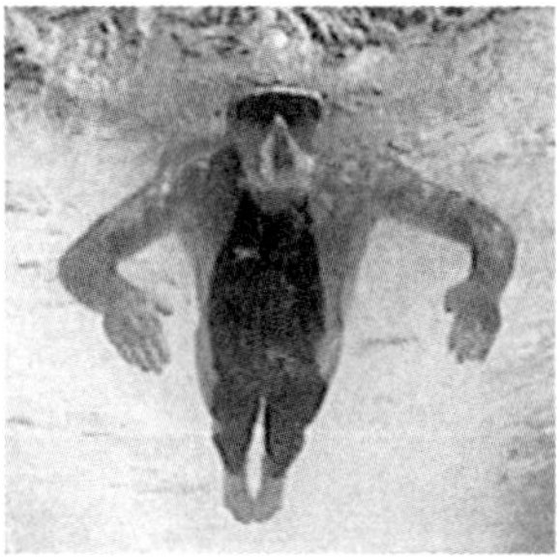

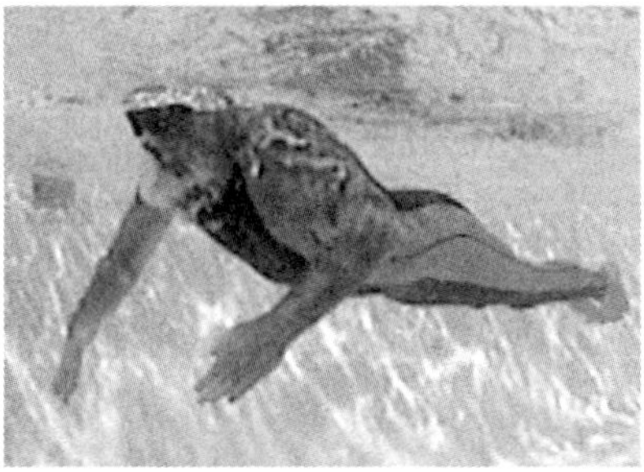

Heben Sie die Hände früh aus dem Wasser;
schieben Sie sie nicht nach hinten.

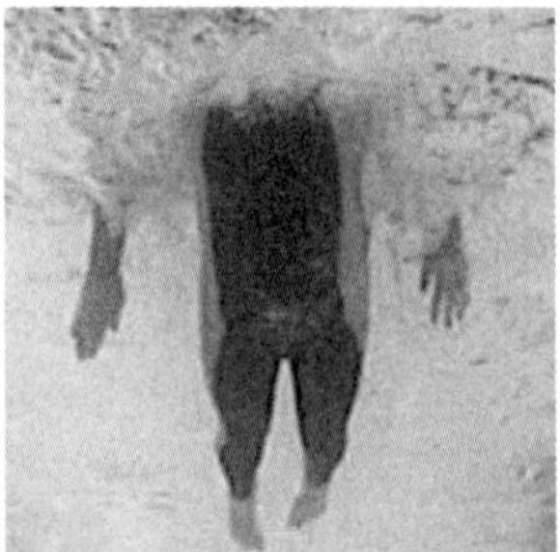

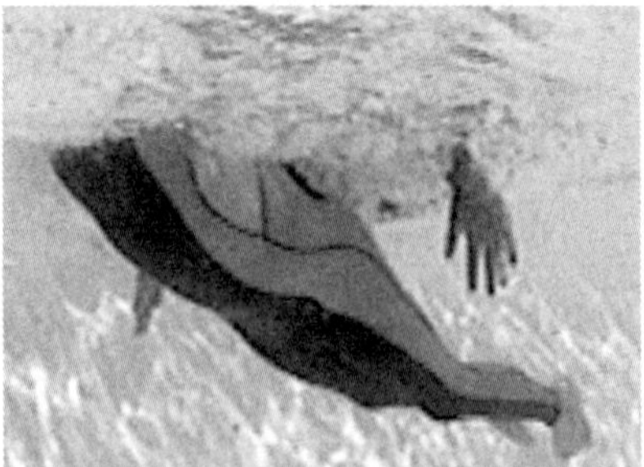

Landen Sie vorwärts und schlenzen Sie die Zehen nach unten.

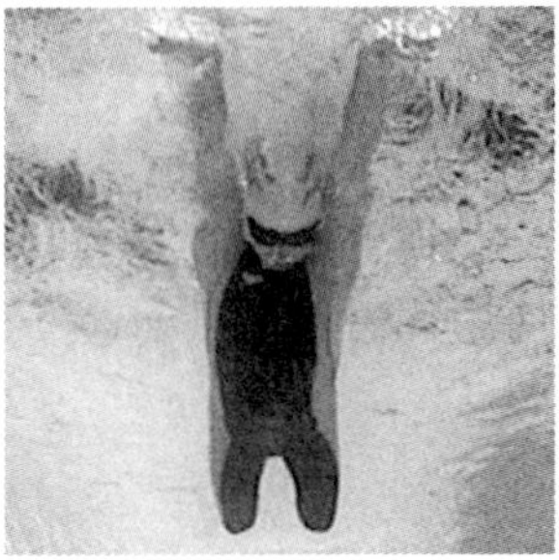

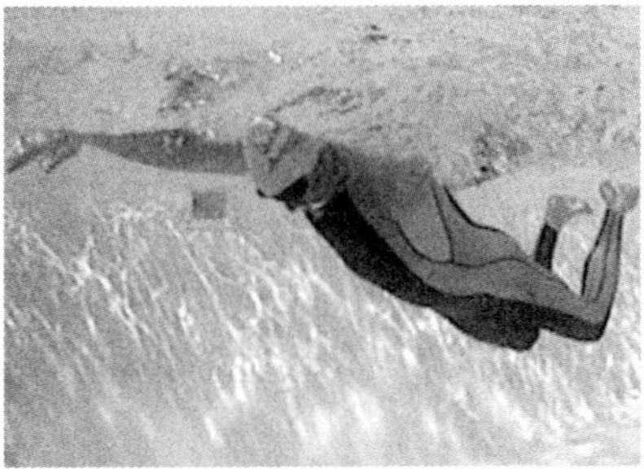

Durchstechen Sie das Wasser und lassen Sie die Brust absinken.

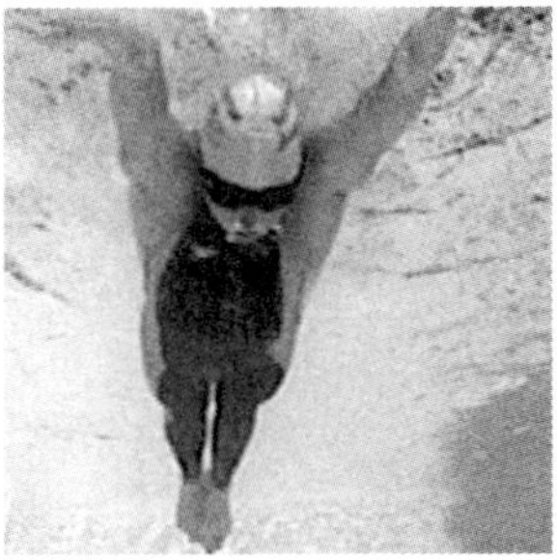

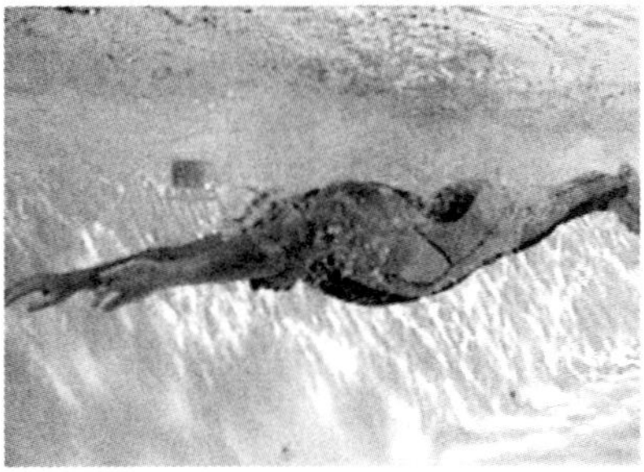

Nutzen Sie genau die Bewegungen, die Sie sich mit den vorigen Technikübungen eingeprägt haben, um das Schmetterlingsschwimmen in ganzer Lage einzuüben. Schwimmen Sie immer nur so viele Züge am Stück, wie Sie entspannt und sauber ausführen können. Brechen Sie ab, sobald Sie sich verkrampfen. Fügen Sie auch jetzt immer nur einen weiteren Zugzyklus auf einmal hinzu und legen Sie großen Wert darauf, dass die Bewegungen bis zum Schluss effizient bleiben. Machen Sie keinen einzigen Zug »Krampfschmetterling«.

Der Schlüssel zum entspannten Schmetterlingsschwimmen ist es, dem Absinken der Brust, dem Verankern der Hände im Wasser und dem Hochkommen der Hüfte vor dem Armzug genügend Zeit zu lassen. Wenn Sie wollen, können Sie auch immer mal wieder zwei einfache, sehr leichte Körperwellen mit ausgestreckten Armen einstreuen, wenn Sie das Gefühl haben, die Anstrengung wird zu groß. Das ist völlig okay – selbst in Wettkämpfen. Sie können bei einem Rennen sogar so weit gehen, pro Länge nur einen einzigen kompletten Schmetterlingszug zu absolvieren und den Rest der Distanz mit Körperwellen zu überbrücken. Aber Sie werden natürlich schneller und rhythmischer schwimmen, wenn Sie immer einfach geduldig warten, bis die Hüften komplett nach oben gekommen sind, bevor Sie den nächsten Zug beginnen.

Beim Beinschlag sollten Sie primär darauf achten, dass die Oberschenkel immer möglichst nahe an der Wasseroberfläche sind und die Füße nicht aus dem Wasser ragen. Die Amplitude der Wellenbewegung sollte beim Oberkörper größer sein als bei den Beinen.

Schnelles Schmetterlingsschwimmen

Beim schnellen Schmetterlingsschwimmen ist der Rhythmus höher und energischer, und Sie verwenden einen rhythmischen Zweierbeinschlag.

Versuchen Sie beim schnellen Schmetterlingsschwimmen, das Wasser mit den Händen so weit wie möglich vorne zu fassen, aber verankern Sie die Hände ein wenig früher im Wasser als bei den Technikübungen und beim entspannten Schmetterlingsschwimmen. Sobald sich Ihre obere Brustpartie über die Hände geschoben hat, lösen Sie die Hände vom Druck des Wassers und konzentrieren Sie sich darauf, sie aus dem Wasser zu ziehen und wieder nach vorne zu bringen. Erhöhen Sie die Geschwindigkeit, indem Sie mit dem Oberkörper die Wellenbewegung schneller und kräftiger ausführen, und nicht, indem Sie versuchen, mit den Armen stärker zu ziehen oder mit den Beinen kräftiger zu schlagen. Wenn Sie die Brust energischer ins Wasser drücken, sobald Sie vorne eingetaucht sind, kommen Hüften und Fersen schneller an die Oberfläche und Sie können den Armzug früher beginnen.

Das heißt, Sie machen mit dem Beinschlag keine Pause, um auf das Absinken der Brust zu warten, sondern halten einen stetigen Rhythmus bei. Obwohl Sie mehr Druck auf den Beinschlag geben als beim entspannten Schmetterlingsschwimmen, sollte es sich weiterhin anfühlen, als ob der Oberkörper den Hauptteil der Arbeit übernimmt. Das Schlenzen der Zehen wird zu einem Peitschenschlag. Aber die Bewegung sollte immer noch aus der Hüfte kommen.

Schmetterlingsschwimmen: Übungstipps

Die Vorteile des Schmetterlingsschwimmens

Wie bereits erwähnt, können Sie im Schmetterlingsschwimmen Fertigkeiten üben, die Ihnen bei allen Lagen nützlich sind, und Sie trainieren dabei Ihre Rumpfmuskulatur. Darüber hinaus wird es Sie in den Augen der anderen zu einem *kompletten* Schwimmer machen, wenn es Ihnen gelingt, mehrere Längen Schmetterling zu schwimmen und dabei noch elegant auszusehen. Und bei Wettkämpfen sind die Aussichten auf eine Podiumsplatzierung bei den Schmetterlingsstrecken auch in der Regel am größten – ganz einfach, weil hier weniger Konkurrenz am Start steht. Aber eigentlich hat jeder, der ein Rennen über 200 Meter Schmetterling zu Ende schwimmt, eine Medaille verdient.

Das wichtigste Trainingsprinzip und Erfolgsrezept für das Schmetterlingsschwimmen lautet: Schwimmen Sie nicht einen einzigen Meter »Krampfschmetterling«. Halten Sie jedes Mal *sofort* an, wenn Sie beginnen, sich zu verkrampfen, und sei es mitten in der Bahn. Schwimmen Sie die Länge dann einfach locker in einer anderen Lage zu Ende und setzen Sie die Übung fort, wenn Sie durchgeatmet haben. So stellen Sie sicher, dass Sie sich ausschließlich effiziente Bewegungsabläufe einprägen. Kurze Wiederholungen eignen sich am besten, um einen effizienten Schmetterlingsstil zu erlernen. Ich habe Leistungsschwimmer trainiert, die im Training selten mehr als 20 oder 25 Meter in dieser Lage am Stück geschwommen sind, und dennoch Medaillen über die Schmetterlingsstrecken gesammelt haben. Sogar die Spezialisten über 200 Meter Schmetterling absolvierten im Training selten mehr als 50 Meter am Stück.

Technikübungen

Wie bei den anderen Lagen sollten Sie auch beim Schmetterlingsschwimmen darauf vertrauen, Ihren Stil mit Technikübungen aufzubauen und zu verbessern. Auf der anderen Seite ist es aber auch so, dass die in diesem Kapitel erläuterte Abfolge von Übungen Sie relativ schnell auch darauf vorbereitet, zumindest ein paar Züge Schmetterling am Stück zu schwimmen. Bereits anhand dieser wenigen Züge, die Sie in kompletter Schmetterlingslage schwimmen, werden Sie jeweils merken, ob die Übungen Sie auf dem Weg zu einem entspannten und geschmeidigen Stil weitergebracht haben.

Gehen Sie bei den Technikübungen immer von der rhythmischen Auf- und Ab-Bewegung des Oberkörpers aus und versuchen Sie, die anderen Bewegungselemente nahtlos mit diesem Rhythmus zu verbinden. Mit der Körperwelle in ausgestreckter Lage erlernen Sie die grundlegende rhythmische Bewegung. Diese wird Ihnen immer mehr in Fleisch und Blut übergehen, wenn Sie nach und nach die verschiedenen weiteren Technikübungen absolvieren.

Bei den beiden Übungen Wellenreiten und Delfinspringen sollten Sie es zunächst bei nur einem Zugzyklus belassen, bis sich der komplette Bewegungsablauf *jedes Mal* gut und richtig anfühlt. Üben Sie danach dann mit zwei Zügen, bis sich auch der zweite Zug *jedes Mal* so gut anfühlt wie der erste. Dies ist die wichtigste Strategie, um sich die Bewegung in guter Qualität im Muskelgedächtnis einzuprägen. Beim Schmetterlingsschwimmen ist die Gefahr, an Energieeffizienz zu verlieren, noch größer als beim Freistil-, Brust- oder Rückenschwimmen. Deshalb besteht der einfachste Weg, um in dieser Lage ausdauernder schwimmen zu können, stets darin, die Energieverschwendung einzudämmen, anstatt den Energieaufwand zu steigern. Und ganz nebenbei tun Sie ja auch beim Einüben dieser Energieeffizienz etwas für Ihre körperliche Verfassung – und zwar auf eine Art und Weise, mit der Sie die Kraft und Ausdauer genau der Muskeln stärken, die beim Schmetterlingsschwimmen gefragt sind, um sich effektiv im Wasser fortzubewegen.

Wie Sie die ganze Lage Schmetterling üben

Die oben beschriebenen Technikübungen sind darauf ausgerichtet, Sie mit einer überschaubaren, zielgerichteten Abfolge von Übungen relativ schnell darauf vorzubereiten, kurze Abschnitte in ganzer Lage zu schwimmen. Die Fähigkeit, fünf oder sechs ganze Züge Schmetterling rhythmisch, entspannt und effizient zu schwimmen, ist deshalb so wertvoll, weil Sie so auch den kompletten Bewegungsablauf üben können. Oder anders gesagt: Mit den Technikübungen können Sie einzelne Aspekte des Bewegungsablaufs einstudieren, und das Schwimmen in ganzer Lage hilft Ihnen dann, sie nahtlos zusammenzufügen.

Wenn Sie zum Beispiel fünf Minuten lang das Delfinspringen mit Fokus auf dem sanften Eintauchen der Arme knapp außerhalb der Schulterlinie geübt haben, sollten Sie im Anschluss daran ein paar Wiederholungen mit vier bis acht Schmetterlingszügen in ganzer Lage absolvieren. Achten Sie dabei darauf, dass sich das Eintauchen beim Schwimmen in ganzer Lage genau gleich anfühlt wie beim Delfinspringen. Sobald Sie dieses Gefühl verlieren, sollten Sie mit noch mehr Aufmerksamkeit zum Delfinspringen zurückkehren. Wenn es sich richtig anfühlt, können Sie den Ablauf mit längeren Serien ganzer Lage vertiefen oder sich bei der Übung auf einen anderen Aspekt konzentrieren.

Auch wenn Sie Schmetterling in ganzer Lage effektiv schwimmen können, heißt das nicht, dass Sie jetzt beginnen sollten, im engeren Sinne zu »trainieren«. Die üblichen Trainingsparameter (wie viele Wiederholungen, welche Distanz, wie viel Pause, welches Tempo, welche Herzfrequenz) sind für den Aufbau der Ausdauer im Schmetterlingsschwimmen relativ unwichtig. Die entscheidenden Fragen lauten hier auch weiterhin: Wie sanft tauchen Sie ein? Wie geduldig erfolgt das Wasserfassen? Wie entspannt ist der Beinschlag?

Beim Schwimmen in ganzer Lage geht es einfach darum, die einzelnen, in den Technikübungen erlernten Fertigkeiten reibungslos miteinander zu verbinden. Die Übungen verfeinern jeweils ausgewählte Aspekte, und das Schwimmen in ganzer Lage fügt diese Einzelelemente zu einem harmonischen Ganzen zusammen. Seien Sie bei diesem Zusammenfügen genauso streng mit sich selbst, wie Sie es bei den Technikübungen sind, und absolvieren Sie immer nur so viele Züge Schmetterling am Stück, wie Sie wirklich sauber und effizient durchhalten können.

Für Anfänger bedeutet dies, dass sie die ersten paar Stunden nur drei bis vier Züge am Stück schwimmen. Auch fortgeschrittene Schwimmer werden womöglich über Monate zunächst nicht mehr als sechs bis acht Züge Schmetterling am Stück schwimmen.

Haben Sie Geduld. Ich selbst zum Beispiel kann inzwischen auch Wiederholungen bis zu 100 Metern Schmetterling schwimmen, ohne dass ich Qualitätseinbußen in Kauf nehmen muss. Dennoch schwimme ich meist nur 25 Meter oder weniger am Stück, und ein Drittel der Zeit, die ich mit der Schmetterlingslage verbringe, widme ich immer noch den Technikübungen. Obwohl sich mein

Schmetterlingsstil in der Zwischenzeit meistens gut anfühlt, profitiere ich immer noch von den Übungen, weil ich mit ihnen die Aufmerksamkeit erneut auf Feinheiten des Bewegungsablaufs richte.

Drei Arten, das Schmetterlingsschwimmen in ganzer Lage zu üben

In der Einleitung zu diesem Kapitel erwähnte ich es bereits: Nachdem ich mich jahrzehntelang im Schmetterlingsschwimmen sehr schwer getan hatte, es dann aber mit einem neuen Ansatz im relativ hohen Alter doch noch meistern konnte, meldete ich mich zu einem Masters-Wettkampf über 200 Meter Schmetterling an. Dieses Ziel verlieh meinem Training und der Art und Weise, diesen Schwimmstil zu üben, einen klaren Fokus. Traditionell ging es beim Training für das Schmetterlingsschwimmen stets darum, den Athleten zu vermitteln, wie sie einen Wettkampf über eine Schmetterlingsstrecke *überleben* können. Auch heute noch geben Trainer ihren Schützlingen immer längere Strecken, längere Serien oder kürzere Pausen vor und nehmen dabei in Kauf, dass die Schwimmer den Schmetterlingsstil nicht mehr sauber schwimmen können. Viele Trainer halten ihre Athleten auch ständig an, sich stärker anzustrengen, was unweigerlich zum »Krampfschmetterling« führen muss. Es gibt sogar Trainer, die Schmetterlings-Serien als Strafe verhängen. Kein Wunder, dass viele Schwimmer sich mit Grausen abwenden, wenn sie das Wort »Schmetterling« nur hören.

Ich selbst habe es mir – als Trainer und als Aktiver – stattdessen zur obersten Maxime für das Schmetterlingsschwimmen gemacht, die entsprechenden Trainingseinheiten zu nutzen, um gezielt jedwede ineffiziente Bewegung aus dem Muskelgedächtnis auszuradieren und durch geschmeidige Bewegungen zu ersetzen. Sobald diese Grundlagen gelegt sind, geht es im Training dann darum, schrittweise die Fähigkeit eines Schwimmers aufzubauen, einen sauberen Schmetterlingsstil auch über längere Distanzen und bei schnelleren Geschwindigkeiten beibehalten zu können. In der Praxis geschieht dies mit drei Arten von Training: a) Feilen an der Technik mit Fokus auf ein technisches Detail, b) Nachhaltigkeitstraining für einen sauberen, entspannten Schwimmstil über längere Distanzen und c) Tempotraining. Im Folgenden erläutere ich beispielhaft, wie ich selbst alle drei Methoden parallel einsetze, um mich auf einen Wettkampf über 200 Meter Schmetterling vorzubereiten.

Konzentration auf ein Detail der Schwimmtechnik

Zum Feilen an der Technik mit Fokus auf ein technisches Detail absolviere ich zumeist Wiederholungen über 25 Meter, da ich bei dieser relativ kurzen Distanz die gezielte Konzentration auf ein bestimmtes Element gut aufrechterhalten kann. Gleichzeitig achte ich aber auch dann, wenn ich längere Distanzen schwimme, immer auf ein technisches Detail. Zudem lege ich immer genügend Pausen ein, um auf diese Weise sicherzustellen, dass ich bei jeder Wiederholung noch genauso fokussiert bin wie bei der ersten. Hier ein paar Punkte, auf die ich am häufigsten achte:

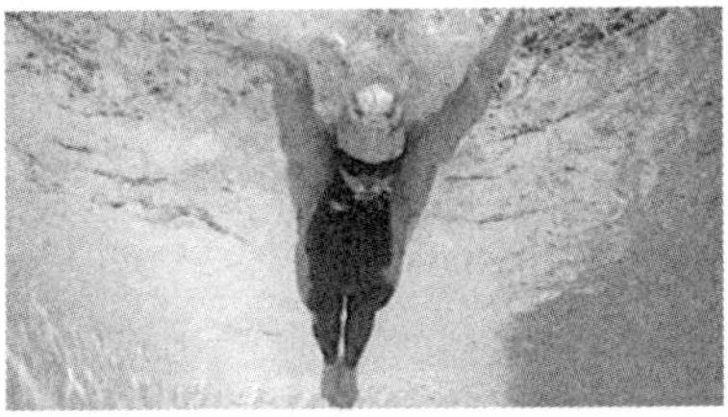

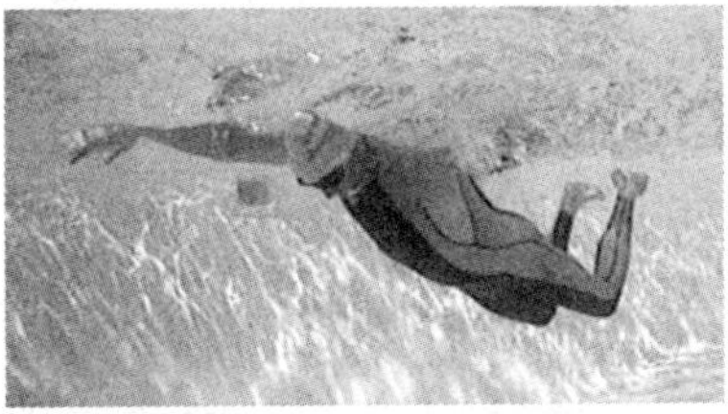

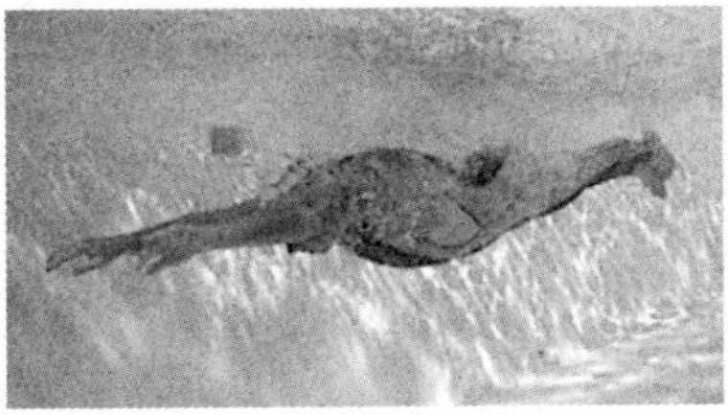

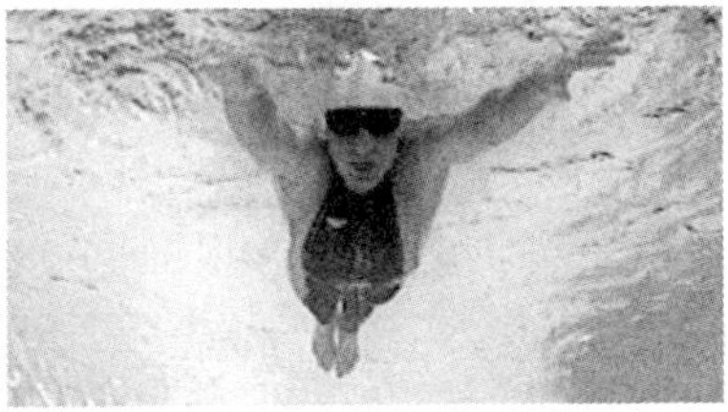

- Sanftes Eintauchen der Arme – so spritzer- und geräuschlos wie nur eben möglich.
- Arme beim Eintauchen weit genug auseinander halten, so dass die Brust zwischen den Armen abtauchen kann.
- Schlenzen mit den Zehen, wenn die Arme eintauchen, um Schwung nach vorne zu erzeugen.
- Beim Absinken der Brust die Unterarme in der Nähe der Wasseroberfläche lassen.
- Beim Absinken der Brust warten, bis Hüften und Fersen an die Oberfläche kommen.
- Die Beine beim Absinken des Oberkörpers stromlinienförmig und leicht angespannt lassen.
- Sanftes Ziehen mit den Händen und gleichzeitiges Einknicken der Knie.
- Mit den Händen, sobald der Zug erst mal begonnen hat, so schnell

wie möglich aus dem Wasser kommen.

- Sich mit entspannten Armen ans Wasser schmiegen, wenn sie über Wasser nach vorne geführt wurden.
- Das Kinn beim Atmen durchs Wasser ziehen und dabei nach unten blicken, ohne mit den Augen wirklich etwas erkennen zu wollen.
- Kontinuierlich ausatmen, wenn man nicht einatmet.

Ich konzentriere mich dabei immer nur auf jeweils einen dieser Punkte gleichzeitig.

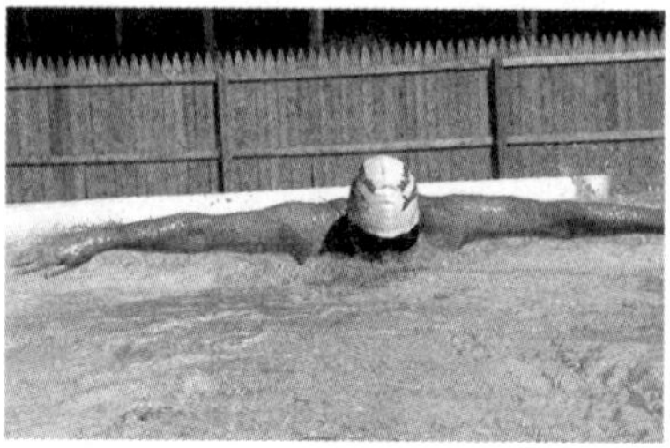

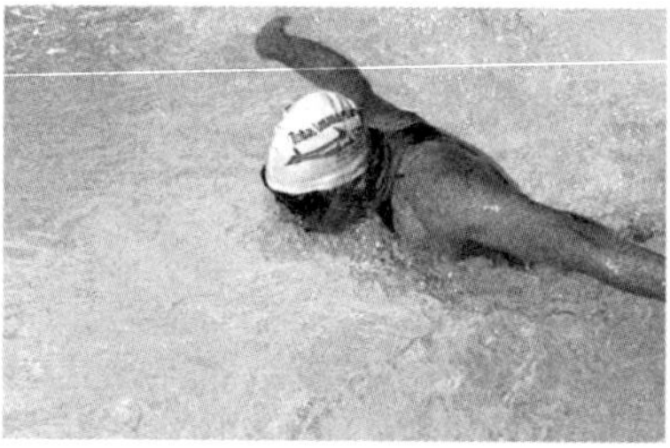

Training für die Nachhaltigkeit des Schwimmstils

Traditionell geht es beim Ausdauertraining darum, wie weit man schwimmt oder wie viele Wiederholungen man schafft. Mein Ansatz ist ein anderer: Ich konzentriere mich ausschließlich darauf, wie entspannt ich schwimme und wie effektiv ich die Teilbewegungen zu einem harmonischen Ganzen zusammenfügen kann. Dann teste ich meine Fähigkeit, wie gut ich das Gefühl der Harmonie über eine längere Distanz oder bei einer höheren Zahl von Wiederholungen (und gegebenenfalls auch mit verkürzten Pausen) aufrechterhalten kann.

Beim reinen Techniktraining mit Konzentration auf einen ausgewählten Fokuspunkt schwimme ich zum Beispiel zumeist Serien von 4 bis 8 x 25 Meter mit großzügigen Pausen (auf 20 Sekunden Schwimmen folgen in der Regel auch 20 Sekunden Pause). Beim Training für die Nachhaltigkeit des Schwimmstils absolviere ich hingegen Serien von 12 bis 16 x 25 Meter und reduziere die Pausen auf zehn Sekunden. Gelegentlich schwimme ich auch mal eine Serie von 4 x 50 Meter. Ein Mal in der Woche versuche ich vielleicht, ein paar 100-Meter-Abschnitte am Stück zu schwimmen. Und ein Mal im Monat, wenn ich eine Bahn für mich alleine habe, versuche ich mich an der späteren Wettkampfdistanz von 200 Metern Schmetterling.

Bei diesem Nachhaltigkeitstraining geht es mir vor allem um meine Fähigkeit, mich über die komplette jeweils geschwommene Distanz – ohne jedwede Ablenkung – auf den Stil zu konzentrieren. Dies ist eine Ausdauerübung für Geist und Muskeln.

Tempotraining

Da ich an einem Rennen teilnehmen möchte, muss ich auch auf die Geschwindigkeit achten. Wenn ich auf Tempo schwimme, ändere ich zwei Aspekte meiner Technik: a) Ich schlenze beim Beinschlag die Füße mit mehr Kraft nach unten, um meinem Körper mehr Schwung nach vorne zu geben, wenn ich mit den Armen vorne eintauche. b) Dies führt dazu, dass meine Brust ein wenig schneller eintaucht und ich den nächsten Zug ein wenig früher beginnen kann. Was ich allerdings ganz bewusst nicht mache, ist, kräftiger mit den Armen zu ziehen. Ich achte lieber darauf, dass alle Bewegungen weiterhin harmonisch ineinandergreifen, nur einfach *ein wenig schneller* als beim entspannten Schmetterlingsschwimmen.

Ich absolviere mein Tempotraining aus einem einfachen Grund hauptsächlich mit 25-Meter-Wiederholungen: Sofern alles klappt und mein Stil harmonisch bleibt, kann ich im Training, wenn ich kraftvoll, aber noch entspannt schwimme, 25 Meter Schmetterling in 22 Sekunden zurücklegen. Das entspricht recht exakt der Renngeschwindigkeit über 200 Meter Schmetterling, wenn ich diese Wettkampfdistanz in knapp drei Minuten absolvieren will. Wenn ich dasselbe mit 50-Meter-Wiederholungen mache, brauche ich für eine Wiederholung mit vergleichbarer gefühlter Intensität knapp 50 Sekunden, was über 200 Meter einer Zeit von 3:20 Minuten entspräche. Anders gesagt: 25-Meter-Wiederholungen erlauben es mir, bei gleicher, noch als entspannt empfundener Intensität mit höherem Tempo zu üben. Mit diesem Training habe ich meine 25-Meter-Zeit bei diesem Maß an Anstrengung von 25 Sekunden auf 22 Sekunden gesteigert. Und gleichzeitig haben sich auch meine 50-Meter-Trainingszeiten von 55 Sekunden auf 50 Sekunden reduziert, so dass sich letztlich auch meine potenzielle 200-Meter-Zeit deutlich verbessert hat.

Ganz gleich, welche Distanz oder welche Zeit Sie sich vorgenommen haben: Trainieren Sie mit dem Fokus auf ein entspanntes und harmonisches

Schwimmen. Das bringt Ihnen viel mehr als die Fähigkeit, nur länger zu »überleben«.

Zügezählen und Schwimmgolf

Das Zügezählen ist beim Schmetterlingsschwimmen weniger wichtig als in anderen Lagen. Denn im Schmetterlingsschwimmen hängt sehr viel vom Rhythmus ab. Es kann dem Stil schaden, wenn Sie den Rhythmus zu stark verlangsamen, um die Zugzahl zu reduzieren. Bei mir hat sich gezeigt, dass ich fast alle Längen Schmetterling mit einer von zwei möglichen Zugzahlen schwimme: neun Züge pro 25 Meter (ZpL), wenn ich mich auf Leichtigkeit und Geschmeidigkeit konzentriere, und zehn Züge pro 25 Meter, wenn ich versuche, eine höhere Geschwindigkeit zu erreichen. Es kann sein, dass ich einmal mit neun Zügen eine besonders schnelle Bahn erwische oder einmal bei einer entspannten Länge doch zehn Züge brauche. Und es ist anzunehmen, dass ich in einem Wettkampf über 200 Meter Schmetterling vielleicht auch mal an einen Punkt komme, an dem ich elf Züge pro Länge brauche. Aber das bewusste Schwimmen auf eine bestimmte Zugzahl, wie es sich für die anderen Lagen empfiehlt, spielt beim Schmetterlingsschwimmen eine untergeordnete Rolle.

Freistilschwimmen

Was Sie über das Freistilschwimmen wissen sollten

Freistil ist unter ambitionierten Schwimmern die beliebteste Lage. Das liegt wohl ganz einfach daran, dass man im Freistil am schnellsten ist. Viele Schwimmer denken, dass Freistilschwimmen deshalb auch besser für die Fitness sei als die langsameren Lagen (was jedoch nicht unbedingt zutrifft). Auch der kometenhafte Aufstieg des Triathlonsports hat viele Läufer und Radfahrer dazu motiviert, sich im Freistilschwimmen verbessern zu wollen.

Trotz seiner Beliebtheit ist Freistil auch die Lage, die am schwierigsten zu lernen ist. So ist insbesondere der Wechselschlag von Armen und Beinen deutlich anspruchsvoller als die parallelen Arm- und Beinbewegungen, wie sie im Brust- und Schmetterlingsschwimmen vorkommen. Und auch die seitliche Atmung im Rhythmus der wechselseitigen Arm- und Beinbewegungen zählt zu den kompliziertesten Fertigkeiten, die im Schwimmsport zu meistern sind.

Genau wie bei den anderen Lagen haben auch im Freistil weit verbreitete, falsche Vorstellungen von der vermeintlich »richtigen« Schwimmtechnik dazu geführt, dass viele Menschen weitaus größere Schwierigkeiten mit dieser Lage haben, als es notwendig wäre. Das traditionelle Verständnis der Kraultechnik lautet: Ein Freistilschwimmer ziehe mit den Armen, strample mit den Beinen und versuche zu atmen, wann immer es geht. Praktisch jeder empfindet dies als kompliziert und strapaziös, dennoch herrscht der Glaube vor, dass man nur genug Trainingskilometer in dieser Manier abspulen müsse, um die Fähigkeit zu entwickeln, ein wenig länger im Freistil zu »überleben«.

Bei Total Immersion beruht das Freistilschwimmen auf Konzepten, die sich von dieser althergebrachten Sichtweise grundsätzlich unterscheiden. Im Wesentlichen sind dies: horizontale Wasserlage, stromlinienförmige Körperhaltung, geduldiges Wasserfassen und das Schwimmen mit dem Schwung des Körpergewichts. Zugegeben, bisher ist es nur eine Minderheit, die nach diesen Prinzipien Freistil schwimmt. Hauptsächlich handelt es sich dabei um Schwimmer, die entweder von Natur aus besonders talentiert sind oder es mit Hilfe der Workshops, Bücher und Videos von Total Immersion gelernt haben.

Es hat natürlich Gründe, warum noch nicht mehr Menschen das Freistilschwimmen nach Art von TI praktizieren: Erstens sind die meisten Schwimmer, die mehr als ein paar Züge oder Längen Freistil am Stück schwimmen können, oft so beschäftigt damit, Kilometer abzuspulen, dass sie keine Zeit haben, sich näher mit ihrem Schwimmstil auseinanderzusetzen. Zweitens entspricht das traditionelle Bewegungsmuster mit Fokus auf Armzug und Beinschlag eher der menschlichen Intuition als das stromlinienförmige Gleiten und geduldige Warten in Seitenlage. Mein Ziel – auch mit diesem Buch – ist es, dies zu ändern und mehr Menschen für das energieeffiziente Freistilschwimmen nach Art der Fische zu begeistern.

Wie Sie den Wasserwiderstand minimieren

Lassen Sie Ihre Beine an die Wasseroberfläche. Die Schwerkraft zieht Ihre Beine nach unten, während der Auftrieb Ihren Oberkörper nach oben treibt. Wenn die Beine nach unten sinken, erzeugt das viel mehr Wasserwiderstand, als wenn diese horizontal ausgestreckt an der Wasseroberfläche liegen. Die meisten Leute versuchen, die Beine an der Wasseroberfläche zu halten, indem sie ihren Beinschlag verstärken. Ein kräftiger Beinschlag jedoch kann eine falsche Wasserlage nicht korrigieren. Vielmehr ist es so, dass sich ein starker Beinschlag eher negativ auswirkt: Er kostet Kraftreserven, stört den Rhythmus und

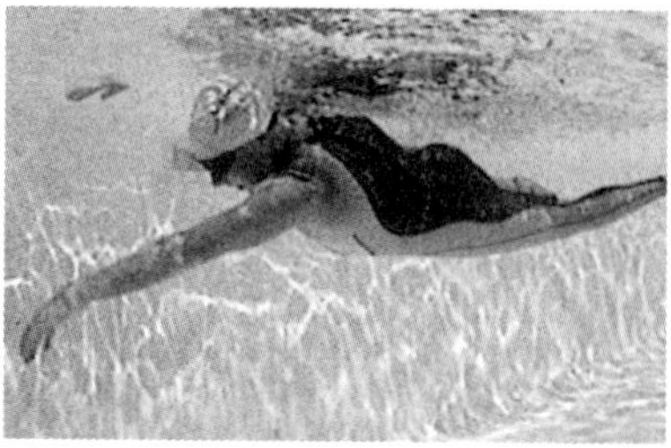

behindert die erwünschte Körperrotation. Stattdessen sollten Sie sich Ihren Körper beim Freistilschwimmen wie eine Wippe auf einem Spielplatz vorstellen, bei der sich auf der einen Seite ein schwereres Kind befindet als auf der anderen. Es besteht also kein natürliches

Gleichgewicht. Indem Sie sich aber vorwärts auf Ihre Brust lehnen, drücken Sie die leichtere Seite der »Wippe« nach unten und bringen gleichzeitig die schwerere Seite, also die Beine, automatisch nach oben. Achten Sie dabei auf die beiden folgenden Punkte: a) Es klappt am besten, wenn Sie gerade nach unten schauen und Ihren Kopf in gerader Linie mit Ihrer Wirbelsäule ausrichten. So schaffen Sie ein optimales Gegengewicht für Ihre Beine. b) Es sollte sich permanent ein Arm vor (und unter) Ihrem Kopf befinden. Sie erreichen dies, indem Sie mit dem Armzug warten, bis die Rückführhand fast auf Kopfhöhe angekommen ist. So kann die Hand des oberen Arms ins Wasser eintauchen, bevor die Zughand Ihre Nase passiert. Dies trägt ebenfalls unterstützend zu einer horizontalen Wasserlage bei, die den Widerstand reduziert, ohne dass dafür ein ermüdender Beinschlag erforderlich wäre.

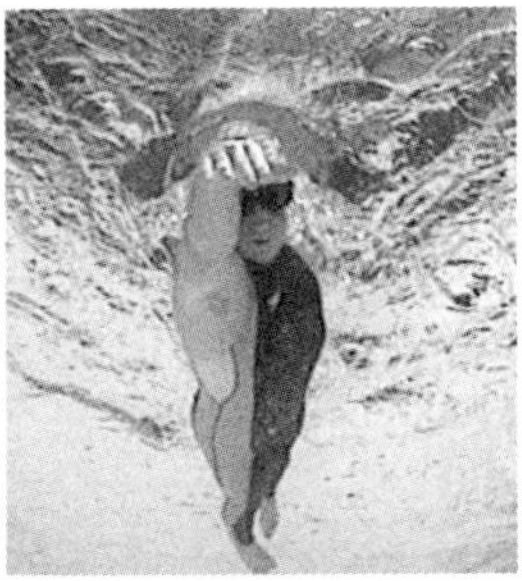

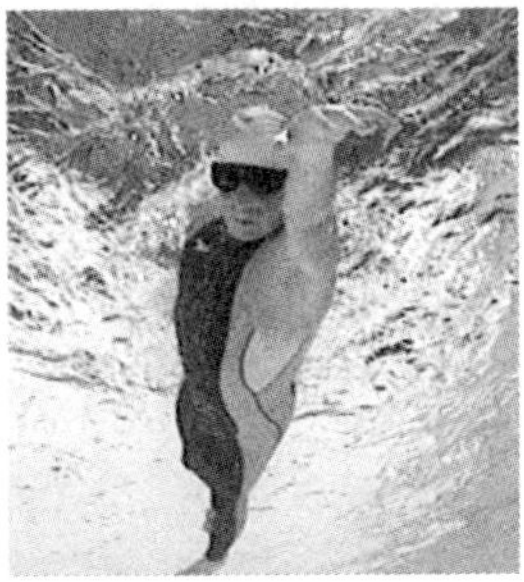

Durchschneiden Sie das Wasser. Da Wasser 880 Mal dichter ist als Luft, müssen Sie versuchen, sauber und ohne Verwirbelungen und Spritzer durch das Wasser hindurchzuschneiden, statt mit Gewalt durchs Wasser zu pflügen. Die meisten Schwimmer konzentrieren sich beim Freistilschwimmen jedoch auf »Arme, die ziehen«, und »Beine, die schlagen«. Das ist kontraproduktiv. Konzentrieren Sie sich lieber darauf, sich möglichst lange in der Position zu bewegen, in der Sie dem Wasser am wenigsten Widerstand bieten, also in der stromlinienförmigen, horizontalen Seitenlage. Betrachten Sie das Freistilschwimmen folglich als etwas, bei dem Sie abwechselnd in der Idealposition auf der linken Seite und der Idealposition auf der rechten Seite vorwärtsgleiten, und versuchen Sie, auf beiden Seiten so schlank und lang ausgestreckt im Wasser zu liegen, wie es geht. Stellen Sie sich dazu zwei Parallelen vor, die in gerader Linie vorne aus Ihren Schultern herauskommen. Und stellen Sie sich vor, dass Ihr Arm und Ihr Körper immerzu wie ein Speer auf jeweils einem dieser beiden vorgezeichneten »*Gleise*« im Wasser voranschießen. Prägen Sie sich dieses Bild sehr gut ein. Denn diese beiden imaginären »Gleise« geben die Richtung und die Positionsziele für jeden Bewegungsabschnitt des Zugzyklus vor.

Machen Sie Ihr »Boot« möglichst lang. Die größte Einzelkomponente des Wasserwiderstandes, mit dem ein Schwimmer konfrontiert wird, ist der Wellenwiderstand. Dies ist die Energie, die verloren geht, wenn Sie beim Schwimmen Wellen erzeugen. Der Wellenwiderstand steigt exponentiell mit der Geschwindigkeit, mit der Sie schwimmen. Am wirksamsten können Sie den Wellenwiderstand minimieren – und somit das effektive Schwimmtempo erhöhen –, indem Sie sich möglichst lang machen. Deshalb ist es von entscheidender Bedeutung, sich von der instinktiven Vorstellung zu verabschieden, Ihre Hände dienten beim Freistilschwimmen dazu, das Wasser nach hinten zu schieben. Richten Sie Ihre Aufmerksamkeit stattdessen darauf, Ihren Körper mit der nach vorne ausgestreckten Hand länger zu machen. Achten Sie auch darauf, mit der Hand früher ins Wasser hineinzuschneiden. Wenn Sie nämlich Hand und Arm früh eintauchen, setzt auch die Streckung der Körperlinie eher ein. Wichtig ist zudem, dass Sie mit der Hand jeweils sehr sauber eintauchen. Auf diese Weise teilen Sie das Wasser für den breiteren Kopf und die breiteren Schultern, während diese auf einem der beiden imaginären »Gleise« nach vorne gleiten.

Wie Sie Vortrieb erzeugen

Verankern Sie die Hände im Wasser. Wenn Sie den Arm unterhalb Ihres Kopfes nach vorne ausstrecken, bildet er ein Gegengewicht zu den Beinen, die auf diese Weise an die Oberfläche kommen. Wenn Sie die Hand bereits kurz vor dem Kopf ins Wasser führen, verbessern Sie die stromlinienförmige Wasserlage. Noch ein Tipp: Wenn die Finger Ihrer ausgestreckten Hand aufgestellt sind, werden Ihre Beine absinken. Wenn Sie hingegen die Finger locker nach unten hängen lassen, ist es wahrscheinlicher, dass die Beine an der Wasseroberfläche bleiben.

Auch alle Weltklasseschwimmer lassen die Finger nach unten hängen, sobald ihre Hand ins Wasser eingetaucht ist. Und sie tun dies aus gutem Grund: Die Position mit nach unten hängenden Fingern und nach hinten gerichteten Handflächen eignet sich am besten, um das Wasser zu fassen. Achten Sie auf die folgenden vier Punkte: a) Schlüpfen Sie mit dem Arm ins Wasser wie durch einen Briefkastenschlitz und vermeiden Sie es, das Wasser aufzuwirbeln. Ruhiges Wasser lässt sich besser fassen. b) Strecken Sie den Arm nach vorne, bis die Schulter den Unterkiefer berührt. c) Geben Sie langsam Druck aufs Wasser, als würden Sie versuchen, mit der Hand die Spitze der imaginären Ideallinie, der sie folgt, zu umschlingen. c) Verankern Sie die Hand im Wasser, während Sie nun die andere Hand dynamisch nach vorne bringen.

Die beiden Armbewegungen sollten sich also dahingehend überlappen, dass der nach vorne ausgestreckte Arm wartet, bis der rückgeführte Arm bereits auf Kopfhöhe angekommen ist. Dies bedeutet einen schnelleren Übergang von der stromlinienförmigen Lage auf der einen Seite in die stromlinienförmige Lage auf der anderen Seite. Vermutlich denken Sie, dass all dieses Warten doch bestimmt auf Kosten der Schwimmgeschwindigkeit gehen müsste. Das ist aber nicht der Fall. Wenn Sie möglichst stromlinienförmig gleiten, nimmt Ihre Geschwindigkeit nur wenig ab und Sie haben Zeit, das Wasser fester zu fassen und den Zug sorgfältiger auszuführen. Und je fester der »Zugriff« auf das Wasser ist, desto schneller können Sie sich an der verankerten Hand vorbei wie einen Speer nach vorne katapultieren.

Mit Gewichtsverlagerung schwimmen. In der traditionellen Art, Freistil zu schwimmen, versucht man, den Körper mit Armzug und Beinschlag im Wasser voranzutreiben. Beim Freistilschwimmen nach dem Konzept von Total Immersion hingegen gleiten Sie möglichst lange in ausgestreckter Seitenlage durchs Wasser und nutzen Gewichtsverlagerungen, um Vortrieb zu erzeugen. Während Sie stromlinienförmig auf der rechten Seite gleiten, befindet sich Ihre linke Seite über der Wasseroberfläche. Wenn nun der linke Arm nach vorne kommt, wird mit Hilfe der Schwerkraft eine Gewichtsverlagerung auf die linke Seite ausgelöst. Indem Sie den linken Arm dabei wie einen Speer ins Wasser stechen und nach vorne schießen lassen, beschleunigen Sie die Gewichtsverlagerung und erzeugen mühelos einen kräftigen Vortrieb. Sie können dies am besten umsetzen, wenn Sie sich vorstellen, dass Sie mit Ihrer Hand wie mit einem Speer ein imaginäres Ziel durchstechen wollten, das sich vor Ihnen auf dem jeweiligen »Gleis« befindet, also auf der gedachten geraden Ideallinie. Später, in der Technikübung zum Gleiten, werden Sie lernen, diese imaginäre Zielscheibe exakt zu platzieren. Die Energie, die durch die Gewichtsverlagerung freigesetzt wird, *katapultiert* Ihren Körper *an der im Wasser verankerten Hand vorbei* nach vorne. Führen Sie sich dies immer wieder vor Augen: Arme, die Wasser nach hinten stoßen müssen, ermüden schnell; Arme hingegen, die sich nur im Wasser festhalten müssen, ermüden praktisch nicht.

Atmen Sie auf beiden Seiten. Wenn Sie auf beiden Seiten atmen, ist der Bewegungsablauf symmetrischer, als wenn Sie immer nur nach rechts oder links atmen würden. Bei einseitiger Atmung ist die Gefahr groß, dass es Sie auf diese Seite abtreibt. Ich versuche, sowohl im Training als auch im Wettkampf immer gleich oft auf beiden Seiten zu atmen. Das Atmen auf der ungewohnten Seite fühlt sich zu Beginn vielleicht falsch an, aber das gibt sich mit der Zeit. Die Technikübungen, die ich Ihnen im Folgenden vorstellen werde, sind immer auf symmetrische Bewegungsabläufe ausgelegt. Sie bilden die Grundlage für das Erlernen des beidseitigen Atmens. Auf die Details der Atmung werde ich später in diesem Kapitel noch genauer eingehen.

Zweierbeinschlag. Erfahrene Freistilschwimmer schwimmen entweder mit einem Sechser- oder einem Zweierbeinschlag. Beim Sechserbeinschlag macht man sechs Beinbewegungen auf einen vollen Armzugzyklus (d.h. vom Eintauchen der rechten Hand bis zum nächsten Eintauchen der rechten Hand). Langstreckenschwimmer, Fitnessschwimmer und Triathleten bevorzugen meist den Zweierbeinschlag. Dabei sollte sich nach Möglichkeit der rechte Fuß synchron mit dem Eintauchen der linken Hand nach unten bewegen – und umgekehrt. Der Zweierbeinschlag braucht weniger Energie und ergänzt sich auch vom Timing her sehr harmonisch mit dem Schwimmstil und dem Bewegungsmuster, die ich Ihnen in diesem Kapitel ans Herz lege. Mehr zum Beinschlag finden Sie im folgenden Abschnitt über die Technikübungen für das Freistilschwimmen.

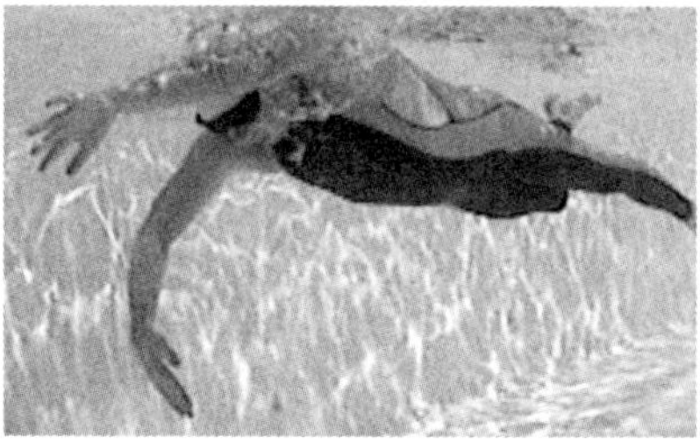

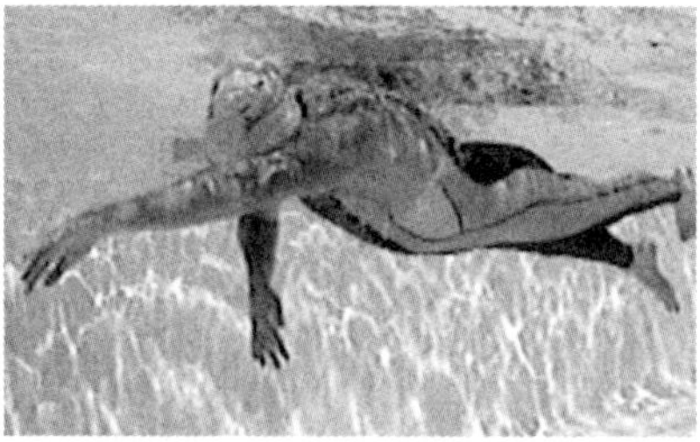

Technikübungen für den schrittweisen Aufbau Ihres Stils

Da das Freistilschwimmen komplexer ist als die anderen Lagen, empfiehlt es sich, jeder der folgenden Technikübungen so viel Zeit zu widmen, wie erforderlich ist, um diese wirklich gut zu beherrschen.

Richtig Atmen

Wenn Sie zu wenig Luft haben, können Sie sich nicht genügend auf die Übungen konzentrieren. Achten Sie bei den Übungen auf folgende Punkte, wenn Sie sich von der Position mit dem Gesicht nach oben in die Position mit dem Gesicht nach unten und umgekehrt drehen:

Halten Sie unter Wasser die Luft nicht an. Beginnen Sie sofort mit dem Ausatmen, wenn das Gesicht ins Wasser kommt. Wenn Sie langsam und ruhig durch die Nase ausatmen, können Sie die Atmung besser kontrollieren. Und Sie vermeiden es, dass Wasser in die Nase kommt oder dass Sie husten müssen.

Blasen Sie das Wasser weg. Kurz bevor Sie das Gesicht zum Einatmen in Richtung Wasseroberfläche drehen, müssen Sie die verbleibende Luft kräftiger ausatmen, so als ob Sie das Wasser von Mund und Nase wegpusten wollten.

Legen Sie sich entspannt aufs Wasser. Wenn Sie den Kopf hochheben, ist es schwieriger zu atmen. Es ist einfacher, wenn Sie den Kopf entspannt im Wasser liegen lassen. Bleiben Sie immer entspannt, wenn Sie auf die Seite rollen, um einzuatmen, und auch wenn Sie sich zurück ins Wasser rollen. Jede hastige Bewegung macht Ihre Wasserlage instabil.

Schritt eins: Horizontale Lage im Gleichgewicht

Unternehmen Sie zur Einstimmung zuerst die folgende Vorübung: Machen Sie sich – zunächst noch an Land – mit der Gleitposition in Seitenlage vertraut. Legen Sie sich mit ausgestrecktem Arm auf einer Seite auf den Boden. Der untere Arm ist nach vorne gestreckt. Er liegt vor der Schulter mit der Handfläche nach unten. Spreizen Sie die Füße leicht,

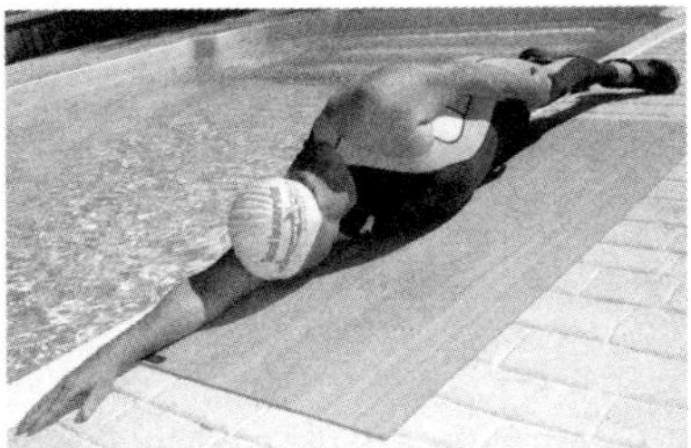

um die Lage zu stabilisieren. Prägen Sie sich die folgenden Dinge ein: a) Die Nase zeigt zum Boden. b) Der Unterkiefer berührt die Schulter. c) Strecken Sie den Arm auf seinem imaginären »Gleis«, nicht entlang der Körpermitte. d) Legen Sie die obere Hand auf den Oberschenkel, so als wenn sie in die Hosentasche gesteckt wäre.

Gleiten

Mit dieser Technikübung lernen Sie: a) die für das Freistilschwimmen wichtigste stromlinienförmig ausgestreckte Position in Seitenlage, b) die Balance von Kopf bis Fuß und die seitliche Stabilität, c) das Bewusstsein für die beiden parallelen Ideallinien, entlang welcher Sie sich wie auf zwei »Gleisen« im Wasser vorwärtsbewegen.

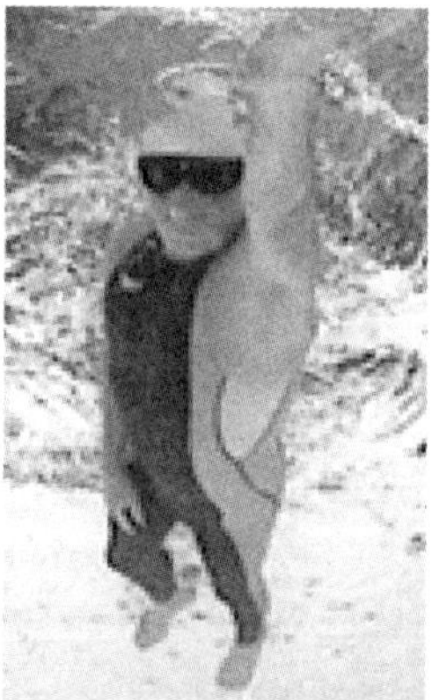

- Legen Sie sich in Seitenlage ins Wasser. Schauen Sie nach unten und strecken Sie den Arm unterhalb Ihres Kopfes entlang seines »Gleises« weit nach vorne aus. Der Unterkiefer liegt auf der Schulter. Entspannen Sie den ausgestreckten Arm, bis die Finger nach unten zeigen.
- Lassen Sie die andere Hand entspannt auf dem Oberschenkel ruhen und strecken Sie die Hand ein wenig in Richtung Knie.
- Machen Sie einen ganz leichten Flatterbeinschlag, aber achten Sie darauf, dass Ihre Beine stromlinienförmig ausgestreckt bleiben.
- Wechseln Sie auf der nächsten Länge die Seite.

Zum Atmen weiterrollen

- Rollen Sie den Körper weiter, bis Sie sich fast in Rückenlage befinden. Halten Sie den Arm ausgestreckt und drehen Sie die Handfläche nach oben.
- Drehen Sie Kopf und Körper gemeinsam und legen Sie sich entspannt nach hinten, wenn Sie zur Luft rollen.
- Atmen Sie so lange, bis Sie sich erholt haben und sich wohl fühlen, bevor Sie zurück in die seitliche Gleitposition rollen.

Tipps für die Gleitübung

- Experimentieren Sie damit, wie tief oder hoch Sie Arm und Hand im Wasser halten. Die richtige Position haben Sie gefunden, wenn sich die Füße »leicht« anfühlen. Wenn die Hand entspannt am Handgelenk nach unten hängt, kann der Winkel, den der Arm zur Wasseroberfläche hat, flacher sein.
- Experimentieren Sie auch mit dem Drehwinkel. Finden Sie den Winkel, bei dem Sie das Gefühl haben, dass sich Ihr Arm am stabilsten auf der jeweiligen Ideallinie vorwärtsbewegt. Liegen Sie zu stark auf dem Bauch, verlässt die Hand ihr imaginäres »Gleis« nach außen. Mit überdrehter Schulter hingegen laufen Sie Gefahr, dass die Hand zur Ideallinie des anderen Arms hinüberwandert.
- Prägen Sie sich die Position der Hand genau ein (die Tiefe im Wasser ebenso wie die Position auf dem »Gleis«). Genau dies ist auch die Zielposition, in die Sie Ihre Hand in allen weiteren Rollübungen und auch beim Freistilschwimmen in ganzer Lage wie einen Speer nach vorne führen müssen.
- Achten Sie darauf, immer mit dem Körper als Ganzes zu rollen und die gerade Streckung des Körpers beizubehalten, wenn Sie sich zum Atmen zur Luft drehen und dann wieder in die stromlinienförmige Gleitposition auf der Ideallinie zurückkehren.

Fortgeschrittene Atemübung: »Ein Schluck Luft«

Wenn Sie beim Freistilschwimmen schon bequem atmen können, können Sie diese fortgeschrittene Atemübung ausprobieren. Anstatt zum Atmen in den »Sweet Spot« in leichter Rückenlage zu rollen, drehen Sie bei minimaler Schulterrotation den Kopf nur so weit, dass Schwimmbrille und Mund gerade eben über die Wasseroberfläche kommen. Versuchen Sie dann, »einen Schluck Luft« zu holen. Die Hand des ausgestreckten Arms sollte dabei weiterhin leicht herabhängen.

Aber ganz gleich, welche Art der Atmung Sie während der Übungen auch bevorzugen: Atmen Sie immer locker und entspannt.

Schritt zwei: Unterwasserrollen

Mit dieser Technikübung lernen Sie im Wesentlichen drei Dinge: a) in stromlinienförmiger Seitenlage den beiden imaginären »Gleisen« im Wasser zu folgen, b) den Körper wie einen Speer nach vorne zu bewegen und c) mit der Hand geduldig vorne zu warten.

- Beginnen Sie die Übung zunächst in ausgestreckter Seitenlage auf dem rechten »Gleis«. Lassen Sie die linke Hand unter Wasser auf dem »Gleis« nach vorne gleiten – direkt an Ihrem Körper entlang vom Oberschenkel bis zur Schwimmbrille. Halten Sie dabei die Ellbogen eng an den Rippen und drehen Sie die Handfläche nach oben.

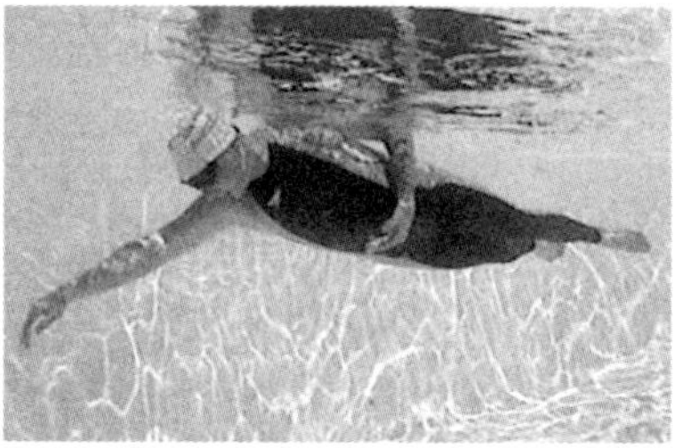
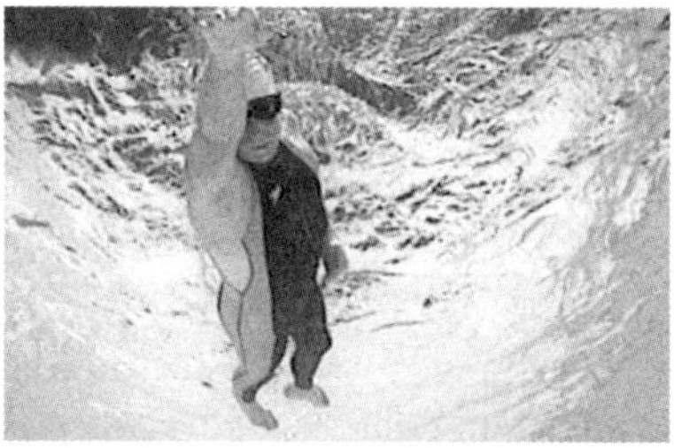

- Halten Sie mit der linken Hand auf der Höhe Ihrer Schwimmbrille inne und überprüfen Sie, ob Sie sich immer noch auf dem rechten »Gleis« befinden und ob die linke Schulter an der Luft ist.

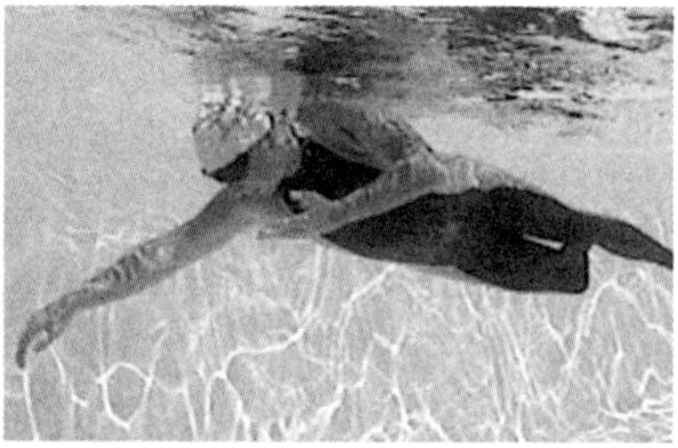
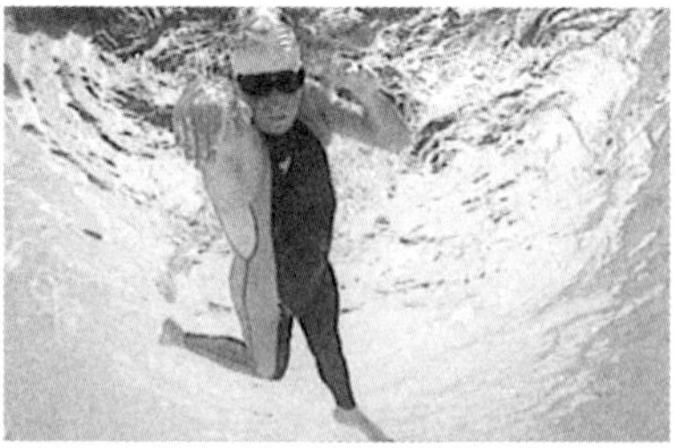

- Bringen Sie dann Ihre linke Hand unter Wasser wie einen Speer nach vorne, bis diese genau die imaginäre »Zielscheibe« erreicht hat, die Sie sich in der Gleitübung eingeprägt haben. Halten Sie inne und überprüfen Sie, ob Sie sich auch wirklich genau in der beim Gleiten einstudierten Position befinden. Wiederholen Sie dann die Übung auf der anderen Seite.

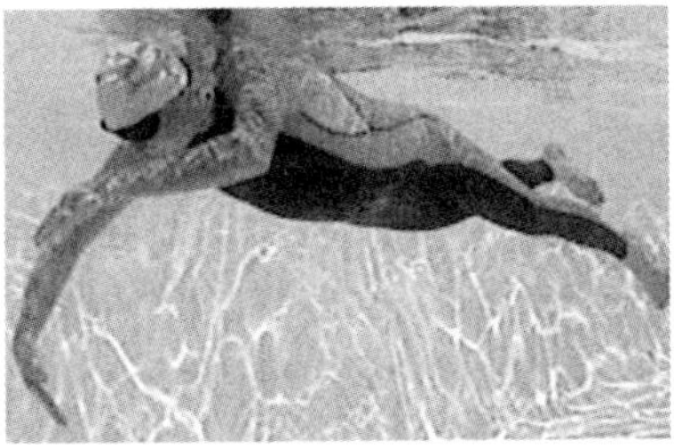 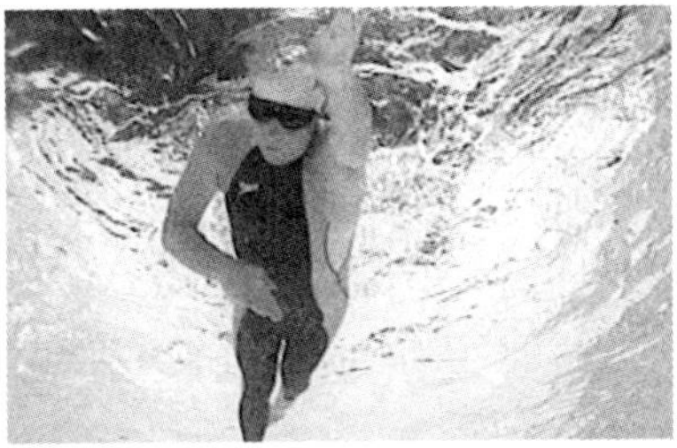

- Rollen Sie noch ein oder zwei Mal auf diese Weise und drehen Sie dann in den »Sweet Spot« in leichter Rückenlage, um Luft zu holen. Erholen Sie sich, bevor Sie wieder mit dem Unterwasserrollen beginnen.

Übungstipps für das Unterwasserrollen

1. Da das Überprüfen der Wasserlage in der Gleitposition vor und nach dem Rollen jeweils einige Zeit erfordert, werden Sie am Anfang vermutlich nur ein oder zwei Unterwasserrollen schaffen, bevor Sie sich zum Atmen in den »Sweet Spot« drehen. Konzentrieren Sie sich jeweils mehrere Längen bzw. Minuten am Stück auf einen der folgenden Punkte:
   - Beginnen Sie die Bewegung mit den Händen nach der Pause in Höhe der Schwimmbrille gleichzeitig. Die vorne ausgestreckte Hand beginnt mit dem Zug, und die andere Hand schießt von der Schwimmbrille aus nach vorne.
   - Bringen Sie die Hand speerartig nach vorne zu ihrem imaginären Ziel, und strecken Sie auch Ihren Körper – ebenfalls wie einen Speer – auf dem jeweiligen »Gleis«.
   - Stellen Sie sich die Kühlerhaube eines VW Käfers vor, die sich vor Ihnen befindet. Lassen Sie Ihre Hand von der Schwimmbrille nach vorne über

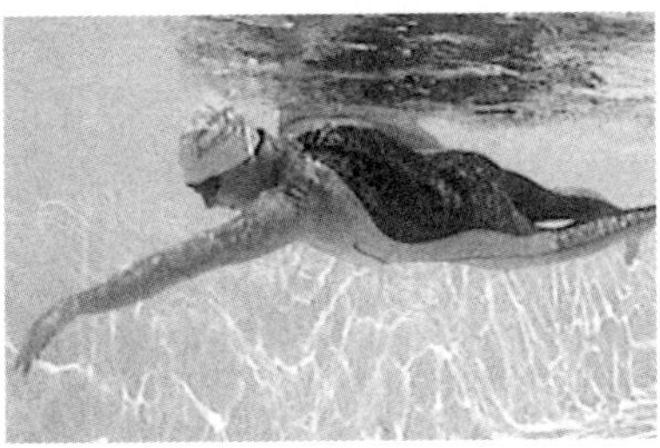 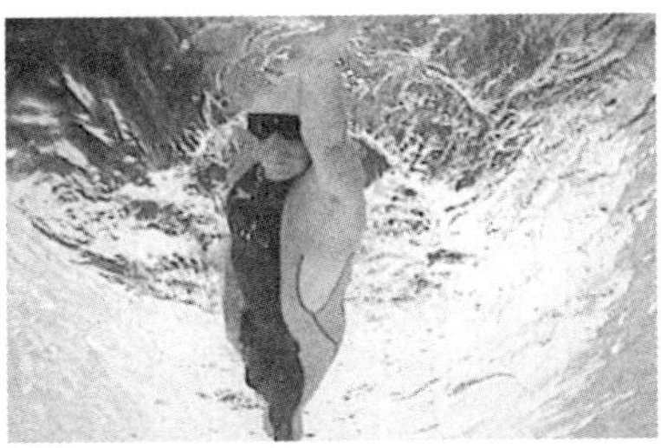

diese Kühlerhaube nach unten gleiten, bis die Finger schließlich die Stoßstange erreicht haben. Das heißt, in der vollständigen Streckung reichen die Finger nach unten.

- Fassen Sie das Wasser hinter der »unbewegten« Hand (das heißt, die Hand ruht einen Moment), bevor Sie mit dem Rollen beginnen.

2. Sobald sich diese technischen Details allmählich natürlich anfühlen, können Sie die Anzahl der Unterwasserrollen steigern, indem Sie schrittweise auf die Pausen verzichten, die Sie anfangs zur Überprüfung der Gleitposition zwischen den einzelnen Drehungen gemacht haben.

- Rollen Sie nur so weit, bis die obere Schulter und die Hüfte aus dem Wasser ragen.
- Halten Sie mit der Zughand am Ende des Zuges nicht an, sondern beginnen Sie unmittelbar damit, sie vom Oberschenkel in einer geschmeidigen Bewegung wieder nach vorne zu führen.

3. Wenn Ihnen das fortgeschrittene Atmen (»Ein Schluck Luft«) während der Gleitübung keine Schwierigkeiten bereitet hat, können Sie versuchen, auch beim Unterwasserrollen auf diese Weise einzuatmen und auf die Atempause in der »Sweet Spot«-Position zu verzichten. Aber achten Sie darauf, dass Sie immer genügend Luft bekommen, denn sonst leidet die Qualität der Übungen.

Schritt drei: Reißverschlussgleiten und -rollen

Mit Hilfe dieser Technikübungen lernen Sie, den Arm kompakt und entspannt nach vorne zu führen und die Energie der Hüftrotation harmonisch mit der speerartigen Streckung des Arms zu verbinden.

Vorbereitungsübung für das Reißverschlussgleiten

Studieren Sie auch die Reißverschlussbewegung des Armes zuerst an Land ein. Nehmen Sie dabei dieselbe Position ein wie bei der Vorbereitungsübung für das einfache Gleiten.

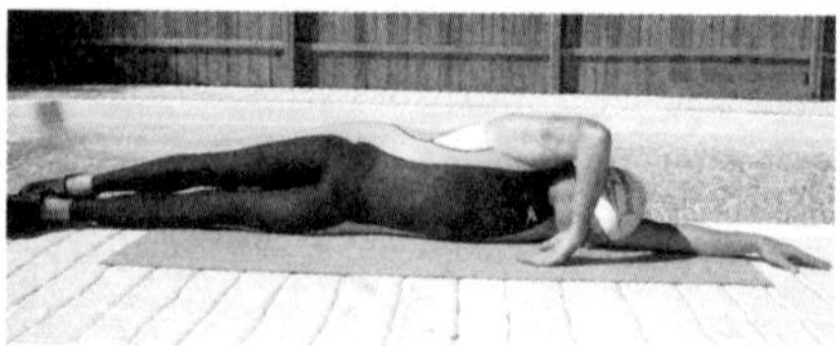

- Legen Sie sich auf die linke Seite mit ausgestrecktem linken Arm. Die Nase zeigt zum Boden, und der Unterkiefer liegt auf der Schulter. Die rechte Hand liegt auf dem Oberschenkel und steckt in der imaginären Hosentasche.

- Bewegen Sie den rechten Ellbogen leicht nach oben und ziehen Sie den rechten Arm nach vorne. Der Ellbogen führt die Bewegung an. Die Hand wird nachgezogen und gleitet mit den Fingern leicht über den Boden. Der Ellbogen bewegt sich ca. drei bis fünf Zentimeter vom Oberkörper entfernt.
- Wenn der Ellbogen auf Höhe der Ohren ankommt, sollten Hand und Unterarm locker nach unten hängen, wie bei einer Marionette.
- Wiederholen Sie dies mehrere Male und achten Sie immer darauf, dass der Ellbogen die Bewegung anführt. Üben Sie es auf beiden Seiten.

Reißverschlussgleiten

Hier lernen Sie, das Gewicht des auf Höhe des Kopfes innehaltenden Rückführarms für eine bessere Balance im Wasser zu nutzen. Die Übung heißt Reißverschlussgleiten, weil Sie die Finger wie beim Zuziehen eines Reißverschlusses am Körper entlang nachziehen.

- Gleiten Sie in horizontaler Seitenlage mit leichtem Beinschlag durchs Wasser und ziehen Sie dann Ihren Arm nach vorne, wie Sie es in der vorangehenden Vorbereitungsübung am Boden liegend einstudiert haben.

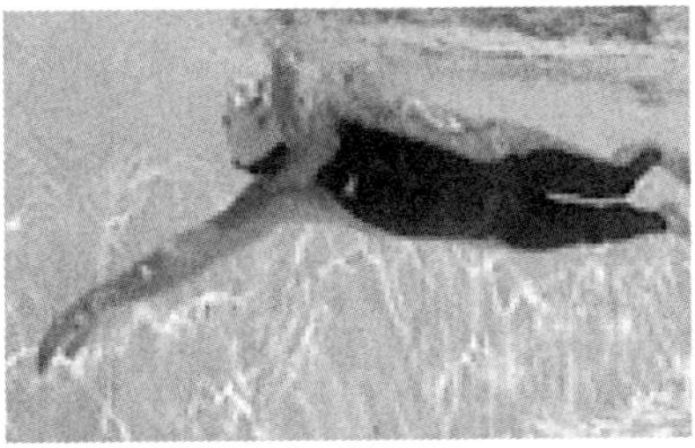

- Halten Sie die Bewegung an, wenn die entspannt nach unten hängende Hand auf Höhe des Kopfes den Ellbogen »einholt«. Fühlen Sie, wie das Gewicht des knapp vor Ihren Lungen innehaltenden Armes Sie fast nach vorne kippen lässt.
- Führen Sie dann den Arm zurück in die Ausgangslage auf dem oberen Oberschenkel und drehen Sie sich zum Atmen in den »Sweet Spot« in leichter Rückenlage. Üben Sie das Reißverschlussgleiten auf beiden Seiten.

Übungstipps für das Reißverschlussgleiten

- Beginnen Sie das Rückführen des Armes, indem Sie den Ellbogen leicht nach außen bewegen – und nicht etwa hinter Ihnen nach oben.

- Halten Sie beide Arme »auf den Gleisen«, auf denen diese sich in gerader Linie bewegen sollten. Achten Sie darauf, dass der Abstand der beiden Arme von der Körperachse gleich groß ist. Auch dies trägt zur Stabilität Ihrer Wasserlage gegenüber seitlichen Abweichungen bei. Überprüfen Sie jeweils die Position der Arme, wenn Sie mit dem oberen Arm auf Kopfhöhe innehalten.
- Wenn Sie genug Atem haben, können Sie die Reißverschlussbewegung zwei oder drei Mal hintereinander ausführen, bevor Sie sich im »Sweet Spot« ausruhen.

Reißverschlussrollen

Diese Technikübung verbindet die Hüftbewegung mit dem speerartigen Nach-vorne-Bringen der Rückführhand und vertieft darüber hinaus die Fertigkeit des geduldigen Wasserfassens.

- Während Sie auf der rechten Seite gleiten, ziehen Sie den linken Arm langsam nach vorne, so wie Sie es auch beim Reißverschlussgleiten gemacht haben.

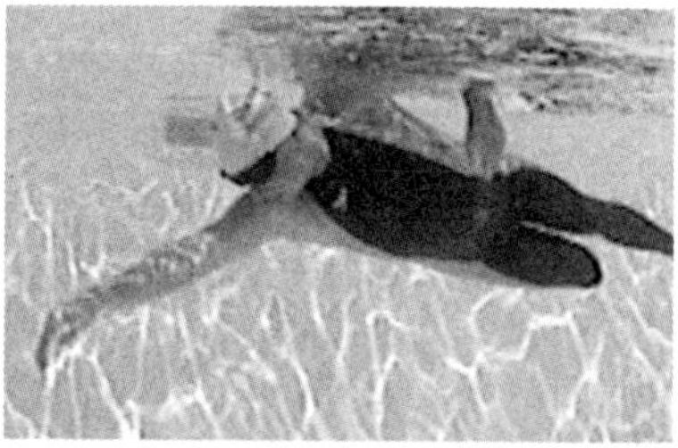

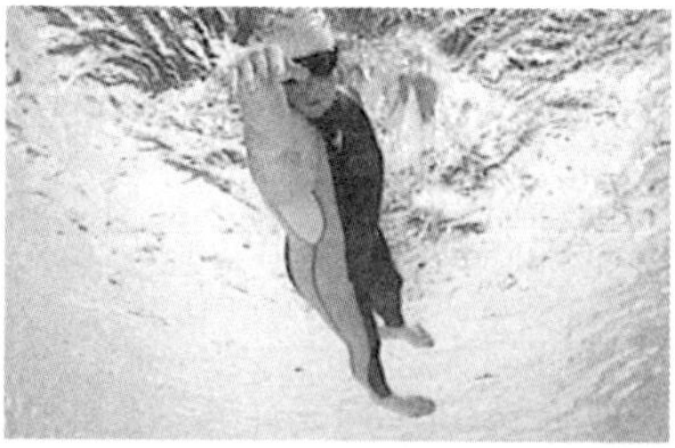

- Halten Sie die Bewegung auf Kopfhöhe an. Die Hand sollte direkt unter dem Ellbogen hängen.

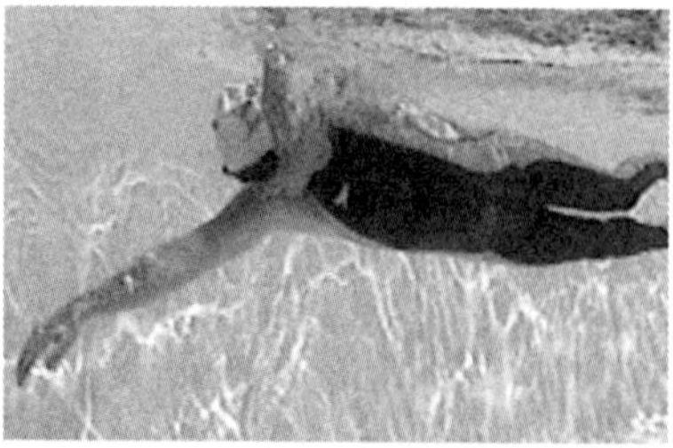

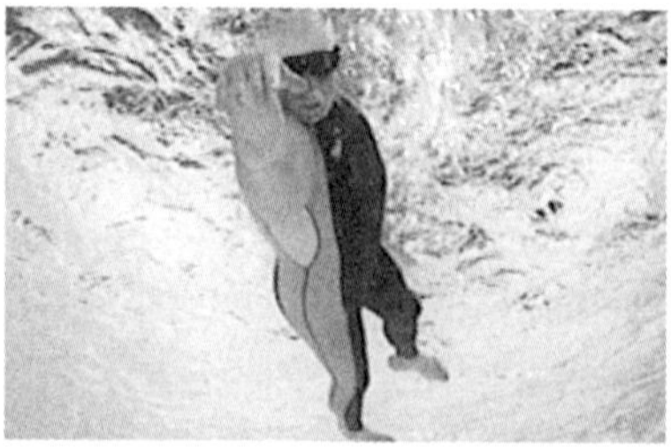

- Fühlen Sie, wie Ihre rechte Hand mit nach unten hängenden Fingern das Wasser fasst. Stechen Sie dann die linke Hand speerartig vom Ohr ins Wasser, bis sie ihren Zielpunkt auf dem »Gleis« erreicht hat, und drehen Sie sich dabei auf die linke Seite.

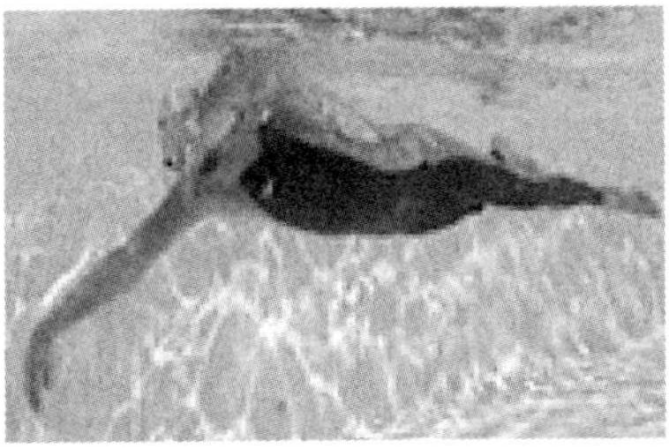
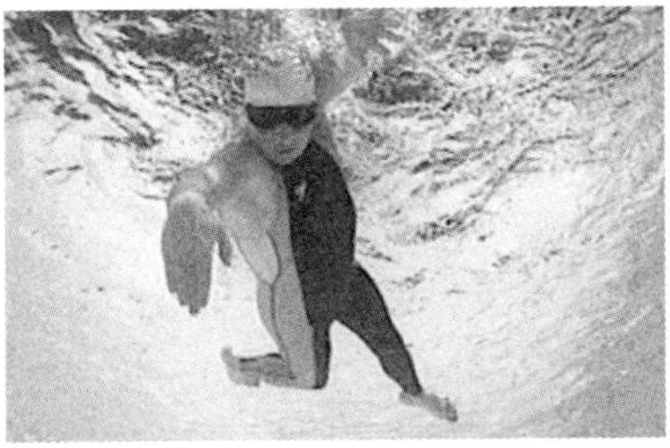

- Halten Sie in der ausgestreckten Gleitposition auf der linken Seite einen Moment lang inne und überprüfen Sie die Wasserlage, bevor Sie die Übung mit der rechten Hand wiederholen.

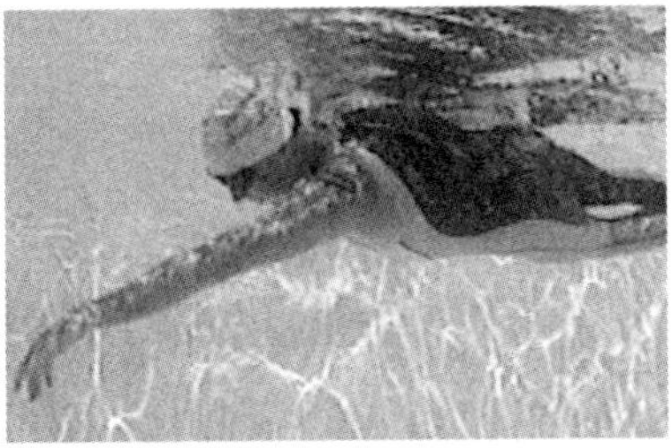
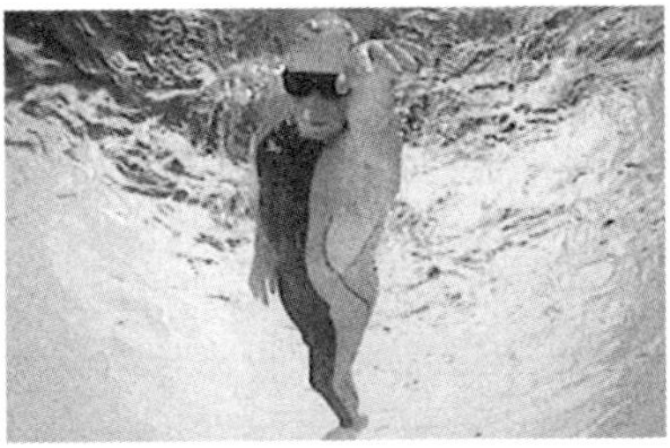

Übungstipps für das Reißverschlussrollen

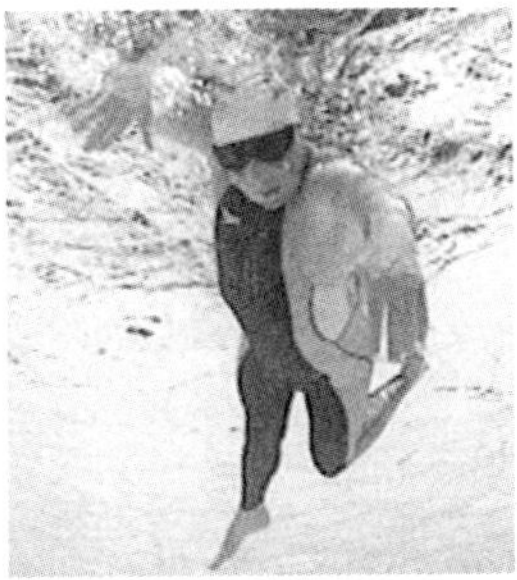

1. Am Anfang werden Sie nur eine Rollbewegung machen und danach zur Erholung in den »Sweet Spot« weiterrollen. Üben Sie dies, während Sie sich jeweils auf einen der folgenden Punkte konzentrieren, bis es sich natürlich anfühlt:
   - Spüren Sie den kraftvollen, aber mühelosen Vortrieb, der durch das speerartige Nach-vorne-Schieben der Hand erzeugt wird.
   - Achten Sie darauf, wie Ihre obere Hüfte und der Fuß auf der Gegenseite Ihre Hand auf deren imaginäres Ziel zutreiben.

- Versuchen Sie, auch während der Rollbewegung einen möglichst festen Zugriff auf das Wasser zu bewahren.
- Halten Sie beide Arme auf den »Gleisen«.

2. Wenn sich diese Details der Technik natürlich anfühlen, können Sie die Anzahl der Rollbewegungen steigern, indem Sie schrittweise auf die Pause des Rückführarms auf Kopfhöhe verzichten und darüber hinaus darauf achten:
   - dass Sie auf beiden Seiten nur so weit rollen, bis Schulter und Hüfte aus dem Wasser schauen.
   - dass Sie die Zughand durchgängig bewegen und der Armzug nahtlos – ohne jedwede Unterbrechung – gleich in die Rückführbewegung nach vorne übergeht.
   - wie Sie mühelos auf dem jeweiligen »Gleis« vorwärtsgleiten, während Sie die Rückholhand wieder nach vorne führen.
3. Wenn Ihnen das fortgeschrittene Atmen (»Ein Schluck Luft«) beim Unterwasserrollen keine Schwierigkeiten bereitet hat, können Sie versuchen, auch beim Reißverschlussrollen auf diese Weise Luft zu holen und so auf die Atempause in der »Sweet Spot«-Position zu verzichten.

Schritt vier: Übergang zum Schwimmen in der ganzen Lage

Mit diesen Übungen festigen Sie die Fertigkeit, den Arm kompakt und entspannt nach vorne zurückzuführen und das Wasser geduldig zu fassen. Sie lernen, wie Sie durch ein sauberes Eintauchen der Hand und den festen Zugriff auf das Wasser die Energie der Hüftrotation harmonisch mit dem speerartigen Nach-vorne-Gleiten des Armes koppeln. Zudem dienen die Übungen dieses Abschnitts dazu, das Atmen in den Zugrhythmus einzufügen.

- Beginnen Sie mit ein paar Längen Reißverschlussrollen, wobei Sie die Rückholhand kaum aus dem Wasser heben und praktisch unmittelbar wieder ins Wasser stechen.
- Machen Sie zwei oder mehr solcher Rollbewegungen, bevor Sie sich im »Sweet Spot« erholen und Atem schöpfen. Sie können auch normal in der Rollbewegung atmen, wenn Ihnen dies ohne Anstrengung möglich ist.
- Konzentrieren Sie sich zunächst auf das Rückführen und Eintauchen der Hand. Richten Sie Ihre Aufmerksamkeit dabei jeweils auf einen der folgenden drei Punkte:

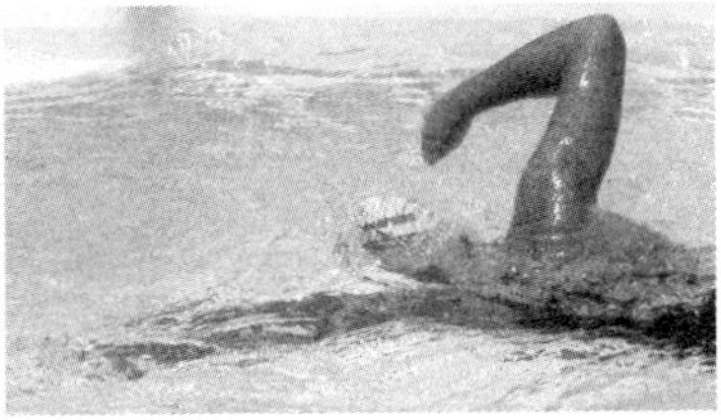

1. Ohrenhüpfer: Stellen Sie sich einen Stab vor, der senkrecht aus Ihren beiden Ohren herausschaut. Lassen Sie die Hand beim Rückführen über diesen imaginären Stab hüpfen und tauchen Sie sie danach unmittelbar ins Wasser ein. Die Hand sollte nur einen möglichst kurzen Augenblick aus dem Wasser ragen.

2. Marionetten-Unterarm: Stellen Sie sich vor, der Ellbogen Ihres Rückführarms hinge an einem Faden. Sie sollten das Gefühl haben, dass der Unterarm und die Hand locker vom Ellbogen herabhängen wie bei einer Marionette. Der Unterarm muss völlig entspannt sein.

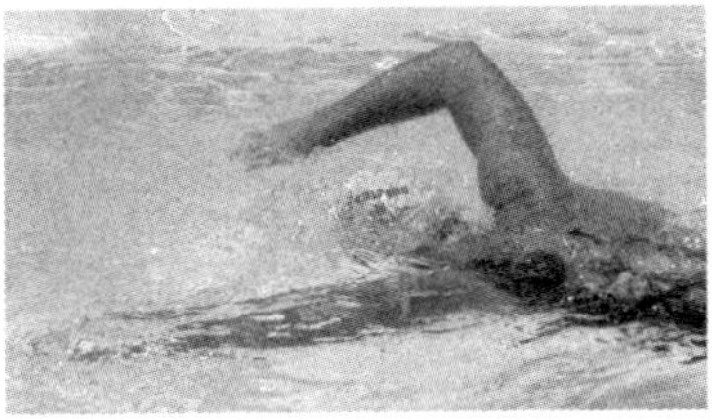

3. Briefkastenschlitz: Stellen Sie sich einen imaginären Briefkastenschlitz in der Wasseroberfläche vor, durch den Sie Hand und Unterarm ins Wasser schlüpfen lassen. Sie müssen den Unterarm sehr vorsichtig durch diesen Schlitz führen.

Achten Sie als Nächstes auf das Wasserfassen und konzentrieren Sie sich dabei jeweils auf einen der folgenden Punkte:

- Die Finger hängen an der ausgestreckten Hand locker nach unten. Fühlen Sie den leichten Wasserdruck, wenn sich die Hand nach unten streckt.
- Halten Sie die Hand vor dem Zug einen kurzen Moment lang ruhig.
- Beginnen Sie mit dem Zug, sobald (oder unmittelbar bevor) Ihre Rückholhand in den Briefkastenschlitz taucht.

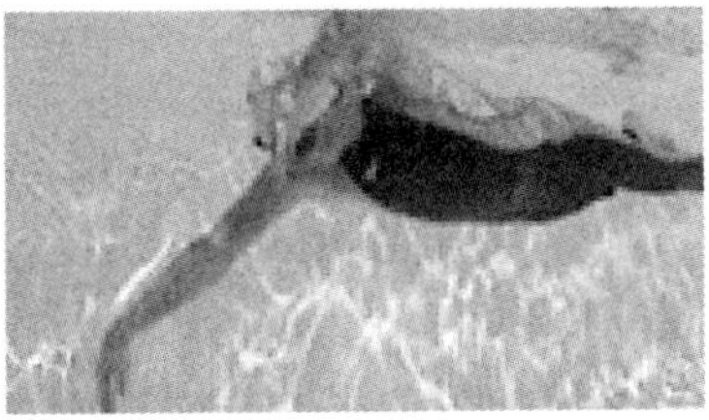

Das rhythmische Atmen

Die folgenden drei Tipps sollen Ihnen helfen, die Atmung rhythmisch und nahtlos in den Zugzyklus einzufügen und dabei die balancierte Wasserlage und das geduldige Wasserfassen beizubehalten.

Folgen Sie der Schulter. Wenn Sie den Arm wie einen Speer nach vorne gleiten lassen, bewegt sich gleichzeitig die Schulter auf der Gegenseite nach hinten. Versuchen Sie einfach, dieser Bewegung mit dem Kinn zu folgen. Der Schwung der Rollbewegung macht dabei das Atmen einfacher.

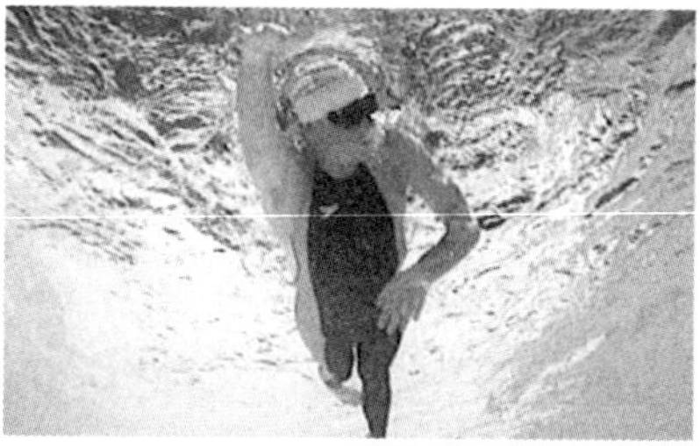

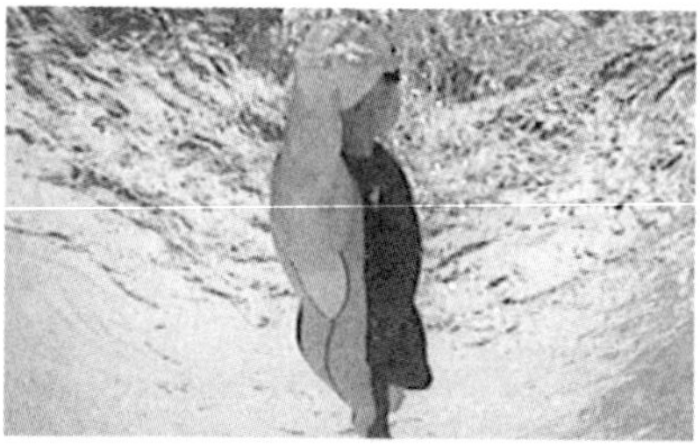

Halten Sie den Kopf im Wasser. Sie können dies auf drei Arten üben: a) Entspannen Sie sich ins Wasser hinein, während Sie atmen; b) halten Sie die Oberseite des Kopfes möglichst nahe an der Wasseroberfläche, wenn Sie zum Atmen rollen; c) schauen Sie beim Atmen leicht über die Schulter zurück.

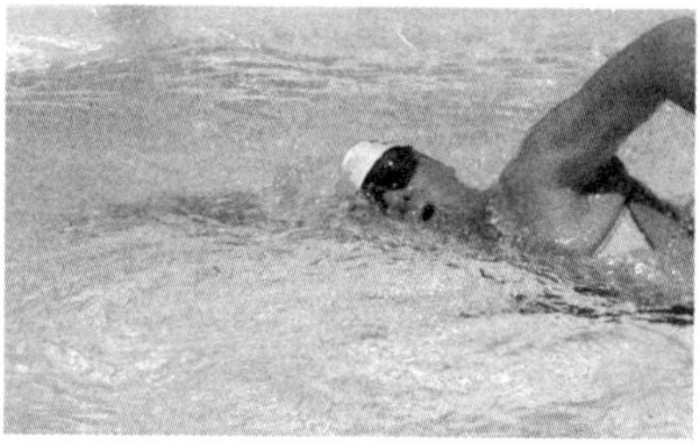

Bleiben Sie lang ausgestreckt. Richten Sie besonderes Augenmerk darauf, die Hand beim Atmen geduldig ausgestreckt zu lassen. Beginnen Sie den Zug erst, wenn das Einatmen abgeschlossen ist. Wenn Sie die Finger locker nach unten hängen lassen, wird der nächste Zug viel kraftvoller.

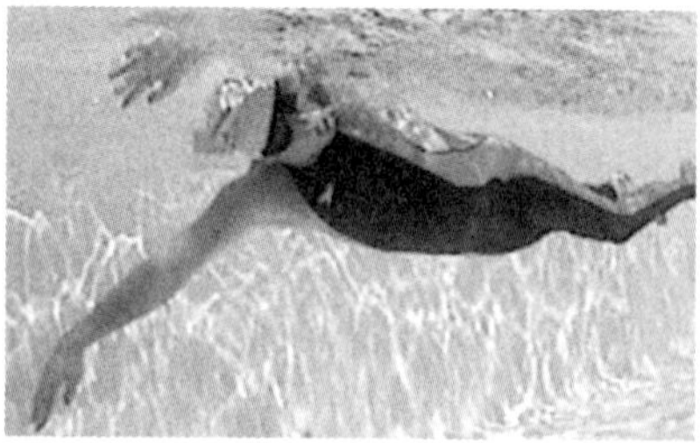

Verbessern Sie den Beinschlag

Die Tipps auf den folgenden beiden Seiten sollen Ihnen insbesondere helfen, nach und nach einen immer effizienteren Beinschlag zu entwickeln, der die Rollbewegung Ihres Körpers harmonisch unterstützt.

Warum bewege ich mich mit Beinschlag rückwärts?
Ich gehe davon aus, dass viele Leser dieses Buches Erwachsene sind, die zum Teil erst vor kurzem mit dem ernsthaften Schwimmen begonnen haben. Gerade Erwachsene machen die Erfahrung, dass sie beim Kraulbeinschlag mit dem Schwimmbrett nicht vorwärtskommen und sich zum Teil sogar eher rückwärts bewegen. Die häufigste Ursache ist eine mangelnde Beweglichkeit der Fußgelenke. Wir alle verlieren an Beweglichkeit, wenn wir älter werden (außer Sie verfolgen ein gezieltes Stretching-Programm oder praktizieren Yoga). Wenn Sie mit dem Schwimmen nicht schon als Kind begonnen haben und die ganze Zeit bei der Stange geblieben sind, müssen Sie damit rechnen, dass Ihre Fußgelenke im Laufe der Jahrzehnte immer unbeweglicher werden. Das ist nur natürlich. Wenn Sie außerdem joggen oder laufen, beschleunigt sich dieser Prozess sogar noch.

Eine weitere, häufige Ursache für einen unwirksamen Beinschlag ist eine mangelnde Koordination. Wenn Sie zum Beispiel Fußball spielen und gegen einen Ball treten, lernen Sie, die Knie um etwa 90 Grad zu beugen (wobei vor allem die vordere Oberschenkelmuskulatur genutzt wird). Beim effizienten Kraulbeinschlag hingegen beugen Sie die Knie weniger als 30 Grad. Der Kick wird hauptsächlich durch die Hüften und die Bauchmuskulatur ausgelöst. Kinder machen das intuitiv. Wer hingegen erst als Erwachsener mit dem ernsthaften Schwimmen anfängt, muss in aller Regel zuerst seine falschen Kick-Gewohnheiten ablegen, um den richtigen Beinschlag erlernen zu können. Hier ein paar Tipps, wie Sie es schaffen, dass Ihnen ein effizienter Kraulbeinschlag in Fleisch und Blut übergeht:

Beinschlag im Sitzen. Setzen Sie sich auf den Rand des Schwimmbeckens und lassen Sie die Beine ins Becken baumeln. Bewegen Sie die Beine fast gestreckt vor und zurück. Versuchen Sie, das Wasser mit nur einem Bein umzurühren, um zu fühlen, wie das Wasser den Füßen Widerstand entgegensetzt.

Beinschlag in aufrechter Position. Drücken Sie sich in tieferem Wasser aufrecht ein Schwimmbrett vor die Brust. Halten Sie die Beine von der Hüfte bis zu den Zehen gerade ausgestreckt, wenn Sie kicken. Das Bein sollte dabei lang und locker vor- und zurückschwingen. Es darf nie steif sein. Vermeiden Sie es, die Knie zu stark zu beugen. Führen Sie die Kick-Bewegung mit der Ferse an, wenn Sie zurückschlagen, und mit dem Spann, wenn Sie nach vorne schlagen.

Beinschlag in Seitenlage. Die »Sweet Spot«-Position und die seitliche Gleitposition sind ideal, um das in aufrechter Position Gelernte in die Horizontale zu übertragen. Prägen Sie sich die richtige Bewegung zunächst noch mal in der Vertikalen ein und setzen Sie sie dann gleich im Anschluss daran während diverser Technikübungen in der Horizontalen um.

Benutzen Sie Flossen. Der Vorteil von Flossen ist, dass sie biegsam sind und die fehlende Beweglichkeit der Fußgelenke kompensieren. Wenn Sie für die Technikübungen zu Flossen greifen, kann dies unter Umständen dazu beitragen, dass Sie etwas entspannter sind und sich besser auf die Feinheiten konzentrieren können. Insbesondere, wenn es Sie ablenkt, dass Sie beim Entspannen in der »Sweet Spot«-Position langsamer werden, sollten Sie in Betracht ziehen, Flossen für die entsprechenden Technikübungen zu verwenden. Es empfiehlt sich jedoch, die Flossen zum Freistilschwimmen in ganzer Lage wieder auszuziehen.

Fügen Sie den Beinschlag in den Ablauf der Schwimmbewegung ein. Sofern Sie nicht gerade 100 Meter mit höchster Geschwindigkeit schwimmen wollen, sollten Sie einen nur leichten Beinschlag verwenden – so leicht, dass er Ihnen kaum auffällt. Die Technikübungen zur horizontalen Lage im Gleichgewicht (Schritt eins) helfen Ihnen, ein etwaiges »Nervöse Beine«-Syndrom abzulegen. Das erleichtert die Koordination des Beinschlags mit der Bewegung der Arme und Hüften. Beim Zweierbeinschlag sollten Sie versuchen, einen Beinschlag mit jedem Armzug zu koordinieren. Wenn Ihre rechte Hand nach vorne gleitet, kicken Sie mit dem linken Fuß nach unten und umgekehrt. Unter Umständen können Sie dies am besten beim Reißverschlussrollen üben. Halten Sie den rechten Fuß ruhig, wenn Sie mit der linken Hand eine Pause auf Kopfhöhe machen, und kicken Sie dann, wenn der Arm ins Wasser eintaucht. Machen Sie zu Beginn nur einen ganz leichten Beinschlag. Erhöhen Sie dann mit der Zeit vorsichtig die Kraft, bis Sie das Gefühl haben, dass der Beinschlag das Nach-vorne-Gleiten spürbar unterstützt.

Freistilschwimmen: Übungstipps

Weil die meisten Leser vermutlich mehr Zeit mit Freistilschwimmen als mit Brust-, Rücken- oder Schmetterlingsschwimmen verbringen, fallen die Übungstipps in diesem Kapitel etwas ausführlicher aus als in den vorangegangenen. Praktisch alle Empfehlungen lassen sich aber auch für die anderen drei Lagen umsetzen.

Phase eins: Fühlen Sie sich wohl im Wasser und gewinnen Sie Sicherheit und Kontrolle über den Bewegungsablauf

Alle Schwimmer, die sich erstmals mit Total Immersion und den entsprechenden Technikübungen beschäftigen, sollten den für diese Phase empfohlenen Übungen nach Möglichkeit mindestens 10 bis 20 Stunden widmen. Aber keine Angst: Ich habe Leute gesehen, die sich sogar ein oder zwei Jahre lang ausschließlich mit diesen Übungen befasst haben, ohne dass es ihnen langweilig wurde.

Das Ziel der ersten Übungsphase ist es, sich im Wasser entspannt und wohl zu fühlen. Sie entwickeln ein Gefühl dafür, wie sich Ihr Körper im Wasser verhält, legen nach und nach Ihre alten ineffizienten Bewegungsmuster ab und überwinden das, was ich in Kapitel 3 als das »universelle menschliche Schwimmproblem« bezeichnet habe. Sie lernen die grundlegenden Fertigkeiten für einen ökonomischen und geschmeidigen Bewegungsablauf. Isolierte Technikübungen eignen sich dabei besser als das Schwimmen in ganzer Lage, um diese Feinheiten zu erlernen. Sobald sich die technischen Details, auf welche Sie sich bei den Übungen konzentriert haben, auch bei »normalen« Freistil-Wiederholungen gut anfühlen, können Sie den Anteil des Schwimmens in ganzer Lage erhöhen.

In Phase eins legen Sie die Grundlagen für das Erlernen eines sauberen Kraulstils. Im Einzelnen sind dies:

- Gewöhnen Sie sich routinemäßig an, so zu atmen, dass es Sie nicht von den Übungsinhalten ablenkt.
- Lernen Sie, wie das Wasser Sie ohne Anstrengung trägt, und prägen Sie sich die entspannte gerade Kopfhaltung sowie die richtige Zielposition für die entspannt nach vorne ausgestreckte Hand fest ein.
- Machen Sie sich die lang gestreckte, stromlinienförmige Wasserlage zur Gewohnheit, indem Sie lernen, die Hand speerartig ins Wasser zu ste-

chen und mit der Körperlinie dem jeweiligen imaginären »Gleis« zu folgen.

- Gewöhnen Sie sich die Rollbewegung an, mit der Sie Ihren gesamten Körper im Wasser nach vorne treiben.

Aufteilung des Trainings:

- **30 Prozent Technikübungen zur Wasserlage** (Gleiten im »Sweet Spot«, Gleiten in ausgestreckter Seitenlage, Reißverschlussgleiten): Finden Sie eine balancierte Wasserlage und prägen Sie sich eine horizontale, schlank ausgestreckte Körperlinie ein.
- **40 Prozent Unterwasser- und Reißverschlussrollen:** Konzentrieren Sie sich darauf, das Wasser möglichst wenig aufzuwirbeln, verringern Sie den Wasserwiderstand und warten Sie beim Wasserfassen geduldig, bis sich der Druck auf der Handfläche aufbaut.
- **20 Prozent Achtsames Schwimmen:** Konzentrieren Sie sich beim Schwimmen in ganzer Lage jeweils auf ein ausgewähltes Detail der Schwimmtechnik, während Sie versuchen, die in den Übungen gelernten Fertigkeiten auf das Schwimmen in ganzer Lage zu übertragen.
- **10 Prozent Zügezählen:** Inwieweit sich die Technikübungen bereits auf Ihre Effizienz ausgewirkt haben, können Sie am besten messen, indem Sie die Züge zählen. Vergleichen Sie, welchen Einfluss es jeweils auf die Zugzahl hat, wenn Sie den Fokus auf andere technische Details richten.

Übungstipps für Phase eins

Solange Sie die falschen, instinktiven Bewegungsabläufe nicht verlernt und abgelegt haben, wird jedwedes Freistilschwimmen in ganzer Lage diese noch verstärken und Ihre Fortschritte verzögern. Der beste Weg, mit diesen »Krampf-Gewohnheiten« zu brechen, ist es, sie einfach nicht mehr auszuführen. Deshalb sollten Sie das Schwimmen in ganzer Lage so lange vermeiden, bis Sie die neuen Bewegungsabläufe mit Hilfe der Technikübungen ausreichend verinnerlicht haben. Insbesondere, wenn Sie sich erstmals mit Total Immersion beschäftigen, sollten Sie sich zunächst geraume Zeit ausschließlich den Übungen widmen.

Um sich die effizienten und geschmeidigen Schwimmbewegungen anzueignen, bedarf es vor allem einer Mischung aus Neugier und Aufmerksamkeit. Lassen Sie sich nicht hetzen. Jedes Mal, wenn Sie bei einer Übung müde werden, besteht die natürliche Reaktion darin, sich zu verkrampfen oder der richtigen Bewegung auszuweichen. Das heißt, Sie fangen zum Beispiel an, das Genick zu beugen, zu stark zu ziehen oder den Beinschlag zu übertreiben. Diese unbewussten Ausweichbewegungen prägen wieder ineffiziente und damit energieverschwendende Abläufe in Ihr Muskelgedächtnis ein. Es ist deshalb äußerst wichtig, dies zu vermeiden.

Das geduldige Einstudieren der grundlegenden Fertigkeiten mag Kampfkunstsportlern oder Balletttänzern gewissermaßen im Blut liegen, aber die meisten Schwimmer scheinen dies weniger gut zu beherrschen. Auch mir ist der Wert des bewussten Übens erst klar geworden, als ich begonnen habe, regelmäßig Yoga zu praktizieren. Nehmen Sie sich deshalb für die ersten 10 bis 20 Stunden, die Sie den TI-Übungen widmen, lediglich vor, bewusste und kontrollierte Bewegungsabläufe zu erlernen. Zählen Sie nicht die Längen, die Sie schwimmen, und schauen Sie nicht auf die Schwimmuhr. Konzentrieren Sie sich voll und ganz darauf, den Wasserwiderstand zu reduzieren und den Fluss der Bewegungen zu verbessern.

Die Zeitspanne, in der Sie sich ausschließlich den Übungen widmen, kann durchaus mehrere Wochen oder Monate dauern. Denn Technikübungen sind die wichtigste Methode, um ineffiziente Gewohnheiten abzulegen und sich neue, effizientere Bewegungsabläufe tief ins Muskelgedächtnis einzuprägen. Sie werden bei den Übungen umso bessere Fortschritte machen, wenn Sie die folgenden Ratschläge beherzigen:

- **Kurze Wiederholungen.** In den ersten Wochen sollten Sie die Technikübungen über höchstens 25 Meter oder weniger ausführen. Auch später sollten es nur selten mehr als 50 Meter am Stück sein.
- **Kurze Serien mit wenigen Wiederholungen.** Wechseln Sie den Fokuspunkt, auf den Sie sich konzentrieren, alle zehn Minuten, um die Aufmerksamkeit aufrechtzuerhalten. Absolvieren Sie Übungen, die ein hohes Maß an Konzentration erfordern, im Wechsel mit solchen, die weniger Aufmerksamkeit benötigen.

- **Klarer Fokus.** Konzentrieren Sie sich auf jeder Länge auf *genau einen* Aspekt, den Sie gut machen wollen. So können Sie zum Beispiel beim Reißverschlussrollen Ihre Aufmerksamkeit nacheinander auf die folgenden Details richten: a) richtige Haltung des Kopfes, b) den Arm beim Zurückführen nicht zu hoch halten, c) der Ellbogen führt die Rückführbewegung an, d) die Hand sticht vom Ohr bis zum Zielpunkt auf dem »Gleis«, e) die Finger hängen an der ausgestreckten Hand locker nach unten, f) geduldiges Warten beim Wasserfassen.
- **Schauen Sie nicht auf die Uhr.** Benutzen Sie tiefe und erholsame Atemzüge (auch als Meditationsatmung oder im Yoga als »reinigende Atemzüge« bekannt), um die Pausenintervalle festzulegen. Drei bis fünf solcher Atemzüge sollten genügen.
- **Schwimmen Sie gemütlich.** Die 10 bis 20 Prozent, die Sie in ganzer Lage schwimmen, sollten Sie dazu nutzen, aufmerksam zu beobachten, wie gut Sie die neuen Bewegungselemente beim Schwimmen umsetzen können. Achten Sie auf dieselben Punkte wie bei den Übungen. Das geht nur, wenn Sie nicht zu schnell schwimmen.

Phase zwei: Entwickeln Sie Ihren Schwimmstil

Diese Phase kann zwischen mehreren Monaten und mehreren Jahren dauern. Wie lange Sie benötigen, hängt davon ab, ob Sie neue Bewegungsabläufe schnell umsetzen können oder aber zu jenen Schwimmern gehören, die sich nur mit Mühe von den alten Gewohnheiten trennen können und sich mit der neuen Wasserlage anfangs unsicher fühlen. In dieser Phase geht es darum, das mit Hilfe der Technikübungen erlangte Gefühl für das Wasser und den eigenen Körper sowie die neuen, geschmeidigen Bewegungsabläufe auf das Schwimmen in ganzer Lage zu übertragen. Sie lernen, während des »normalen« Freistilschwimmens genau die Leichtigkeit, Balance und Kontrolle zu empfinden, die Sie mit Hilfe der Technikübungen entwickelt haben. Im Einzelnen bedeutet dies:

- Lernen Sie, horizontal und lang ausgestreckt zu schwimmen.
- Lernen Sie, die Atmung rhythmisch und ohne Unterbrechung in den Zugzyklus zu integrieren. Achten Sie darauf, die Bewegung zusammen mit der

Atmung fließend auszuführen und vorne geduldig mit dem Wasserfassen zu warten und die Hände gut im Wasser zu verankern.

- Lernen Sie, jeden Zug mit einer »geduldigen Hand« zu beginnen. Lassen Sie sich Zeit und achten Sie jedes Mal aufmerksam darauf, die Hand zunächst fest im Wasser zu »verankern«, bevor Sie ziehen.
- Bestimmen Sie Ihren individuellen Zugzahlbereich, innerhalb dessen Grenzen Sie bewusst und effizient schwimmen können. Empfehlenswert ist ein Bereich, der sich über drei oder vier ZpL erstreckt (also zum Beispiel 17 bis 20 Züge pro 25 Meter). Lernen Sie, 400 bis 1.500 Meter mit der gleichen Zugzahl zu schwimmen. Oder schwimmen Sie 10 bis 20 Minuten lang Serien über 25 bis 200 Meter an der Untergrenze Ihres Zugzahlbereichs.

Aufteilung des Trainings:

- **10 Prozent Technikübungen zur Wasserlage** (mehr Reißverschlussgleiten, weniger Pause im »Sweet Spot«): Diese Übungen dienen hauptsächlich zum Aufwärmen oder zur Erholung.
- **40 Prozent Rollübungen:** Richten Sie Ihren Fokus vor allem auf a) das saubere Eintauchen und Nach-vorne-Gleiten der Hand auf dem »Gleis« und b) das feste Verankern der Hand im Wasser, während Sie die andere Hand wie einen Speer nach vorne bringen.
- **20 Prozent Achtsames Schwimmen in ganzer Lage:** Sie haben die Wahl, ob Sie Wiederholungen in ganzer Lage oder gemischte Serien (abwechselnd Technikübungen und Schwimmen in ganzer Lage) absolvieren möchten.
- **20 Prozent Zügezählen und Schwimmen mit variablen »Gängen«:** Arbeiten Sie an Ihrer Fähigkeit, a) vorgegebene Zugzahlen pro Länge jeweils möglichst genau einzuhalten und b) durch eine Steigerung der Zugzahl die Geschwindigkeit kontrolliert zu erhöhen.
- **10 Prozent Schwimmgolf:** Überprüfen Sie, welchen Einfluss unterschiedliche ZpL-Vorgaben und Fokuspunkte auf Ihre Schwimmgolf-Resultate haben.

Übungstipps für Phase zwei

Nach einer Phase, in der eine intensive Beschäftigung mit den Technikübungen im Mittelpunkt stand, gibt es jetzt zwei Prioritäten: a) Wenden Sie das in den

Übungen Gelernte auf das Schwimmen in ganzer Lage an und b) prägen Sie sich den effizienten Schwimmstil tief ins Muskelgedächtnis ein.

Je nach Komplexität sind zwischen 7.000 und 20.000 *korrekte* Wiederholungen einer Bewegung erforderlich, um bei einer neuen Fertigkeit von einem »bewusst kontrollierten« Ausführen so weit voranzuschreiten, dass man die entsprechende Bewegung auch unbewusst richtig abruft. Anders gesagt: Sie müssen viele, viele Kilometer lang darauf achten, den Kopf entspannt hängen zu lassen oder mit der Hand sauber ins Wasser einzutauchen etc., bis dieses Detail der Freistiltechnik permanent in Ihren Schwimmstil integriert ist.

Die beiden wichtigsten Zutaten beim Aufbau eines sauberen Schwimmstils sind gemischte Serien aus Technikübungen und Schwimmen in ganzer Lage sowie die Übungsform des achtsamen Schwimmens.

Gemischte Schwimm- und Übungsserien: Die Technikübungen helfen Ihnen, neue Fertigkeiten zu erlernen und die Wahrnehmung der feinen Signale zu verbessern, die Ihnen zum Beispiel »sagen«, wie Sie im Wasser liegen, ob Ihr Kopf gerade ausgerichtet ist, ob sich die Arme sauber auf dem richtigen »Gleis« bewegen oder ob das Timing der wichtigen Bewegungsabläufe korrekt ist. Zudem leisten Technikübungen auch immer einen Beitrag dazu, sich im Wasser einfach *wohl* zu fühlen. Bei den gemischten Serien geht es darum, sich bereits während der Technikübung auf einen ganz bestimmten Aspekt zu konzentrieren und dann zu versuchen, dasselbe Gefühl auf das Schwimmen in ganzer Lage zu übertragen. Zu Beginn müssen Sie vielleicht 75 Meter lang üben, bis sich das gewünschte Gefühl einstellt, und Sie können es beim anschließenden Schwimmen in ganzer Lage womöglich nur 25 Meter lang beibehalten. Später werden Sie den Anteil der Technikübung allmählich verringern können und zum Beispiel jeweils 50 Meter üben und in ganzer Lage schwimmen. Irgendwann gehen Sie vermutlich sogar dazu über, innerhalb einer gemischten 100-Meter-Serie nur noch 25 Meter der Technikübung zu widmen und die nachfolgenden 75 Meter in ganzer Lage zu schwimmen. Machen Sie sich aber immer klar, auf welchen Aspekt genau Sie sich gerade konzentrieren wollen. Wenn Sie in der Technikübung auf die Kopfstellung achten, machen Sie das auch beim anschließenden Schwimmen.

Achtsames Schwimmen: Wenn Sie sich bereit fühlen, Serien ausschließlich oder zumindest überwiegend in ganzer Lage zu absolvieren, bietet sich das achtsame Schwimmen als erste und einfachste Übungsform an. Ihre Aufgabe besteht hierbei darin, sich beim Schwimmen jeweils auf einen ausgewählten Aspekt der Schwimmtechnik zu konzentrieren, den Sie vorher in den Technikübungen vertieft haben. Zählen Sie die Anzahl der Züge nur, wenn Sie dadurch nicht in Ihrer Konzentration gestört werden. Durch das Zügezählen können Sie vergleichen, wie sich verschiedene Aspekte der Bewegung auf Ihre Effizienz auswirken. Überprüfen Sie zum Beispiel, ob Sie eine unterschiedliche Zugzahl pro Länge erreichen, wenn Sie sich beim Schwimmen einmal auf das speerartige Nach-vorne-Strecken der Hand konzentrieren und beim nächsten Mal auf das saubere Eintauchen durch den »Briefkastenschlitz«. Hier nochmals ein paar Fokuspunkte, auf welche Sie beim Freistilschwimmen achten können:

- Entspannen Sie den Nacken und lassen Sie das Gewicht des Kopfes vom Wasser tragen.
- Schlüpfen Sie mit der Hand beim Eintauchen durch einen »Briefkastenschlitz«.
- Halten Sie die Hand vorne, bevor Sie mit dem neuen Zug beginnen, einen Moment lang still.
- Stechen Sie mit dem Arm wie mit einem Speer nach vorne und beenden Sie jeden Zug vorne, nicht hinten.
- Lassen Sie das Kinn beim Atmen der Schulter folgen.

Jeder dieser Punkte bezieht sich auf einen anderen Teil des Zugzyklus. Jede Länge, die Sie mit bewusster Achtsamkeit zum Beispiel auf das saubere Eintauchen der Hand schwimmen, hinterlässt eine kleine Spur des neuen Bewegungsmusters in Ihrem Muskelgedächtnis. Wenn Sie fünf oder zehn Minuten lang nur an diesen Aspekt gedacht haben, wird sich das Erlernte bereits natürlicher anfühlen. Das erhöht die Wahrscheinlichkeit, dass Sie dieses Bewegungsmuster auch dann automatisch wieder abrufen, wenn Sie sich auf andere Dinge konzentrieren.

Als Unterstützung für Ihr Training können Sie sich die fünf Aspekte, die Ihnen als Fokuspunkte aktuell am wichtigsten sind, auf eine Karte schreiben und diese in eine wasserfeste Folie stecken. Sie können die Karte dann an einem Ende der Bahn deponieren und zu jedem der fünf Punkte auf der Karte jeweils eine Serie von 4 x 25 Metern schwimmen. Lassen Sie sich nach jeder Länge genügend Zeit, um durchzuatmen und sich zu erholen. Denken Sie kurz darüber nach, wie gut der ausgewählte Aspekt der Schwimmtechnik auf der zurückliegenden Länge geklappt hat und wie Sie sich dabei gefühlt haben. Sobald sich das gewünschte Gefühl leichter einstellt, können Sie die Distanzen auf 4 x 50 Meter oder 4 x 75 Meter ausdehnen. Das hohe Maß an Konzentration, das erforderlich ist, um diese Serien sauber und mit klarem Fokus zu schwimmen und die Bewegungsabläufe zu verfestigen, lässt die Zeit im Nu verstreichen. Genießen Sie also einfach diese Übungen im aufmerksamen Schwimmen und verbessern Sie dabei Ihre Effizienz und Fitness.

Phase drei: Perfektionieren Sie den Stil und steigern Sie Distanz und Geschwindigkeit

In dieser Phase ist es Ihr Ziel, die Aufmerksamkeit, die Kontrolle und die Koordination so zu verbessern, dass Sie mit nur wenig zusätzlicher körperlicher Anstrengung schneller schwimmen und längere Distanzen bewältigen können. Im Einzelnen sollten Sie darauf hinarbeiten:

- die Fähigkeit zu entwickeln, bei jeder beliebigen ZpL innerhalb Ihres individuellen Zugzahlbereichs effizient zu schwimmen.
- die Fähigkeit zu entwickeln, das Schwimmtempo anziehen zu können, ohne dafür die ZpL steigern zu müssen, und sich dabei trotzdem noch entspannt zu fühlen.
- kontrolliert an der Grenze zum »roten Bereich« zu schwimmen und diese Grenze schrittweise zu verschieben.
- alles, was Sie im Training gelernt haben, auf den Wettkampf zu übertragen.

Aufteilung des Trainings:

- **20 Prozent Technikübungen:** Richten Sie Ihren Fokus auf das Timing des Zuges, das geduldige Wasserfassen und das Verankern der Hand im Wasser.
- **30 Prozent Achtsames Schwimmen** in Form von reinen Schwimmserien oder gemischten Schwimm-/Übungsserien.
- **20 Prozent Zügezählen und Schwimmen mit variablen »Gängen«.**
- **20 Prozent Schwimmgolf oder absteigende Serien.**
- **10 Prozent Langdistanzschwimmen.**

Übungstipps zu Phase drei

In Phase eins war es Ihr vorrangiges Ziel, so etwas wie einen »aquatischen Sinn« zu entwickeln. An Land fällt es uns Menschen ziemlich einfach, das Gleichgewicht zu wahren und uns fortzubewegen. Denn wir stehen auf festem Boden, sind senkrecht ausgerichtet und müssen im Wesentlichen nur die Schwerkraft überwinden. Im Wasser hingegen müssen wir erst lernen, mit der instabilen Situation in horizontaler Wasserlage zurechtzukommen und den deutlich höheren Wasserwiderstand zu überwinden. Daran haben Sie während Phase eins gearbeitet. In Phase zwei haben Sie dann das zu Anfang entwickelte Gefühl für das Wasser genutzt, um sich die Elemente und Bewegungen des effizienten Freistilschwimmens einzuprägen.

In Phase drei – welche den Rest Ihres Lebens andauert – haben Sie drei Ziele: a) Arbeiten Sie auch in Zukunft daran, die erworbenen Fertigkeiten weiterzuentwickeln und zu festigen. Das gilt insbesondere für das stabile Verankern der Hand im Wasser und eine Atemtechnik, die Ihnen die benötigte Luft verschafft, ohne dass dies zulasten des korrekten Stils geht. Beides sind Fertigkeiten, die man über Jahrzehnte immer weiter verfeinern kann. Ich selbst zum Beispiel habe bereits mehrere Jahrzehnte Schwimmtraining hinter mir, davon weit mehr als 20 Jahre mit den Technikübungen von Total Immersion. Dennoch mache ich die Erfahrung, Jahr für Jahr immer noch wahrnehmbare Verbesserungen zu erreichen. b) Lernen Sie, längere Distanzen zu schwimmen, ohne zu ermüden und an Effizienz zu verlieren. c) Lernen Sie, mit minimaler Ermüdung und ohne Effizienzeinbußen schneller zu schwimmen. Um diese Ziele zu erreichen, sollten Sie dazu übergehen, eine Schwimm- oder Sportuhr zu verwenden, um mit deren Hilfe die Zeiten der einzelnen Wiederholungen und Serien zu stoppen oder um Schwimmgolf zu spielen. Wie Sie aber den obigen Prozentanteilen entnehmen können, macht das Schwimmen auf Zeit auch weiterhin nur einen kleinen Teil des Trainingsumfangs aus.

Bei den Technikübungen werden Sie sich zunehmend auf die Rollübungen konzentrieren, insbesondere auf das Reißverschlussrollen, weil dieses dem Freistilschwimmen in ganzer Lage am nächsten kommt. Reine Übungsserien werden Sie immer seltener unternehmen und stattdessen lieber gemischte Serien absolvieren, bei denen Sie sich abwechselnd Technikübungen und dem Schwimmen in ganzer Lage widmen. Beim achtsamen Schwimmen werden Sie sich gezielt auf die Elemente beschränken, die Ihnen noch Schwierigkeiten bereiten. Gut möglich, dass Sie sich dabei über Monate mit einem spezifischen Problem auseinandersetzen werden. Ich selbst zum Beispiel habe meinen Fokus in den letzten sechs Monaten beim achtsamen Schwimmen ausschließlich auf das Wasserfassen mit der rechten Hand während des Atmens auf der linken Seite gerichtet. Davor habe ich lange Zeit daran gearbeitet, das Wasser mit meiner nach vorne ausgestreckten Hand ein wenig länger zu fassen, bevor ich den neuen Zug beginne.

Beim Zügezählen werden Sie die Aufmerksamkeit weniger häufig als bisher darauf richten, mit einer bestimmten Zugzahl längere Distanzen zurückzulegen oder Ihre kleinste Zugzahl noch weiter zu verringern. Stärker in den Mittelpunkt rückt stattdessen die Fähigkeit, a) die Zugzahl nach Belieben anpassen zu können, ohne an Effizienz einzubüßen, und b) das Tempo nahtlos verschärfen zu können, indem Sie einfach die ZpL um einen oder zwei Züge erhöhen.

Beim Schwimmgolf und bei absteigenden Serien wird die Schwimmuhr zum wichtigsten Instrument, um Ihr Schwimmen zu beurteilen. Können Sie schneller schwimmen, ohne die Zugzahl zu erhöhen? Oder gelingt es Ihnen nun, durch ein Anheben der ZpL um einen Zug die Geschwindigkeit stärker zu steigern, als dies in der Vergangenheit der Fall war? Eines jedoch bleibt immer gleich: Bei diesen Serien geht es darum, gleichzeitig das Schwimmtempo zu maximieren und die körperliche Anstrengung zu minimieren, während Sie dabei die Zugzahl stets genau im Auge behalten.

Beim Langdistanzschwimmen arbeiten Sie darauf hin, die Streckenlängen auszudehnen, die Sie effizient am Stück schwimmen können, ohne sich zu quälen. Nehmen wir an, Ihr individueller Zugzahlbereich beträgt 16 bis 19 ZpL. Wie lange schaffen Sie es dann, mit 16 Zügen auf 25 Metern zu schwimmen? Zu Beginn kommen Sie mit 16 ZpL vielleicht 50 Meter weit. Mit etwas Übung können Sie die Distanz vielleicht auf 200 Meter erhöhen oder eine Serie von 10 x 50 Metern mit zehn Sekunden Pause zwischen den einzelnen Wiederholungen absolvieren. Ein anderes Beispiel: Wenn Sie 200 Meter mit 17 Zügen pro Länge schwimmen können, stellt sich die Frage, ob es Ihnen auch über 500 Meter oder in einer Serie von 8 x 100 Metern mit 15 Sekunden Pause gelingt?

Machen Sie es sich bei jeder Zugzahl zum Ziel, diese über eine längere Distanz durchzuhalten, ohne sich schinden zu müssen. Wenn die Anstrengung zu groß wird, schieben Sie gleich eine lockere Länge oder ein paar Minuten in einer anderen Lage ein, bis Sie wieder mit der gewünschten Zugzahl schwimmen können.

In den folgenden Kapiteln zur Trainingsgestaltung nach den Prinzipien von Total Immersion finden Sie weitere Einzelheiten und Hinweise zu diesen Übungsformen.

TEIL IV

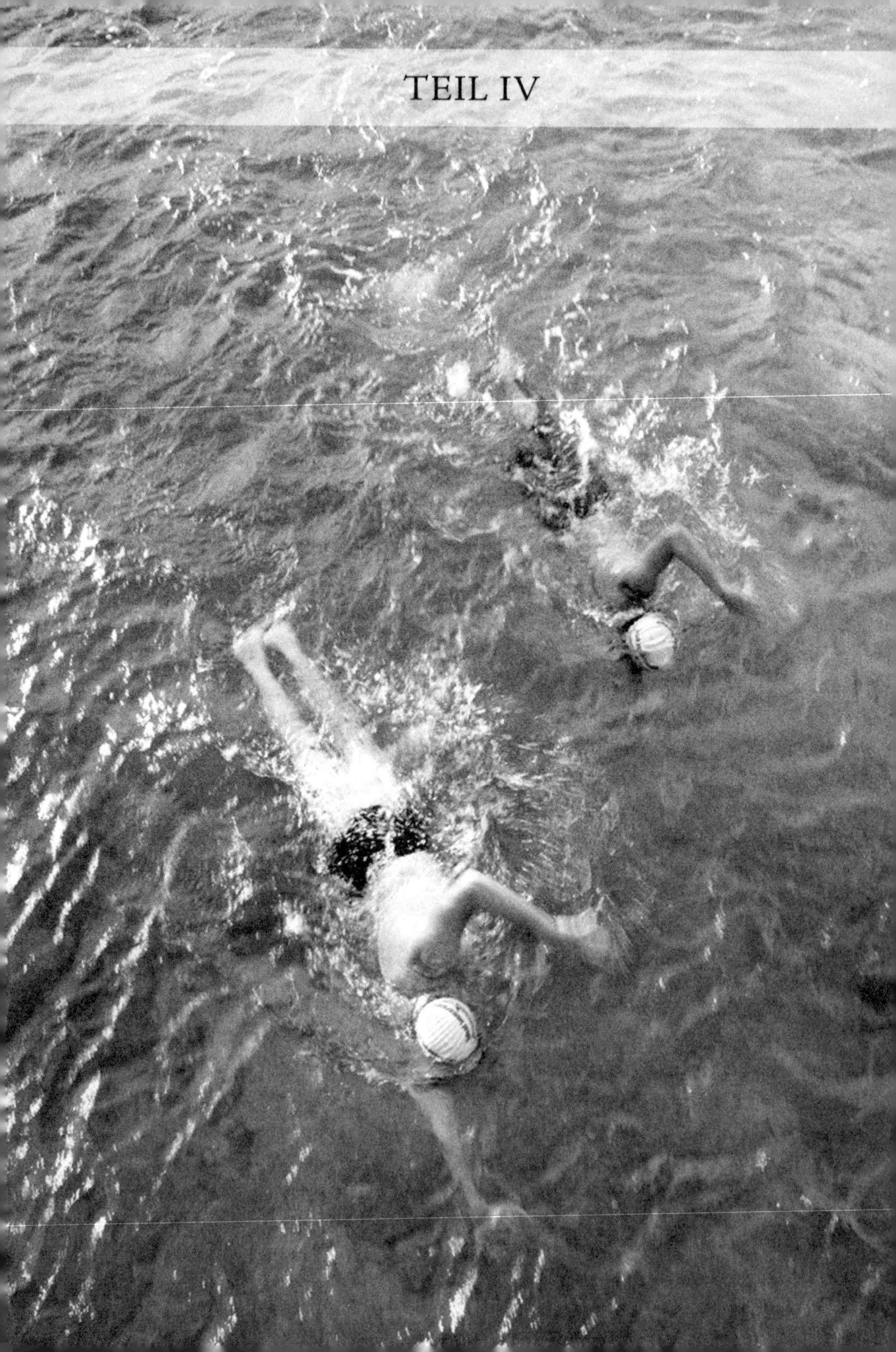

Training nach den Prinzipien von Total Immersion

Dieser vierte Teil hat selbstverständlich nicht den Anspruch, das Thema Training vollständig abzuhandeln. Dafür wäre ein eigenes Buch nötig. Dennoch sollte es Ihnen mit den Informationen in den Kapiteln 15 bis 19 gelingen, in Eigenregie sinnvolle Trainingseinheiten zusammenzustellen, die auf Ihre individuellen Bedürfnisse abgestimmt sind. Und Sie sollten auch in der Lage sein, mehr Nutzen aus den Trainingseinheiten zu ziehen, die Sie vielleicht gemeinsam mit Ihrer Trainingsgruppe oder Ihrem Schwimmteam absolvieren. Wenn Sie verstehen, wie man trainiert, um sich kontinuierlich zu verbessern, werden Sie die Zeit im Wasser besser nutzen, das Schwimmen mehr genießen und Ihre Ziele eher erreichen.

Effektives vs. traditionelles Training

Vor ein paar Jahren fand ich die folgenden Sätze in einem Artikel über eine Weltklasse-Leichtathletin: »Während fast drei Stunden täglich überfliegt sie zehn Hürden, die zehn Meter voneinander entfernt stehen, und versucht dabei unermüdlich, feinste biomechanische Probleme zu lösen, um schließlich einen Bruchteil einer Sekunde schneller als alle anderen zu sein. Bei jeder Wiederholung versucht sie, den Fuß unterhalb ihres Schwerpunkts zu halten, was ihr hilft, jede Hürde explosiv, aber effizient zu überqueren, und sich die erlernten Bewegungsabläufe so einzuprägen, dass sie fast automatisch ablaufen.«

Der Ansatz, den diese Hürdenläuferin im Training verfolgt, zeichnet sich durch eine äußerst sorgfältige Konzentration auf eine ganz bestimmte Fertigkeit und deren präzise Umsetzung aus. Das ist etwas grundlegend anderes als die anstrengende und langweilige Plackerei, die viele Leute gemeinhin mit dem Begriff »Training« verbinden. Genau wie das Hürdenlaufen ist auch das effiziente Schwimmen eine technisch anspruchsvolle Sache. Während es beim traditionellen Training vor allem darum geht, das Sauerstofftransportsystem eines Athleten zu trainieren, richtet sich der Fokus des effektiven Trainings in erster Linie auf dessen Nervensystem – und somit auf die Verbesserung der Bewegungseffizienz. Anders gesagt: Man widmet der Verringerung des Energiebedarfs mindestens ebenso viel Aufmerksamkeit wie der Steigerung der Energiereserven.

Traditionelle Trainingseinheiten scheinen häufig vor allem darauf ausgelegt zu sein, den Körper zu ermüden. An Präzision und Technik, also an die Qualität der Bewegungen, wird dabei kaum gedacht. Technikübungen werden von vielen Sportlern und Trainern höchstens eingesetzt, um wieder zu Atem zu kommen und sich von vorangegangenen harten Serien zu erholen. Dieser Ansatz kann durchaus effektiv sein, um die Ausdauer zu verbessern, aber er hat einen Haken: Er führt nämlich dazu, dass man sich ineffiziente, anstrengende Bewegungsabläufe einprägt. Das heißt letztlich nichts anderes, als dass die durch das Training hinzugewonnene Ausdauer durch die Ineffizienz der Bewegungen wieder »aufgefressen« wird. Zudem führt der traditionelle Trainingsansatz auch eher zu Verletzungen. Und schließlich verschwendet man auch eine Menge wertvolle Zeit, wenn man sich für den althergebrachten Weg entscheidet: Eine ineffiziente Gewohnheit abzulegen und durch gute Bewegungsabläufe zu ersetzen, dauert nämlich mindestens doppelt so lange, wie man dafür benötigt, sich die entsprechende Fertigkeit von Anfang an richtig anzueignen.

In diesem und den folgenden Kapiteln lernen Sie, sich ein Trainingsprogramm zusammenzustellen, mit dem Sie Ihren Schwimmstil in den vier Lagen sukzessive aufbauen, weiterentwickeln und vervollkommnen können. Das klappt am besten, wenn Sie sich dabei jeweils an den folgenden Ablauf halten:

a) Im ersten Schritt lernen Sie, die erforderlichen Bewegungen effizient auszuführen.

b) Anschließend widmen Sie sich der Aufgabe, die neuen effizienten Bewegungen in nachhaltige Angewohnheiten zu überführen.

c) Und schließlich arbeiten Sie an Ihrer Fähigkeit, auch dann noch effizient zu bleiben, wenn Sie schneller schwimmen.

Dieser Ansatz hat einen schönen Nebeneffekt: Dank der hinzugewonnenen Effizienz werden Sie auch ausdauernder schwimmen können. Denn zum einen werden Sie auch durch diese Art des Trainings einfach fitter, und zum anderen kommen Sie mit den verfügbaren Kraftreserven naturgemäß umso weiter, je ökonomischer Sie schwimmen. Als Erstes aber müssen Sie sich klare Ziele für das Training setzen.

Ziele, die Sie wirklich weiterbringen

In Kapitel 2 habe ich das Leitbild der »kontinuierlichen Verbesserung« skizziert. Dies ist bei Total Immersion das entscheidende Ziel des Trainings. Auch alle Ziele, die Sie sich für Ihre einzelnen Trainingseinheiten jeweils stecken, sollten Sie bewusst in diesem Sinne formulieren. Nehmen Sie sich also vor, jedes Mal ein kleines Stück besser zu werden. Dies ist natürlich ein gleichermaßen weit gefasstes wie ambitioniertes Ziel, aber Sie werden merken, dass es Sie zuverlässig weiterbringt. Wenn Sie sich stattdessen jedes Mal allzu konkrete Vorgaben wie zum Beispiel »100 Meter unter 1:20 Minute schwimmen« oder »1.500 Meter am Stück schwimmen« setzen, wäre dies nicht der Fall.

Ich persönlich habe, seit ich fünfzig bin, bei jeder meiner Trainingseinheiten – ob im Schwimmbad oder im Freiwasser – aufmerksam zwei zentrale Ziele verfolgt. Und die permanente Konzentration auf diese beiden Ziele hat fraglos dazu beigetragen, dass ich mich in einem Alter, in dem die meisten Schwimmer immer langsamer werden, noch substanziell steigern konnte. Von daher kann ich Ihnen nur raten, sich meine Zielformulierungen für das Training zumindest einmal anzusehen. Sollten meine Trainingsziele für Sie schlüssig klingen, empfehle ich Ihnen, sie auch für Ihre eigenen Trainingseinheiten zu nutzen.

Ziel 1: Jedes Mal, wenn ich ins Wasser steige, nehme ich mir vor, in Bezug auf einen ganz bestimmten Aspekt *besser als je zuvor* zu schwimmen. Indem ich die Messlatte so hoch ansetze, stelle ich sicher, dass ich mich voll und ganz auf das konzentriere, was ich mache. Bevor ich mir dies bewusst vornahm, erlebte ich oft Trainingseinheiten, die sich wie Routine anfühlten. Heute kommt so was nicht mehr vor. Inzwischen beende ich praktisch jedes Training mit dem Gefühl, etwas wirklich Sinnvolles gemacht zu haben – und ich fühle mich oft davon wie berauscht.

»Besser als je zuvor« – das ist natürlich ein sehr hehres Ziel. Dass es sich dennoch auch in der Praxis immer wieder erreichen lässt, liegt unter anderem daran, dass die Schwimmtechnik so viele Facetten hat. Es gibt so viele unterschiedliche

Dinge, die man immer noch verbessern kann. Hier ein paar aktuelle Beispiele aus meinem Trainingsalltag: Ich habe mir zuletzt unter anderem vorgenommen, a) eine Freistil-Serie aus 100-Meter-Wiederholungen bei einer Zugzahl von 14 ZpL mit einer geringeren gefühlten Anstrengung zu schwimmen als je zuvor, b) beim Brustschwimmen einen kurzen, schnellen Beinschlag besser denn je in den Zugzyklus einzubinden und c) die linke Hand beim Rückenschwimmen geschmeidiger einzutauchen als bisher. Ein ganz besonderes persönliches Erfolgserlebnis waren meinen ersten erstaunlich lockeren 200 Meter Schmetterling am Stück. Kurzum: Das Spektrum der Möglichkeiten ist riesig, und ich liebe die vielfältigen Varianten, zwischen denen ich jedes Mal wählen kann, wenn ich ins Wasser steige.

Ziel 2: Bei jeder einzelnen Serie versuche ich, mir eine spezifische Aufgabe vorzunehmen (das kann ein bestimmtes technisches Detail sein, eine vorgegebene Zugzahl, eine zu erzielende Zeit oder eine Kombination davon) und diese *mit so wenig körperlichem Einsatz wie möglich* umzusetzen. Beim traditionellen Training versucht man üblicherweise, stets *möglichst hart* zu arbeiten. Das hat jedoch einen entscheidenden Nachteil: Die verfügbare Zeit und die verfügbaren Kraftreserven sind nun mal limitiert. Währenddessen sind die Möglichkeiten, die Effizienz und die Geschmeidigkeit zu steigern, praktisch unbegrenzt. Auch nach mehr als 40 Jahren Schwimmtraining gelingt es mir immer noch, meine Fähigkeit, ökonomisch zu schwimmen, weiter zu verbessern. Im hohen Alter schneide ich in Wettkämpfen besser ab denn je, weil ich ständig meine Fähigkeit steigere, selbst dann noch entspannt zu bleiben, wenn ich fast mit meiner Maximalgeschwindigkeit schwimme. All das schaffe ich nur, weil ich mir vor jeder Serie vornehme, diese mit größerer Leichtigkeit zu schwimmen und nicht mit mehr Anstrengung.

Nehmen Sie die Sache in die Hand

Der sicherste Weg zum Erfolg führt nicht über möglichst viele abgespulte Trainingskilometer, sondern über eine strenge Ausrichtung des Trainings auf die Bewegungsqualität. Es geht darum, sich jede Minute im Wasser auf ein Element des Bewegungsablaufs zu konzentrieren und sich dieses korrekt anzueignen. Um die Effizienz des Schwimmens zu verbessern, gilt es, eine komplizierte Aufgabe zu meistern: Wie bewegt man sich am besten in einem so unkooperativen und »unnatürlichen« Medium wie Wasser? Sie können es sich deshalb nicht erlauben, auch nur eine Minute an Trainingsinhalte zu verschwenden, die ineffiziente Bewegungsabläufe umfassen (z.B. Beinschlagserien mit Schwimmbrett, Serien ohne klaren Fokus, stumpfsinniges »Kachelnzählen« statt aufmerksames Schwimmen etc.). Achten Sie bei jeder Länge auf einen der vielen Fokuspunkte, die in diesem Buch beschrieben und erläutert werden.

Und wie steht es mit der Ausdauer?

Im Allgemeinen wird Ausdauer definiert als die »Fähigkeit, Erschöpfung bzw. fortgesetzter körperlicher Anstrengung standzuhalten«. So zumindest steht es in einem meiner Lexika. Bei Total Immersion definieren wir die Schwimmausdauer ganz bewusst ein wenig anders, und zwar als die Fähigkeit, über einen bestimmten Zeitraum und mit der gewählten Geschwindigkeit durchgängig *effektive Schwimmbewegungen* beizubehalten. Diese Definition legt genauso viel Gewicht auf das Training des Nervensystems (also des Muskelgedächtnis) wie auf die sukzessive Stärkung des aeroben Systems. Aber es gibt dabei einen wichtigen Unterschied: Wenn Sie sich in erster Linie auf das Training des Nervensystems konzentrieren, wird gleichzeitig immer auch Ihr Herz-Kreislauf-System mittrainiert. Wenn Sie allerdings dem Training Ihres aeroben Systems höchste Priorität einräumen, ist keineswegs garantiert, dass gleichzeitig auch das Nervensystem effektiv trainiert wird. Im Gegenteil: Oft führt der Versuch, »über die Schmerzgrenze zu gehen«, zu einer Vernachlässigung der Bewegungsqualität.

Damit keine Missverständnisse aufkommen, sei an dieser Stelle nochmals betont, dass auch beim Training nach dem Konzept von Total Immersion die Ausdauer keineswegs vernachlässigt wird. Es ist lediglich so, dass Sie bei diesem Ansatz die Ausdauer »automatisch« mittrainieren, während Sie effiziente Bewegungsabläufe einüben.

Für die Fitness schwimmen

Es ist sicherlich so, dass viele Leser dieses Buches vor allem deshalb regelmäßig schwimmen, um sich fit zu halten. Wenn auch Sie zu diesem Kreis gehören, werden Sie sich womöglich fragen: »Verliere ich nicht an Fitness, wenn ich mit höherer Effizienz schwimme?« Hier vier Gründe, warum dies nicht der Fall ist und warum es sich immer lohnt, mit maximaler Effizienz und Bewegungsökonomie zu schwimmen:

1. Kalorien werden am besten verbrannt, wenn man große Muskelgruppen wie die Rumpfmuskulatur an Bauch und Rücken auf Ausdauer trainiert. Die traditionelle Schwimmschule richtet die Aufmerksamkeit jedoch sehr stark auf den Armzug und den Beinschlag. Folglich hängt das Schwimmen hier in hohem Maße von der deutlich schwächeren Arm- und Beinmuskulatur ab, die bereits ermüdet, bevor das wirkliche Kalorienverbrennen beginnen kann. Alle Übungen in diesem Buch sind hingegen darauf ausgelegt, die Bewegung von Armen und Beinen an die Bewegung des Rumpfes zu koppeln und auf diese Weise die erstaunlich erschöpfungsresistente Rumpfmuskulatur zu aktivieren. Das Resultat ist ein besserer Trainings- und Fettverbrennungseffekt.

2. Die TI-Übungen sind auf Balance, die gerade Streckung und Ausrichtung des Körpers sowie koordinierte, geschmeidige Bewegungen ausgerichtet. Dabei kommen solide biomechanische Prinzipien zum Tragen, die den Körper minimal belasten und somit dazu beitragen, dass Sie Verletzungen vermeiden und bis ins hohe Alter gesund bleiben und trainieren können. Jeden Tag schmerzfrei schwimmen zu können, ist das Beste für Ihre Gesundheit und Ihre Fitness.

3. Motivation ist wichtig. Wenn Sie Ihr Fitnesstraining als stimulierend und angenehm empfinden, ist die Chance höher, dass Sie langfristig bei der Stange bleiben. Die Aussicht, im Rahmen einer kontinuierlichen Verbesserung immer wieder kleine Erfolgserlebnisse zu haben, ist viel motivierender, als regelmäßig ins Schwimmbad zu gehen und eine Länge nach der anderen zu schwimmen, »weil es gut für Sie ist«.

4. Und natürlich haben Sie immer auch die Möglichkeit, irgendwann die Intensität der Trainingseinheiten zu steigern. Sobald Sie die Grundlagen beherrschen und sich mit höherer Effizienz im Wasser fortbewegen, werden Serien, bei denen Sie mit weniger Erschöpfung mehr, längere und schnellere Wiederholungen schwimmen, etwas ganz Alltägliches sein.

Längere Strecken im Training?

Eines der Grundprinzipien von Total Immersion lautet: Der wichtigste Grund, um im Training gelegentlich die Schwimmdistanzen zu erhöhen, ist, dass Sie auf diese Weise über einen längeren Zeitraum am Stück Gelegenheit haben, sich effiziente Bewegungen fest einzuprägen. Sie entscheiden sich also vor allem deshalb dafür, mal eine längere Serie zu schwimmen, um entweder a) den Lernprozess für eine spezifische Fertigkeit zu beschleunigen oder b) das effiziente Schwimmen stärker im Muskelgedächtnis zu verankern und somit die Fähigkeit zu schulen, den effizienten Schwimmstil auch dann beizubehalten, wenn die Schwimmdistanzen länger werden oder die Schwimmgeschwindigkeiten steigen. Ganz nebenbei legen Sie durch solche Serien natürlich auch an Fitness zu. Sie sollten es aber nicht übertreiben. Führen Sie sich immer vor Augen, dass Sie sich als Schwimmer am meisten steigern werden, wenn Sie Ihre schwimmtechnischen Fertigkeiten im Gleichklang mit Ihrer Fitness verbessern. Sobald Sie bei längeren Serien also Kompromisse hinsichtlich der Qualität der Bewegungen machen müssen, sollten Sie es lieber bleiben lassen. Ich selbst lasse mich in diesen Fragen stets von einem Mantra leiten: »Übe niemals verkrampft.«

Ein entscheidendes Merkmal des effektiven Trainings ist, dass Sie mit jeder Trainingseinheit und praktisch jeder einzelnen Serie, Wiederholung oder Übung etwas Neues lernen. Im nächsten Kapitel wird es darum gehen, wie Sie neue Fertigkeiten am besten entwickeln und wie Sie Ihr Training gestalten sollten, um mehr und schneller zu lernen.

Effektives Training: Wie Sie den Lernprozess beschleunigen

Beim Erlernen einer neuen Fertigkeit, gibt es jeweils vier Lernphasen. In der ersten Phase, nämlich jener der *unbewussten Inkompetenz*, führen wir das, was wir tun, nicht effektiv aus, ohne allerdings zu verstehen, warum dies so ist. Wenn wir erkennen, was korrigiert werden muss und aus welchem Grund dies so ist, erreichen wir die Phase der *bewussten Inkompetenz*. Das Erlernen einer bestimmten Fertigkeit bzw. Übung erfordert dann jeweils kontinuierliche Aufmerksamkeit, um es richtig zu machen. Das ist die Phase der *bewussten Kompetenz*. Der Nachteil: Es ist schwierig, schnell und geschmeidig zu schwimmen, wenn der gewünschte Bewegungsablauf noch eine Frage des Kopfes und nicht des Gefühls ist.

Zum Glück ist nach längerem Üben irgendwann der Punkt erreicht, an dem Sie spüren, dass sich eine bestimmte Fertigkeit fest eingeprägt hat, zum Beispiel dass Sie Kopf und Beine gerade ausgerichtet halten, wenn Sie Ihre Hände beim Brust- oder Schmetterlingsschwimmen nach vorne gleiten lassen. Dann haben Sie – zumindest, was dieses ganz bestimmte Element der Koordination betrifft – die Phase der *unbewussten Kompetenz* erreicht. Das ist ein entscheidender Moment für den Erfolg Ihres Trainings: Sobald Sie bei einer Fertigkeit das Ziel der unbewussten Kompetenz erreicht haben, sollten Sie sich unmittelbar der nächsten Fertigkeit zuwenden, bei der Sie sich noch in der Phase der bewussten Kompetenz befinden.

Das zweite wichtige Phänomen, welches Ihren Lernfortschritt vereinfachen kann, ist das Zusammenfassen von Einzelfertigkeiten zu Bewegungskomplexen. Schätzungen zufolge dauert es zum Beispiel im Schach zehn Jahre oder mehr, um sich all die Fertigkeiten anzueignen, die erforderlich sind, um Großmeister zu werden. Der Hauptunterschied zwischen einem Großmeister und solchen Schachspielern, die einfach nur gut sind, besteht darin, dass es die Ausnahmekönner des königlichen Spiels verstehen, Dutzende, ja manchmal sogar Hunderte von möglichen Zügen zu einem Informationszusammenhang zu verbinden. Das erlaubt es ihnen, den bestmöglichen Zug auszuwählen, ohne jede denkbare Alternative einzeln analysieren zu müssen.

In der Phase der bewussten Kompetenz arbeiten wir mit dem Kurzzeitgedächtnis. Erst wenn wir in die Phase der unbewussten Kompetenz eintreten, überführen wir das Gelernte ins Langzeitgedächtnis. Da das Kurzzeitgedächtnis immer nur wenige Dinge auf einmal verarbeiten kann, ist die Fähigkeit, mehrere Einzelaspekte zu einem Ganzen zu verbinden, von entscheidender Bedeutung, wenn wir komplexere Fertigkeiten meistern wollen.

Ein gutes Beispiel dafür ist das Lesenlernen. Schritt eins: Anfangs liest man jedes Wort Silbe für Silbe laut vor. Schritt zwei: Nun ist man in der Lage, anhand einzelner herausgepickter Schlüsselwörter in Windeseile eine ganze Textzeile zu erfassen. Dennoch bleibt die Lesegeschwindigkeit beschränkt, weil man die Augen jeweils entlang der Zeilen und von Zeile zu Zeile bewegen muss. Schritt drei: Echte Könner sind in der Lage, komplette Absätze aufzunehmen, indem sie jeweils anhand von kontextbezogenen Hinweisen im Nu die entscheidenden Schlüsselformulierungen bestimmen. Auf diese Weise können Schnellleser eine ganze Textseite in wenigen Sekunden erfassen.

Lassen Sie uns also einmal genau ansehen, wie dies im Schwimmen in der Praxis funktioniert. Bei Total Immersion beginnt zum Beispiel der Aufbau einer effizienten Freistiltechnik mit der seitlichen Gleitposition, die von entscheidender Bedeutung für die Effizienz der ganzen Lage ist. Wenn Sie sich erstmals die entsprechende Gleitübung vornehmen, gibt es etwa zehn Dinge, auf die Sie achten müssen:

- Atme ich unter Wasser ruhig durch die Nase aus?
- Entspanne ich den Nacken und lasse ich den Kopf vom Wasser tragen?
- Sind Kopf und Wirbelsäule in einer Linie?
- Befindet sich meine ausgestreckte Hand auf ihrem »Gleis«?
- Liegt meine andere Hand auf dem Oberschenkel in der »Hosentasche«?
- Sind beide Arme gleich weit von meiner Wirbelsäule entfernt?
- Bewege ich meine Beine im leichten Flatterbeinschlag im Windschatten meines Körpers?

- Bin ich genügend auf die Seite gerollt, dass meine obere Schulter an der Luft ist?
- Ist mein Körper leicht gespannt, aber nicht verkrampft?

Wenn Sie zehn oder mehr Stunden all diese Dinge immer wieder einzeln geübt haben, wird sich Ihre Wahrnehmung der unterschiedlichen Aspekte allmählich zu einem Ganzen verbinden. Sie wird zu einem einheitlichen Gefühl, das man als »balancierte Wasserlage« bezeichnen könnte, und als solches immer besser im Langzeitgedächtnis abgespeichert. Das erhöht die Wahrscheinlichkeit, dass Sie diese Position dann auch beim Unterwasserrollen oder beim Reißverschlussrollen mit hoher Konsistenz richtig umsetzen werden. Auch bei diesen nachfolgenden Technikübungen widmen Sie sich jeweils einer weiteren Sammlung von Mini-Fertigkeiten, wobei Sie auf Ihr Kurzzeitgedächtnis zurückgreifen, das nun wieder frei für neue Aufgaben ist.

Wenn das kompliziert klingt, liegt es daran, dass es tatsächlich ziemlich anspruchsvoll ist. Deshalb bitte ich Sie eindringlich, keine Zeit für gedankenlose, unüberlegte Wiederholungen oder zum Beispiel für Beinschlagserien mit dem Schwimmbrett zu verschwenden, bei denen Sie nicht an wichtigen Details Ihres Schwimmstils feilen oder neue Nervenverbindungen knüpfen. Das Geheimnis eines erfolgreichen Lernprozesses verbirgt sich in einem dritten Phänomen, das man bei Ausnahmekönnern auf den unterschiedlichsten Gebieten beobachtet hat, von der Mathematik über die Musik bis hin zu diversen Sportarten.

Anders Ericsson, Professor für Psychologie an der Florida State University, zählt zu den weltweit renommiertesten Talentforschern. Er versucht, mit wissenschaftlichen Mitteln die Frage zu beantworten, was jemanden, der auf einem Gebiet zu den Besten der Welt zählt, von den anderen unterscheidet. Ericsson und seine Kollegen haben dazu Menschen untersucht, die in einer Reihe von Feldern außergewöhnliche Leistungen erbringen. Dazu zählten unter anderem Fußballer, Golfer, Chirurgen, Pianisten, Scrabble- und Schachspieler, Programmierer, Aktienhändler und Darts-Profis. Die Schlussfolgerung war, dass auf all diesen Gebieten der Erfolg in den meisten Fällen durch ernsthaftes Üben zustande kam und nicht angeboren war.

Als die Forscher zum Beispiel klassische Pianisten untersuchten, fanden sie heraus, dass diejenigen, die Wettbewerbe gewannen, im Alter von 20 Jahren bereits mehr als 10.000 Stunden geübt hatten, während es die nicht so erfolgreichen Pianisten nicht einmal auf halb so viele Übungsstunden gebracht hatten. Aber macht ausgiebiges Üben immer erfolgreich? Gibt es dafür eine Garantie? Wie erklärt sich zum Beispiel die Dominanz eines Tiger Woods oder eines Roger Federer, wenn doch auch sehr viele andere Athleten endlose Stunden mit Tennis- bzw. Golfspielen verbringen? Ericsson fand den entscheidenden Unterschied, als er untersuchte, *wie* die beiden Gruppen jeweils übten.

Ausnahmekönner verzichten demnach auf das gedankenlose Abspulen von Routineübungen und konzentrieren sich stattdessen auf etwas, was Ericsson als »überlegtes, planmäßiges Üben« beschrieb. Sie setzen sich spezifische Ziele, überprüfen fortwährend ihren Fortschritt und achten dabei auf den korrekten Ablauf und nicht auf das Resultat. Auf das Schwimmen übertragen bedeutet dies: Es ist wichtiger, erst mal darauf zu achten, wie sich der richtige Stil *anfühlt*, bevor man anfängt, die Züge zu zählen. Und später dann gilt es entsprechend, sich zunächst auf das Gefühl und auf die Zugzahl zu konzentrieren, bevor man anfängt, auf die Uhr zu schauen und Zeiten zu stoppen. »Der entscheidende Aspekt des guten Übens ist, dass man immer etwas dabei lernt«, betont Anders Ericsson. »Ausnahmekönner finden ständig einen Weg, das Lernen in die praktische Ausführung einzubinden.«

Letztlich kann der Unterschied zwischen den Weltbesten ihres jeweiligen Fachs und ihren durchschnittlichen Konkurrenten in einem Satz zusammengefasst werden: »Lassen Sie nicht das Gute Feind des Hervorragenden werden.« Während die meisten Menschen sich gerne damit zufrieden geben, was sie schon erreicht haben, sind die herausragenden Vertreter ihrer Profession nie wirklich zufrieden. Sie fühlen stets, dass sie sich immer noch verbessern können. Oder anders gesagt: Ausnahmekönner sind in aller Regel Musterbeispiele für praktiziertes *Kaizen*.

Es ist Zeit zu schwimmen

Jetzt, da Sie die Grundlagen für ein effektives Training verstanden haben und wissen, wie die Besten lernen, ist es an der Zeit, das Training im Wasser aufzunehmen. Schon in den Kapiteln zu den einzelnen vier Lagen wurden jeweils am Ende – im Anschluss an die Erläuterung der Technikübungen – eine Reihe von praktischen Übungstipps vorgestellt. Während ich es beim Brust- und Rückenschwimmen jeweils bei kurzen Absätzen belassen habe, fielen die Empfehlungen für das Training in den Kapiteln zum Schmetterlings- und Freistilschwimmen bereits erheblich detaillierter aus. Die folgenden drei Kapitel liefern Ihnen nun weitere ergänzende Informationen zur konkreten Gestaltung Ihres Trainings. Dabei greife ich jene drei Lernphasen auf, die Sie bereits in den Übungstipps des Freistilkapitels kennengelernt haben:

- Im ersten Schritt geht es darum, sich wohl im Wasser zu fühlen und Sicherheit und Kontrolle über den Bewegungsablauf zu gewinnen (Kapitel 17).
- Im zweiten Schritt entwickeln und verfeinern Sie Ihren Schwimmstil (Kapitel 18).
- Im dritten Schritt perfektionieren Sie Ihre Schwimmtechnik und steigern die geschwommenen Distanzen und Geschwindigkeiten (Kapitel 19).

Phase eins: Wohlbefinden, Sicherheit und Wahrnehmung

In dieser Phase ist es Ihr wichtigstes Ziel, so etwas wie einen »aquatischen Sinn« zu entwickeln. Ihr »Land-Gehirn« ist von Natur aus darauf spezialisiert, das Gleichgewicht zu wahren und Ihre Bewegungen zu steuern, während Sie sich auf festem Boden befinden, senkrecht ausgerichtet sind und mit der Schwerkraft umgehen müssen. Ihr »aquatischer Sinn« hingegen muss erst lernen, mit der instabilen Situation in horizontaler Wasserlage zurechtzukommen und dabei den deutlich höheren Wasserwiderstand zu überwinden. Solange Sie Ihre instinktiven, aber im Wasser ungeeigneten Bewegungsmuster nicht abgelegt haben, ist Ihre Effizienz als Schwimmer sehr begrenzt und jedwedes Schwimmen in ganzer Lage würde nur die ineffizienten Gewohnheiten weiter festigen und alle Fortschritte hinauszögern. Der effektivste Weg, um mit alten Gewohnheiten zu brechen, besteht folglich darin, das Schwimmen in ganzer Lage vorerst weitgehend zu vermeiden und größtenteils durch eine gut durchdachte Abfolge von Technikübungen zu ersetzen.

Nutzen Sie die ersten paar Trainingseinheiten, um die ersten Anfängerübungen für die einzelnen Lagen kennenzulernen. Seien Sie offen und neugierig und machen Sie sich keinen Druck, eine bestimmte Distanz oder Geschwindigkeit erreichen zu wollen. Jedes Mal, wenn Sie sich bei einer Übung nicht mehr ganz wohl fühlen, besteht die natürliche Reaktion in Verkrampfung oder Überlebensbewegungen, die sich ihrerseits in Ihr Muskelgedächtnis einbrennen. Deshalb ist es von so entscheidender Bedeutung, gerade am Anfang die Grundprinzipien Leichtigkeit und Geduld zu beherzigen.

Der legendäre Bruce Lee schrieb in seiner Kampfsport-Bibel *Tao des Jeet Kune Do*, dass wichtige Fertigkeiten nur geübt werden sollten, wenn die Muskeln frisch sind. Er schrieb auch: »Zehn Minuten voll konzentriertes Üben, wenn

Geist und Körper eins sind, sind wertvoller als zehn Stunden, in denen Bewegungsabläufe stumpf wiederholt werden.« Geduld beim Erlernen von grundlegenden Fertigkeiten mag für Kampfsportler und Balletttänzer normal sein, aber die meisten Schwimmer kennen dies nicht. Deshalb sollten Sie die ersten 10 bis 20 Stunden, die Sie nach den Prinzipien von Total Immersion trainieren, darauf verwenden, sich kontrollierte Bewegungsabläufe anzugewöhnen. Zählen Sie nicht die Längen, die Sie zurücklegen, und schauen Sie nicht auf die Schwimmuhr. Konzentrieren Sie sich auf die Fokuspunkte, die in den einzelnen Kapiteln zu den vier Lagen beschrieben sind. Und achten Sie stets darauf, die körperliche Anstrengung zu minimieren und alle Bewegungen möglichst geschmeidig auszuführen.

Die Phase, in der Sie sich im Training fast ausschließlich auf Technikübungen beschränken, kann von wenigen Wochen bis hin zu mehreren Monaten dauern. In den vier Kapiteln zu den einzelnen Lagen finden Sie jeweils zahlreiche konkrete Anleitungen und Tipps dazu. Lesen Sie sich am besten vor jedem Training noch mal jene Punkte durch, an denen Sie an diesem Tag arbeiten wollen.

Hinweise zum konzentrierten Üben

Vielen Weltklasseschwimmern ist gemein, dass sie bereits im Alter von sieben oder acht Jahren mit dem Training begonnen haben. Und es dauert in der Regel zehn Jahre oder mehr, bis es ein großes Talent in diesem Sport bis ganz nach oben geschafft hat – und das bei Jahrestrainingsumfängen von teilweise mehr als 3.000 Kilometern. Dieser riesige Aufwand liegt zum Teil daran, dass das Schwimmen, wie bereits eingangs dieses Kapitels betont wurde, für uns Menschen keine »natürliche« Fortbewegungsart ist.

Es braucht also enorme Trainingsumfänge, um einen Olympia-Teilnehmer zu produzieren. Wie aber steht es mit uns anderen? Wie sollten wir Normalsterblichen, die wir oft ohne professionelle Anleitung und mit deutlich weniger verfügbarer Zeit trainieren, dies angehen? Meiner Erfahrung nach sind Technikübungen die schnellste und effektivste Methode, um die Fertigkeiten des Schwimmens zu erlernen. Dies gilt insbesondere für die TI-Übungen, wie sie in diesem Buch erläutert werden. Diese wurden nämlich bewusst so einfach gewählt, dass auch unerfahrene Schwimmer mit ihnen arbeiten und sich in Eigenregie ein Trainingsprogramm zusammenstellen können.

Technikübungen haben den Vorteil, dass sie jenen Lernprozess, mit dem auch Eliteschwimmer ihren beeindruckend geschmeidigen Schwimmstil erlangen, gewissermaßen rationalisieren. Während ihrer endlosen Trainingsstunden erleben angehende Olympioniken immer mal wieder Augenblicke, in denen sich etwas plötzlich einfach richtig anfühlt, und sie speichern dieses Gefühl intuitiv in einem mentalen Katalog ähnlicher Erfahrungen. Mit der Zeit wird dieser Katalog von Bewegungsmustern immer vollständiger, bis er so weit komplettiert ist, dass ein hocheffizienter Schwimmstil entsteht. Aber einer der Gründe, warum es in der Praxis oft so lange dauert, um es als Schwimmer bis ganz an die Spitze zu schaffen, liegt darin, dass dieser Prozess häufig wenig zielgerichtet ist und auf Zufällen beruht.

Wenn die (Trainings-)Zeit jedoch begrenzt ist, ist dieses Prinzip von Versuch und Irrtum kein geeigneter Weg, um die Feinheiten einer Fertigkeit zu erlernen. Denn es ist viel zu ineffizient. Bei Total Immersion sind deshalb alle einzelnen Technikübungen und insbesondere auch deren Abfolge gezielt darauf abgestimmt, systematisch jene »Aha-Momente« zu produzieren, wie auch Eliteschwimmer sie erleben. Indem Sie den Anweisungen in den Kapiteln zu den vier Lagen folgen, bauen Sie jeweils Ihren eigenen Katalog mit idealtypischen Bewegungsmustern auf und lernen, das gewünschte Schwimmgefühl auf geordnete Weise herzustellen, statt auf den Zufall hoffen zu müssen. Wenn Sie nach den Technikübungen, mit denen Sie jeweils einzelne Elemente des kompletten Bewegungsablaufs verfeinert haben, wieder zum Schwimmen in ganzer Lage zurückkehren, sollten sich die Teile ganz natürlich zu einem immer harmonischeren Ganzen zusammenfügen. Hier ein paar Tipps, wie Sie auf dem Weg zu einem eleganten und effizienten Schwimmstil immer auf Kurs bleiben:

Vergegenwärtigen Sie sich das Ziel. Wenn Sie sich einer neuen Technikübung erstmals widmen, sollten Sie mit Hilfe der ersten Wiederholungen für sich selbst klären, welches Problem genau mit der Übung gelöst werden soll. Konzentrieren Sie sich bei den nächsten Wiederholungen der Übung auf genau diesen Aspekt, bis Sie sich die gewünschte Lösung erarbeitet haben. Schließen Sie den

Prozess dann damit ab, dass Sie sich den richtigen Bewegungsablauf so lange einprägen, bis er sich natürlich anfühlt und sich praktisch von selbst ergibt. Gehen Sie dann zum nächsten Aspekt des Bewegungsablaufs über, wobei Sie sich die soeben verinnerlichte Mini-Fertigkeit zunutze machen. Bei jeder Technikübung kann es drei oder mehr solcher »Probleme« geben, die mit Hilfe derselben Strategie zu lösen sind.

Erst denken, dann fühlen. Indem Sie dieses Buch lesen, werden Sie intellektuell ein besseres Verständnis davon entwickeln, wie sich der Körper eines Schwimmers im Wasser effizient verhält. Um gut zu schwimmen, reicht es jedoch nicht, diese Dinge nur rein kopfmäßig zu verstehen. Es muss Ihnen auch vom Körpergefühl her in Fleisch und Blut übergehen, wie sich der Körper im Wasser mit minimaler Energieverschwendung bewegt. Erkunden Sie jede neue Technikübung mit Neugier und Geduld, um diese Verbindung zwischen Kopf und Körper zu entwickeln. Experimentieren Sie damit, was passiert, wenn Sie eine Bewegung auch nur leicht ändern. Alle Erfahrungen – auch jene, die sich falsch anfühlen – bringen Sie dem Ziel näher, sich mehr vom Gefühl als vom bewussten Denken leiten zu lassen.

Atmung. Wenn Sie eine neue Technikübung erlernen, sollten Sie während jeder Serie Ihre Aufmerksamkeit zumindest für ein paar Wiederholungen auf die Atmung richten. Es kann passieren, dass Sie unbewusst den Atem anhalten, wenn Sie sich auf eine schwierige Bewegungsaufgabe konzentrieren. Das kann dazu führen, dass Sie verkrampfen und Ihre Bewegungen die gewünschte Geschmeidigkeit verlieren. Atmen Sie die Luft immer gleichmäßig und ruhig aus, insbesondere wenn Sie nicht unmittelbar wieder einatmen können. (Wenn Sie die Luft über die Nase ausatmen, verbessert dies Ihre Kontrolle über die Atmung.) Anstatt auf die Schwimmuhr zu schauen, sollten Sie die Pausen zwischen den einzelnen Wiederholungen jeweils ein paar »reinigenden« Atemzügen widmen, bei denen Sie langsam und tief einatmen und sich beim Ausatmen entspannen. So bleiben Sie körperlich frisch und geistig aufmerksam.

Halten Sie die Wiederholungen kurz. Die Technikübungen führen nur zu guten Fertigkeiten, wenn man sie gut ausführt. Wenn Sie körperlich oder mental nicht frisch sind, leidet die Qualität der Ausführung. Ihre Konzentrations- und Bewegungsqualität ist jeweils umso höher, wenn Sie die Distanz der einzelnen

Wiederholungen auf 25 Meter oder weniger beschränken. Halten Sie dann an und erholen Sie sich, bis Sie bereit sind, die nächste Wiederholung genauso gut oder besser als die vorige umzusetzen. Achten Sie darauf, jede Wiederholung ein wenig geschmeidiger und entspannter bzw. ein wenig präziser und ökonomischer auszuführen. Wenn sich dieses Gefühl nicht einstellt, gehen Sie noch mal die entsprechenden Fokuspunkte durch, oder kehren Sie zur vorhergehenden Übung zurück, um die Grundlage zu verbessern.

Es kommt auf die Bewegung an. Achten Sie bei den Technikübungen darauf, wie es sich anfühlt, und nicht darauf, welche Distanz Sie zurückgelegt haben oder wie schnell Sie geschwommen sind. Vergessen Sie die Schwimmuhr und zählen Sie die zurückgelegten Längen nicht, wenn Sie an den Übungen arbeiten. Sie können Ihr Training strukturieren, indem Sie zum Beispiel zwölf Minuten mit einer Übung verbringen und dann für zwölf Minuten zur nächsten Übung übergehen ... oder Sie entscheiden sich spontan, doch länger bei der ersten Übung zu bleiben, weil Sie das Gefühl haben, dass sich ein besonderer »Flow« einstellt oder Sie kurz davor stehen, etwas Wichtiges zu lernen.

Testen Sie Ihren Schwimmstil. Wenn Sie einige Zeit mit einer Technikübung zugebracht haben, schwimmen Sie mindestens eine Länge in ganzer Lage, um zu sehen, ob sich durch die Übung etwas verändert hat. Was hat sich während der Übung gut angefühlt? Können Sie dasselbe nun auch beim Schwimmen in ganzer Lage fühlen? Gelingt es Ihnen, jede Länge mit etwas weniger Anstrengung zu schwimmen? Auch wenn sich das Schwimmen in ganzer Lage nicht perfekt anfühlt, werden Sie die Fortschritte, die Sie gemacht haben, nicht verlieren. Selbst dann, wenn Sie beim Schwimmen in ganzer Lage mal mit handfesten Schwierigkeiten kämpfen müssen, kann dies eine wertvolle Erfahrung sein. Denn es kann Ihnen einen Hinweis darauf liefern, woran Sie arbeiten müssen, um Ihre Ziele zu erreichen. Aber verlängern Sie ein krampfhaftes Schwimmen nicht länger, als unbedingt nötig ist, um die Aufmerksamkeit für das vorliegende Problem zu schärfen.

Wenn Sie mehrere Minuten lang ohne Unterbrechung mit erhöhter Effizienz schwimmen können (oder 10 bis 15 Minuten lang Intervalle über 50 oder 100 Meter durchhalten), sind Sie vermutlich so weit, dass Sie zur nächsten Phase übergehen können – zumindest, was die betreffende Lage oder den jeweiligen Aspekt der Schwimmbewegung betrifft. Seien Sie sich aber bewusst, dass Sie auch später immer mal wieder zu Phase eins zurückkehren werden, um auf diese Weise an subtileren und feineren Details der Schwimmtechnik zu arbeiten.

18

Phase zwei: Entwickeln Sie Ihren Schwimmstil

In meinen frühen Vierzigern gewann ich als Altersklassenathlet mehrere Medaillen bei nationalen Masters-Meisterschaften und dachte, dass ich mein individuelles Potenzial als Schwimmer voll ausschöpfte. Aber zehn Jahre später musste ich mein Training nach zwei Operationen und einem Fahrradunfall einschränken. Ausgerechnet in dieser Zeit erzielte ich ganz unerwartete Durchbrüche. Monate, in denen ich nur die einfachsten und sanftesten Übungen absolvieren konnte, und weitere Monate, in denen ich nur langsam und locker in ganzer Lage schwamm, führten dazu, dass sich meine Freistilzeiten drastisch verbesserten. In Phase zwei werden Sie in ganz ähnlicher Manier trainieren und von geduldig ausgeführten Technikübungen zum aufmerksamen, reflektierten Schwimmen in ganzer Lage übergehen. Sie werden sich dabei nicht nur die neuen Bewegungsabläufe einprägen, sondern es sich zur Gewohnheit machen, sich ständig selbst zu überprüfen.

Der Übergang von den Technikübungen zum Schwimmen in ganzer Lage erfolgt nicht abrupt, sondern schrittweise. Sie schwimmen also im Anschluss an 25 Meter einer Technikübung irgendwann nicht mehr nur 25 Meter in ganzer Lage, sondern dehnen die Schwimmdistanz nun auf 50 Meter (und später 75 oder 100 Meter) aus. Dabei gilt es stets, genau das Gefühl, das Sie sich während der Technikübung vergegenwärtigt haben, auch beim Schwimmen in ganzer Lage beizubehalten. Im Laufe der Zeit erhöht sich Schritt für Schritt der Anteil, den das Schwimmen in ganzer Lage an Ihrem gesamten Trainingsumfang hat.

Wenn sich Ihre Technik verbessert, bieten sich die aussichtsreichsten Möglichkeiten, an Ihrem Schwimmstil zu feilen, zunehmend beim Schwimmen in ganzer Lage. Während Sie sich bei einer Technikübung am besten auf einen ausgewählten Aspekt konzentrieren, zum Beispiel auf das Hängenlassen der Finger an der ausgestreckten Hand vor dem Wasserfassen, und sich diesen einprägen, eignet sich das Schwimmen in ganzer Lage dazu, zwei oder mehrere solcher Elemente zu einem Ganzen zu verbinden. (Dies könnte zum Beispiel die Fertigkeit betreffen, die Finger auch dann entspannt herabhängen zu lassen, während Sie einatmen). Aber lassen Sie sich nicht dazu verleiten, im »Autopilot-Modus« zu schwimmen. Das bringt nichts. Sie müssen immer aufmerksam schwimmen, um sich kontinuierlich zu verbessern. Die im Folgenden erläuterten Ansätze verleihen dieser Art von Training Struktur und klare Ziele und helfen Ihnen, sich von Tag zu Tag zu verbessern.

Wenn Sie sich zum Beispiel das geduldige Wasserfassen mit entspannt nach unten hängenden Fingern während des Einatmens einprägen wollen, gelingt es Ihnen zu Beginn vielleicht nur während relativ weniger und kurzer Wiederholungen, die Sie mit langsamer Schwimmgeschwindigkeit absolvieren – zum Beispiel über 8 x 25 Meter. Als Nächstes sollten Sie nun versuchen, das Ganze während Serien beizubehalten, bei denen Sie entweder die Zahl der Wiederholungen erhöhen oder aber die Distanz der einzelnen Wiederholungen von 25 auf 50 Meter ausdehnen. Ihr Ziel wird es sein, auf diese Weise die Konsistenz Ihres Schwimmstils zu verbessern, also dieses Element (das Hängenlassen der Finger und das geduldige Wasserfassen) bei *jedem einzelnen* der vielleicht 35 Züge, die Sie auf 50 Meter benötigen, in gleichmäßig hoher Qualität auszuführen. Sobald Ihnen dies gelingt, sollten Sie testweise die Geschwindigkeit erhöhen und schauen, ob es immer noch geht. Es kann Jahre dauern, bis sich auch bei Renngeschwindigkeit dasselbe Gefühl konsistent einstellt.

Vergessen Sie nicht, dass dieser Aufwand erforderlich ist, nur um einen bestimmten Aspekt der Koordination zu verbessern. Wenn Sie anschließend die Aufmerksamkeit darauf richten, den Beinschlag harmonisch mit dem geduldigen Wasserfassen mit nach unten hängenden Fingern zu verbinden, beginnt dasselbe Spiel – nun mit einem neuen Ziel – wieder von vorn.

Nun, da Sie eine Vorstellung davon gewonnen haben, wie der schrittweise Übergang von den Technikübungen zum Schwimmen in ganzer Lage sich vollziehen sollte, hier ein paar übergeordnete Ziele, die während der zweiten Phase Ihres Trainings für alle Lagen gelten:

- Schwimmen Sie stets entspannt.
- Schwimmen Sie horizontal ausgestreckt mit einer langen, schlanken Körperlinie.
- Atmen Sie, ohne dass dies zulasten der Wasserlage, des Timings oder der Koordination der Bewegung geht.
- Fassen und halten Sie das Wasser mit der Hand, statt diese durchs Wasser zu ziehen.
- Erarbeiten Sie sich in jeder Lage die Fähigkeit, konsistent innerhalb eines drei bis vier Züge umfassenden Zugzahlbereichs zu bleiben.

Haben Sie gemerkt, dass ich bisher an keiner Stelle irgendwelche Vorgaben zu Zeiten oder Geschwindigkeiten gemacht habe? Das geschieht natürlich nicht grundlos. In Phase zwei geht es nämlich einzig und allein darum, dass Sie lernen, zuverlässig und durchgängig mit einem effektiven Stil zu schwimmen. Es ist zwar nicht verboten, eine Schwimmuhr zu verwenden, aber sie ist von zweitrangiger Bedeutung. In Phase zwei liegt Ihr Augenmerk vor allem auf der Zugzahl und nicht auf den geschwommenen Zeiten. Wenn Sie beginnen, auf die Zeiten zu achten, die Sie für die einzelnen Wiederholungen benötigen, befinden Sie sich bereits im Übergang zu Phase drei Ihres Trainings, auf die ich in Kapitel 19 eingehen werde.

Entwickeln Sie Ihren Stil mit gemischten Übungs- und Schwimmserien

Technikübungen nehmen großen Einfluss auf Ihren Stil, weil Sie mit ihnen tiefe Einblicke darin gewinnen, wie sich effiziente Schwimmbewegungen in der Praxis anfühlen. Oder anders gesagt: Technikübungen erlauben es Ihnen, virtuell in die Haut eines begabten Schwimmers zu schlüpfen und zu spüren, was er spürt. Während gemischter Serien, bei denen Sie abwechselnd Technikübungen absolvieren und in ganzer Lage schwimmen, sollten Sie sich jeweils fragen: Was fühlt sich während der Übung anders und besser an als während des »normalen« Schwimmens? Versuchen Sie, dieses Gefühl so lange wie möglich beizubehalten, wenn Sie in ganzer Lage schwimmen. Sobald Sie es verlieren, kehren Sie gleich zur Übung zurück.

Wie viele Längen sollten Sie üben, wie viele schwimmen? Machen Sie die Übung, bis es sich richtig gut anfühlt, was zu Beginn durchaus 100 Meter oder mehr erfordern kann. Schwimmen Sie dann so lange, wie sich das Schwimmen gleich gut anfühlt wie die Übung. Anfangs mögen dies vielleicht nur 25 Meter sein, aber wenn Sie allmählich besser werden, wird sich das Verhältnis verschieben, und Sie üben vielleicht nur noch 50 Meter, während Sie das Schwimmen mit gleichbleibend gutem Gefühl auf ebenfalls 50 Meter ausdehnen können. Am Schluss werden Sie merken, dass Sie nur eine kurze Erinnerung in Form von vielleicht 25 Metern der Übung benötigen und anschließend dasselbe Gefühl beim Schwimmen in ganzer Lage über drei oder vier Längen aufrechterhalten können.

Wenn Sie dies immer wieder üben, können Sie mit der Zeit auch längere Distanzen mit dem gleichen Gefühl zurücklegen. Dann werden Sie Ihre Aufmerksamkeit auf einen anderen Fokuspunkt richten, der bei der betreffenden Übung von Belang ist, oder zur nächsten Technikübung übergehen. Das Verhältnis von Technikübungen und Schwimmen in ganzer Lage kann sich dabei durchaus von Tag zu Tag ändern. Wenn Sie sich ein wenig müder fühlen oder Ihre Bewegungen weniger geschmeidig sind, machen Sie einfach mehr Übungen. Wenn Sie sich wohl fühlen und konzentriert sind, können Sie mehr schwimmen. Aber seien Sie sich immer bewusst, dass selbst Musiker, die gut genug sind, um in der Carnegie Hall aufzutreten, noch jeden Tag ihre Tonleitern üben. Die einzige feste Regel für den Übergang zur ganzen Lage lautet: Üben Sie nie verkrampft – nicht einen Meter.

Feilen Sie mit achtsamem Schwimmen an Ihrer Technik

Wenn Sie sich bereit fühlen, um bei einzelnen Serien komplett auf Technikübungen zu verzichten, sollten Sie sicherstellen, dass Sie sich auch beim Schwimmen in ganzer Lage auf jeweils einen Aspekt der Bewegung konzentrieren. Versuchen Sie am besten, alles andere auszublenden. Wenn Ihnen während jeder Serie bewusst ist, dass Ihr vorrangiges Ziel nicht etwa eine bestimmte Distanz, Zeit oder Geschwindigkeit ist, sondern maximale Aufmerksamkeit für einen ganz spezifischen Aspekt des Schwimmstils, praktizieren Sie das, was ich gegen Ende von Kapitel 14 als »achtsames Schwimmen« eingeführt habe. Diese Übungsform funktioniert wie folgt:

Wenn Sie im Freistil über Jahre den Arm mit einer ineffizienten weit nach außen gerichteten Bewegung nach vorne gebracht haben, hat sich dieses Bewegungsmuster tief in Ihrem Langzeitgedächtnis eingraviert und Sie müssen gezielt aktiv werden, um diese Gewohnheit wieder loszuwerden. Beginnen Sie dazu mit der Phase eins, indem Sie die Technikübung des Reißverschlussrollens absolvieren. Gehen Sie dann zur Phase zwei über und schwimmen Sie mit dem Fokus auf den Marionetten-Arm.

Zu Beginn wird sich die neue Art und Weise, den Arm nach vorne zurückzuführen, seltsam anfühlen, und jedes Mal, wenn Sie nicht mehr daran denken, werden Sie den Arm vermutlich wieder nach außen schwingen. Aber jede Länge, während der Sie sich voll und ganz auf den Marionetten-Arm konzentrieren, macht die kompakte und entspannte Rückführung des Arms ein wenig natürlicher. Wenn Sie sich 15 Minuten lang ausschließlich auf dieses Element konzentriert haben, ist die Wahrscheinlichkeit bereits etwas höher, dass Sie es auch richtig machen, wenn Sie nicht mehr bewusst daran denken. Und mit jedem Mal, dass Sie erneut 15 Minuten darauf verwenden, verfestigt sich die neue Bewegung ein bisschen mehr.

Wenn Sie die Fokuspunkte, die in den Kapiteln zu den vier Lagen beschrieben sind, systematisch üben, lässt sich die komplexe Herausforderung, einen wirklich effizienten Schwimmstil aufzubauen, wesentlich einfacher handhaben – und sie macht auch deutlich mehr Spaß. Mit jeder Stunde, jeder Woche und jedem Monat des aufmerksamen, zielgerichteten Übens und Schwimmens sorgen Sie dafür, dass ein bestimmter Bewegungsaspekt unabhängig von den anderen verfeinert wird und sich ein wenig natürlicher mit den anderen Elementen zusammenfügt. Und gleichzeitig vermeiden Sie es mit dieser Herangehensweise, dass sich das Gefühl einschleicht, mit einer überkomplexen Aufgabe überfordert zu sein.

Wie lange wird es dauern, bis Ihr neuer Schwimmstil perfekt ist und richtig sitzt? Ihr ganzes Leben lang! Sie können sich unbegrenzt verbessern. Aber in vielen Fällen trifft die Faustregel zu, dass es 50.000 Meter erfordert, um eine neue Fertigkeit richtig zu lernen und so weit zu automatisieren, dass man sie auch richtig macht, wenn man nicht bewusst daran denkt. Das heißt natürlich nicht, dass Sie die nächsten 2.000 Längen nur noch an den Marionetten-Arm denken sollten. Aber wenn Sie Ihre Aufmerksamkeit während 50.000 Metern im Wasser auf dieses Element gerichtet haben, was sich vielleicht im Laufe von zwei oder drei Jahren Schwimmtraining ergibt, dürfte es tief genug in Ihrem Langzeitgedächtnis verankert sein.

Achtsames Schwimmen in der Praxis

Wenn Sie sich mit einer neuen Fertigkeit vertraut gemacht haben, können Sie diese in den Schwimmstil integrieren, indem Sie sich für 15 Minuten oder mehr beim Schwimmen in ganzer Lage nur auf dieses eine Element konzentrieren, bevor Sie sich etwas anderes vornehmen. Sobald sich dieser Fokuspunkt natürlicher anfühlt, wechseln Sie ihn in immer rascherer Folge mit anderen Elementen ab. Hier ein praktisches Beispiel, wie Sie beim Freistil mit der Übungsform des achtsamen Schwimmens drei Aspekte des Nach-vorne-Führens und Eintauchens der Hand auf entspannte und effiziente Weise zusammenführen können:

Übungen im Block:
300 Meter Marionetten-Arm + 300 Meter Ohrenhüpfer + 300 Meter Briefkastenschlitz

Ein paar Wochen später:
3 Runden à 300 Meter (jeweils 100 Meter Marionetten-Arm + 100 Meter Ohrenhüpfer + 100 Meter Briefkastenschlitz)

Mehrere Monate später:
12 x 75 Meter (jeweils 25 Meter Marionetten-Arm + 25 Meter Ohrenhüpfer + 25 Meter Briefkastenschlitz)

Das Üben im Block eignet sich am besten, wenn Sie noch nicht so vertraut mit dem jeweiligen Detail der Schwimmtechnik sind. Indem Sie sich länger am Stück mit einem ausgewählten Fokuspunkt auseinandersetzen, können Sie damit experimentieren und sich kleine Unterschiede bewusstmachen. Sobald das Gefühl und das Bewegungsmuster sukzessive immer besser im Langzeitgedächtnis abgespeichert sind, ist Ihr Gehirn in der Lage, sich in rascherer Folge mit anderen Aufgaben zu beschäftigen. Häufigeres Wechseln der Fokuspunkte ist eine der besten Möglichkeiten, um den Transfer vom Kurzzeit- ins Langzeitgedächtnis zu beschleunigen und die Bewegungen zu automatisieren. Aber Vorsicht: Wenn Sie zu schnell vom Üben im Block zu Serien mit laufend wechselnden Fokuspunkten übergehen, besteht die Gefahr, dass Sie sich ineffiziente Bewegungen einprägen.

Achtsames Schwimmen im Freiwasser

Offene Gewässer eignen sich am besten, um mit Fokus auf einen bestimmten Aspekt der Technik in ganzer Lage zu schwimmen. Das Üben im Schwimmbad hat nämlich einen Nachteil: Sie stoßen sich vom Beckenrand ab und beginnen dann damit, sich zum Beispiel auf den Marionetten-Arm zu konzentrieren. Es kann jedoch durchaus zehn bis zwölf Züge dauern, bis Sie eindeutig wahrnehmen, was die Arme zwischen dem Herausheben aus dem Wasser und dem Eintauchen vorne effektiv tun. Dann jedoch ist bereits wieder das Beckenende erreicht, die Wende unterbricht die Konzentration, und Sie müssen von vorne beginnen. Just in dem Moment, in dem Sie beginnen, so etwas wie »Flow« zu fühlen, wird er auch schon wieder jäh unterbrochen. Deshalb ist ein 50-Meter-Becken besser geeignet als ein 25-Meter-Pool, und am besten ist es natürlich, wenn Sie in einem ruhigen See bei Bedarf noch längere Distanzen am Stück schwimmen können.

Im Freiwasser können Sie sich das richtige Gefühl über hundert oder mehr ununterbrochene Züge einprägen. Zudem ist zu beachten, dass es an Seen nur selten eine Schwimmuhr gibt. Deshalb ist es die ideale Art, Struktur ins Freiwasser-Training zu bringen, jeweils während einer vorgegebenen Anzahl von Zügen mit Fokus auf ein bestimmtes Detail der Technik zu schwimmen.

Zügezählen

Ein wesentlicher Unterschied zwischen konventionellem Training und Training nach Art von Total Immersion besteht darin, dass man bei TI die Zuglänge stets im Blick behält. Beim achtsamen Schwimmen sollten Sie anfänglich ab und zu die benötigten Züge zählen, um zu sehen, wie sich der Aspekt, auf den Sie sich gerade konzentrieren, auf die Zuglänge auswirkt. Mit der Zeit sollten Sie dann beim achtsamen Schwimmen für einige Serien die Zugzahl zum wichtigsten

Aspekt machen. Das heißt: a) Sie zählen die Züge und b) Sie versuchen, eine effiziente Zugzahl über größere Distanzen beizubehalten oder die Zugzahl auf kürzeren Strecken zu verringern. Es wird Ihnen vermutlich nicht jedes Mal gelingen, Ihre anvisierte Zugzahl zu erreichen, aber auch wenn Sie es einmal nicht schaffen, ist das nicht schlimm. Vielmehr sollten Sie diese Erfahrung als einen wertvollen Hinweis nutzen, aus welchem Grund Sie an Effizienz eingebüßt haben.

Beschäftigen Sie sich intensiv mit Ihrer Zuglänge

Immer, wenn Sie nicht gerade Technikübungen absolvieren oder sich dem achtsamen Schwimmen widmen, sollten Sie auf jeder Länge die benötigten Züge zählen. Diese Information nämlich liefert Ihnen unmittelbar einen Hinweis darauf, wie effizient Sie gerade schwimmen. Wie stark erhöht sich zum Beispiel Ihre effektive Zugzahl, wenn Sie 50 Meter in 45 Sekunden statt in 48 Sekunden schwimmen oder wenn Sie die Distanz der einzelnen Wiederholungen einer Serie von 50 Metern auf 100 Meter verdoppeln? Setzen Sie sich dann für jede Länge ein Ziel für die Effizienz. Es geht nicht nur darum, mit immer weniger Zügen zu schwimmen. Sie können auch versuchen,

- die Zahl der zusätzlichen Züge, die erforderlich sind, um schneller zu schwimmen, möglichst gering zu halten.
- die Zahl der zusätzlichen Züge, die erforderlich sind, wenn Sie längere Distanzen schwimmen, zu verringern.

Festigen Sie Ihre Zuglänge

Wenn Sie Ihren individuellen Zugzahlbereich kennen, können Sie versuchen, die Effizienz über längere Distanzen beizubehalten. Ein einfacher Weg, um das zu erreichen, sind Pyramiden-Serien. Hier ein Beispiel:

Schwimmen Sie drei bis vier 250-Meter-Serien (jeweils nach dem Schema 25 Meter + 50 Meter + 75 Meter + 100 Meter). Legen Sie zwischen den einzelnen Wiederholungen jeweils drei bis fünf tiefe Atemzüge Pause ein und machen Sie ein oder zwei Minuten Pause zwischen den Serien.

Es ist Ihr Ziel, den unvermeidlichen Anstieg der benötigten Zugzahl pro Länge möglichst klein zu halten, während die Distanz der Einzelwiederholungen in 25-Meter-Schritten auf 100 Meter zunimmt. Gelingt Ihnen dies während der letzten 250-Meter-Serie besser als bei der ersten?

Schwimmen Sie ein bis drei 500-Meter-Serien (jeweils nach dem Schema 50 Meter + 100 Meter + 150 Meter + 200 Meter). Legen Sie zwischen den einzelnen Wiederholungen jeweils vier bis sechs tiefe Atemzüge Pause ein und machen Sie zwei oder drei Minuten Pause zwischen den Serien.

Diese Pyramide bedeutet jeweils eine Verdopplung der Distanzen gegenüber der ersten Pyramide. Absolvieren Sie die kürzeren Wiederholungen zu Beginn der Serien mit einer relativ geringen Anzahl von Zügen pro Länge, die Sie als *moderat* fordernd empfinden, und schauen Sie, wie nahe Sie dieser Zahl bei den längeren Wiederholungen kommen. Wenn Sie auch die 200 Meter mit gleichbleibender ZpL absolvieren können, versuchen Sie es mit einem Zug weniger und wiederholen Sie die Pyramide von diesem Ausgangspunkt. Die erreichte Schwimmgeschwindigkeit ist bei diesen Serien weniger wichtig. Vielmehr geht es darum, das Gefühl eines geschmeidigen und konsistenten Schwimmstils über längere Distanzen aufrechtzuerhalten.

Wenn Sie sich auf die Steigerung der Schwimmgeschwindigkeit konzentrieren wollen, empfiehlt es sich, zu diesem Zweck absteigende Pyramiden zu absolvieren:

Schwimmen Sie ein bis drei 500-Meter-Serien (jeweils nach dem Schema 200 Meter + 150 Meter + 100 Meter + 50 Meter). Nehmen Sie sich vor, die bei der 200-Meter-Wiederholung benötigte Zugzahl pro Länge auch bei den kürzeren Wiederholungen beizubehalten, während Sie gleichzeitig Ihre Schwimmgeschwindigkeit steigern. Wenn Sie also zum Beispiel während der anfänglichen 200 Meter eine ZpL von 17 erreicht haben, sollten Sie das Gefühl haben, die kürzeren 50- und 100-Meter-Wiederholungen mit der gleichen Zugzahl mühelos schneller schwimmen zu können. Solche absteigenden Pyramiden bringen Ihnen bei, warum es so wichtig ist, sich eine vernünftige Zuglänge anzugewöhnen. Denn Sie erleben während solcher Serien am eigenen Leib, dass eine gute, konsistente Zuglänge die Grundvoraussetzung ist, um mit relativ geringer zusätzlicher Anstrengung schneller schwimmen zu können.

Phase drei: Perfektion, Distanz und Geschwindigkeit

In Phase zwei haben Sie sich darauf konzentriert, Ihren Schwimmstil möglichst effizient zu machen. In Phase drei geht es nun darum, diese Effizienz sinnvoll zu nutzen, um mit möglichst geringer Anstrengung möglichst schnell und möglichst weit zu schwimmen. Dies erreichen Sie, indem Sie Ihren Schwimmstil *anpassungsfähig* machen. Dazu müssen Sie die folgenden Fertigkeiten entwickeln:

- jederzeit mit einer vorgegebenen Zugzahl schwimmen können.
- schneller schwimmen, indem Sie die Zugzahl entsprechend erhöhen.
- eine gewählte Zugzahl bequem über lange Distanzen beibehalten können.
- mit Hilfe der Schwimmuhr verstehen, wie stark sich eine Steigerung der Schwimmgeschwindigkeit auf die Effizienz auswirkt.

Übungstipps für Phase drei des Schwimmtrainings

Das Besondere an Phase drei des Schwimmtrainings ist, dass sie nie endet. *Bewusstes, zielgerichtetes* Training können Sie für den Rest Ihres Lebens ausüben, unabhängig davon, wie gut Sie inzwischen geworden sind. Im Folgenden möchte ich Ihnen einen kurzen Überblick geben, wie Sie dazu die Übungsformen, die Sie in den beiden vorangegangenen Kapiteln kennengelernt haben, entsprechend anpassen können.

Technikübungen

Die Technikübungen werden auch auf Dauer immer ein wertvoller Trainingsinhalt sein. Mit der Zeit sollten Sie sich dabei auf die fortgeschrittenen Übungen konzentrieren, weil Ihnen diese helfen werden, die unterschiedlichen Einzelelemente der Schwimmtechnik harmonisch zusammenzufügen. Natürlich können Sie sich auch weiterhin bestimmten Grundlagenübungen widmen, wenn Sie spezifische Probleme lösen wollen. So habe ich zum Beispiel im Rückenschwimmen festgestellt, dass Wasser über mein Gesicht schwappte, wenn ich den Arm eintauchte. Daraus lernte ich, dass etwas mit meiner horizontalen Wasserlage nicht stimmte. Deshalb unternehme ich vermehrt die Übung des Gleitens in ausgestreckter, balancierter Seitenlage mit Anheben des Rückführarms, um dieses Ungleichgewicht zu korrigieren. Wenn Sie Technikübungen absolvieren, sollten Sie diese in Phase drei jedoch nach Möglichkeit immer mit dem Schwimmen in ganzer Lage kombinieren, um das Gelernte auf das Schwimmen zu übertragen.

Während Ihrer Trainingseinheiten eignen sich insbesondere die folgenden Phasen für Technikübungen:

- **Aufwärmen** – beim Einschwimmen sind Geist und Muskeln am frischesten und man lernt am leichtesten.
- **Vor einer Serie** – eine kurze Übungsserie vor der Hauptserie schärft die Aufmerksamkeit für die Effizienz und bereitet die Muskeln darauf vor, effizient zu schwimmen.
- **Nach einer Serie** – eine locker geschwommene Übungsserie sorgt dafür, dass sich Ihre Muskeln von einer intensiv geschwommenen Serie schneller erholen und Sie einen möglichen Verlust an Effizienz besser wieder wettmachen können.
- **Als Ersatz für Beinschlagserien** – wenn Sie in der Gruppe trainieren und die anderen Teammitglieder gerade mit dem Schwimmbrett an ihrem Beinschlag arbeiten, können Sie stattdessen lieber eine beliebige Technikübung absolvieren.

Achtsames Schwimmen

Wenn Sie besser werden und ausreichend Erfahrung gesammelt haben, können Sie die Fokuspunkte auch während des Schwimmens in ganzer Lage nutzen, um spezifische Probleme anzugehen – ähnlich wie ich es auch im vorangegangenen Abschnitt für die Technikübungen empfohlen habe. In den ersten sechs Monaten dieses Jahres habe ich mich zum Beispiel im Freistil darauf konzentriert, das Wasser mit der rechten Hand besser zu fassen, während ich auf der linken Seite einatme. Anschließend habe ich mich dann vier Monate lang darauf konzentriert, meinen Beinschlag besser an das speerartige Nach-vorne-Führen des Armes zu koppeln.

Obwohl ich auch die anderen drei Lagen schon viele Jahre geschwommen bin, hat sich mein Verständnis von ihnen noch in jüngster Zeit so stark verändert, dass ich beim Brust-, Rücken- und Schmetterlingsschwimmen erst in Phase zwei des Trainings angekommen bin – und vielleicht noch ein paar Jahre in dieser Phase verbleiben werde. Deshalb verteile ich meine Aufmerksamkeit beim achtsamen Schwimmen in diesen Lagen jeweils auf mehrere Fokuspunkte.

Das achtsame Schwimmen lässt sich am besten zu folgenden Zeiten in Ihre Trainingseinheiten einbinden:

- **Aufwärmen** – aus dem gleichen Grund wie bei den Technikübungen.
- **Vor einer Serie** – wenn Sie zum Einschwimmen eine Technikübung gemacht haben, ist das achtsame Schwimmen der beste Weg, um die Hauptserie vorzubereiten.
- **Hauptserie** – es gibt keinen Grund, nicht auch in der Hauptserie einfach aufmerksam und reflektiert mit Konzentration auf einen ausgewählten Aspekt der Schwimmtechnik zu schwimmen. Ich mache dies häufig. Wenn die Hauptserie dabei mehr auf Geschwindigkeit ausgerichtet ist, nutze ich sie als Test, ob ich das technische Element, das ich versucht habe, mir in langsameren Serien einzuprägen, auch bei höheren Geschwindigkeiten aufrechterhalten kann. Wenn die Serie länger und weniger intensiv ist, verlange ich mehr technische Präzision von mir.
- **Nach einer Serie** – aus dem gleichen Grund wie bei den Technikübungen.

Zügezählen

In Phase drei geht es weniger darum, die Zugzahl weiter zu reduzieren. Vielmehr arbeiten Sie nun an Ihrer Fähigkeit, zum einen die Zugzahlen nach Belieben anpassen zu können und zum anderen die Geschwindigkeit spürbar zu erhöhen, indem Sie einfach die ZpL um einen oder zwei Züge steigern.

Als Sie in Phase zwei begannen, regelmäßig die benötigten Züge pro Länge zu zählen, haben Sie sich sicher gefragt, ob Ihre Zugzahl die richtige ist. Die optimale Zugzahl, bei der man eine bestimmte Geschwindigkeit oder eine bestimmte Distanz mit dem geringsten Energieaufwand schwimmen kann, ist sehr individuell. Hier eine Formel, mit deren Hilfe Sie anhand Ihrer Armlänge und der Abstoßdistanz eine effiziente Zugzahl für das Freistilschwimmen berechnen können. Der ermittelte Wert gilt für langsam geschwommene kurze Strecken. Sie sollten zu dieser Zahl zwei oder drei Züge pro Länge addieren, wenn Sie schneller schwimmen:

Hocheffizienz-Zugzahl im 25-Meter-Becken: ZpL = (L-P)/A

ZpL = Anzahl Züge pro Länge
L = Länge der Bahn
P = Distanz, die Sie nach dem Abstoßen von der Wand vor dem ersten Armzug zurücklegen
A = Spannweite der Arme von Handgelenk zu Handgelenk

Ich zum Beispiel bin 1,84 Meter groß und habe eine Spannweite von 1,45 Meter. Nach dem Abstoßen komme ich normalerweise nach 4,5 Metern an die Wasseroberfläche. Damit bleiben 20,5 Meter bis ans Ende des 25-Meter-Beckens. Somit ergibt sich mittels der Formel für mich eine Hocheffizienz-Zugzahl von 14,1 für 25 Meter. Und tatsächlich kann ich, wenn ich konzentriert langsam schwimme, eine Länge in 14 oder 15 Zügen bewältigen. Wenn ich schneller schwimme, brauche ich 16 oder 17 Züge, was auch der Zugzahl entspricht, die ich bei Wettkämpfen zu erreichen versuche. Im Rückenschwimmen brauche ich etwa einen Zug mehr. Im Brustschwimmen benötige ich halb so viele Züge wie beim Rückenschwimmen und beim Schmetterlingsschwimmen wiederum etwa einen Zug mehr als beim Brustschwimmen.

Vergegenwärtigen Sie sich noch mal, was in Kapitel 5 erläutert wurde: Sie sollten in der Lage sein, mit Ihrer Hocheffizienz-Zugzahl – also mit der geringsten ZpL, die Sie üblicherweise verwenden – geschmeidig, mühelos und ruhig zu schwimmen. Wenn Sie feststellen, dass Sie die mit der Formel ermittelte Zugzahl in der Praxis nicht mit der gewünschten Leichtigkeit umsetzen können, so quälen Sie sich nicht ab, um diese unbedingt zu erreichen. Widmen Sie sich lieber geduldig weiter den Technikübungen und dem achtsamen Schwimmen, bis Sie eine Effizienz erreicht haben, die es Ihnen erlaubt, die ermittelte Zugzahl mit einem entspannten – aber natürlich immer noch rhythmischen – Schwimmstil zu erreichen.

Schwimmen mit einer höheren Zugzahl

Es könnte vielleicht zunächst so klingen, als würde ich Ihnen hier vorschlagen, die hart erarbeitete Effizienz wieder aufzugeben. Das aber ist keineswegs der Fall. Wenn es Ihnen gelingt, Ihre individuelle Hocheffizienz-Zugzahl in der Praxis umzusetzen, sind Sie in der idealen Ausgangsposition für ein diszipliniertes und durchdachtes Training, das gleichzeitig Ihrer Ausdauer und Ihrem Schwimmstil zugutekommt. Um Effizienz in Geschwindigkeit umzusetzen, müssen Sie üben und lernen, auch mit höheren Zugzahlen *weiterhin effizient* zu schwimmen, statt ins »Mühlen« zu kommen. Es gilt also, das Training so zu gestalten, dass sichergestellt ist, dass eine höhere Zugzahl a) immer das Ergebnis einer bewussten Entscheidung ist und *nicht unfreiwillig* zustande kommt und b) Sie tatsächlich *schneller* macht und nicht einfach nur erschöpfter.

Sie sollten sich diese Art von Training so vorstellen, dass es Ihnen auch für das Schwimmen mehrere variable Übersetzungen verleiht, so wie Sie es von Ihrem Fahrrad oder Auto gewohnt sind. Ihre Hocheffizienz-Zugzahl (nennen wir sie N) ist der erste Gang. Wenn Sie einen Zug pro Länge mehr benötigen (N+1), befinden Sie sich im zweiten Gang. Steigern Sie Ihre ZpL um einen weiteren Zug (N+2), schwimmen Sie im dritten Gang. Dieses Spektrum von drei variablen Übersetzungen sollte in einem 25-Meter-Becken für die allermeisten Schwimmer zunächst ausreichen, wenn man anfängt, sich mit dieser Übungsform zu beschäftigen. Mit fortschreitender Erfahrung könnte es später eventuell ratsam sein, im Freistil- oder Rückenschwimmen noch einen vierten Gang zu ergänzen.

Den Umgang mit Ihren Gängen sollten Sie in Serien üben, die jenen ähneln, mit der eine Pianistin immer wieder die Tonleiter übt, bis sie sie eines Tages im Schlaf beherrscht. Ihr Wunsch sollte es sein, eine ebensolche Sicherheit zu entwickeln, um die Zugzahl ganz nach Belieben von Wiederholung zu Wiederholung mit absoluter Präzision variieren zu können.

Mit diesen Serien lernen Sie: a) bei jeder Zugzahl innerhalb Ihres Zugzahlbereichs geschmeidig und effektiv zu schwimmen, b) Ihren Schwimmstil so zu »kalibrieren«, dass Sie jederzeit auf eine andere ZpL innerhalb Ihres Zugzahlbereichs wechseln können, und c) die Schwimmgeschwindigkeit mit viel weniger körperlichem Aufwand steigern zu können, indem Sie einfach Ihre Zugzahl gleichmäßig erhöhen.

Beispielserien für das Schwimmen mit variablen »Gängen«

Im Folgenden finden Sie einige Serien, die sich bewährt haben, wenn man erstmals gezielt an seiner Fähigkeit arbeiten möchte, die Zugzahlen bewusst anzupassen. Wenn Sie bereits mehr Erfahrung mit dieser Übungsform besitzen, können Sie die Distanzen der einzelnen Wiederholungen später jeweils auch verdoppeln.

Schwimmen Sie die folgende Serie: 25 Meter + 50 Meter + 75 Meter + 100 Meter. Machen Sie drei bis fünf tiefe Atemzüge Pause zwischen den Wiederholungen.

Zählen Sie die Züge auf den ersten 25 Metern. Schwimmen Sie den Rest der Serie mit gleicher Geschwindigkeit bzw. Anstrengung und schauen Sie, ob und wie sich die durchschnittliche Zugzahl verändert. Wenn Sie die ersten 25 Meter mit 16 Zügen absolviert haben, konnten Sie vermutlich die Zugzahl auf den längeren Distanzen (50 Meter, 75 Meter, 100 Meter) nicht halten. Wie deutlich fällt die Abweichung von der Vorgabe (32, 48, 64 Züge) aus? Versuchen Sie, beim nächsten Mal, wenn Sie diese Serie schwimmen, die Zugzahl mit steigenden Distanzen weniger stark ansteigen zu lassen. Notieren Sie sich das Ergebnis jeweils in Ihrem Trainingstagebuch, um später Vergleichswerte zur Hand zu haben.

Schwimmen Sie die folgende Serie: 100 Meter + 75 Meter + 50 Meter + 25 Meter. Machen Sie drei bis fünf tiefe Atemzüge Pause zwischen den Wiederholungen.

Beginnen Sie mit lockeren 100 Metern. Zählen Sie die Züge und dividieren Sie das Ergebnis durch 4. Diese Zahl ist Ihre Vergleichszugzahl N für die Serie. Wenn Sie zum Beispiel 76 Züge für die 100 Meter benötigt haben, ist Ihr N gleich 19 (76 Züge geteilt durch 4 Längen). Schauen Sie, wie deutlich Sie während der kürzeren Wiederholungen über 75, 50 und 25 Meter unter 57, 38 bzw. 19 Zügen liegen.

Schwimmen Sie wiederum die folgende Serie: 25 Meter + 50 Meter + 75 Meter + 100 Meter. Machen Sie drei bis fünf tiefe Atemzüge Pause zwischen den Wiederholungen.

Schwimmen Sie diese Serie nun jeweils mit Aufmerksamkeit auf einen bestimmten Fokuspunkt. Konzentrieren Sie sich also zum Beispiel auf die geduldigen Hände oder auf die Lautlosigkeit des Schwimmens. Schauen Sie, wie dies Ihre Zugzahl beeinflusst, insbesondere während der längeren Wiederholungen.

Schwimmen Sie vier bis sechs Serien mit jeweils 4 x 25 Metern. Machen Sie drei bis fünf tiefe Atemzüge Pause zwischen den Wiederholungen und 30 Sekunden Pause zwischen den Serien. Halten Sie die folgenden Zugzahlen ein:

- 1. Serie mit N / N+1 / N+2 / N+3
- 2. Serie mit N+3 / N+2 / N+1 / N
- 3. Serie mit N / N+1 / N+2 / N+3
- 4. Serie mit N+3 / N+2 / N+1 / N

Nutzen Sie die ersten beiden Serien, um Ihre Zugzahl zu kalibrieren. Testen Sie, wie exakt Sie das Timing anpassen können, um genau nach der vorgegebenen Zugzahl anzuschlagen. Sie werden sehen, dass die zweite Serie mit abnehmenden Zugzahlen eine ganz andere Herausforderung darstellt als die erste Serie mit steigenden Zugzahlen. Schauen Sie dann in den nächsten beiden Serien, wie schnell Sie mit den vorgegebenen Zugzahlen jeweils schwimmen können. Beherzigen Sie die beiden folgenden Punkte, wenn Sie auf Geschwindigkeit schwimmen: a) Versuchen Sie einfach, das Tempo zu fühlen – stoppen Sie noch nicht die Zeiten. b) Gönnen Sie sich so viel Pause, wie Sie wollen.

Schwimmen Sie zwei bis vier Serien mit jeweils 3 x 50 Metern. Machen Sie fünf tiefe Atemzüge Pause zwischen den Wiederholungen und 30 bis 60 Sekunden Pause zwischen den Serien. Halten Sie die folgenden Zugzahlen ein:

- 1. Runde jeweils 25 Meter mit N und 25 Meter mit N+1
- 2. Runde jeweils 25 Meter mit N+1 und 25 Meter mit N+2
- 3. Runde jeweils 25 Meter mit N+2 und 25 Meter mit N+3

Achten Sie, wenn Sie diese Serien erstmals schwimmen, einzig und allein darauf, die vorgegebenen Zugzahlen auf jeder Länge zu treffen. Der zweite

Schritt besteht dann darin, bei jeder Zugzahl geschmeidig und fließend zu bleiben. Sie können so viele Serien hintereinander absolvieren, wie Sie wollen, solange Sie sich dabei wohl fühlen und es als interessant empfinden. Experimentieren Sie mit verschiedenen Fokuspunkten. Dabei empfiehlt es sich, während einer kompletten Runde oder länger bei jeweils einem bestimmten Detail der Schwimmtechnik zu bleiben. Sie können die Serie auch auflockern, indem Sie zwischen den einzelnen Runden für 100 oder 200 Meter eine Ihrer Lieblings-Technikübungen einstreuen. (Wenn es Ihnen gelingt, wirklich mühelos zu schwimmen, werden Sie keine Extrapausen zwischen den Serien benötigen.) Mit fortgeschrittenen Fähigkeiten empfiehlt es sich, im nächsten Schritt die Distanz der einzelnen Runden auf 75 Meter auszudehnen. Die Zugzahlvorgaben für die einzelnen 25-Meter-Abschnitte sind dabei entsprechend anzupassen: N, N+1 und N+2 Züge bei der ersten Runde, N+1, N+2 und N+3 Züge bei der zweiten Runde und so weiter.

Es ist Ihr Ziel, diese oder ähnliche Serien so lange konzentriert und geduldig zu schwimmen, bis Sie diese praktisch im Schlaf beherrschen und eine beliebige vorgegebene Zugzahl immer genau erreichen, während Sie gleichzeitig stets das Gefühl haben, kontrolliert und geschmeidig zu schwimmen.

Eines Tages werden Sie diese Serien als dermaßen einfach empfinden, dass sie Ihnen fast langweilig vorkommen. Aber auch dann gibt es noch viele Möglichkeiten, um Ihre Fähigkeit, die pro Länge benötigten Zugzahlen flexibel anzupassen, mit entsprechenden Serien richtig auf die Probe zu stellen. Eine interessante Herausforderung ist es zum Beispiel, die 50- bzw. 75-Meter-Runden dann mit abnehmenden Zugzahlen zu schwimmen. Konkret hieße dies zum Beispiel: 25 Meter mit N+2, 25 Meter mit N+1 und 25 Meter mit N.

Schwimmgolf

Bis hierhin habe ich Ihnen stets empfohlen, sich ausschließlich darauf zu konzentrieren, an der Qualität Ihrer Bewegungen und an der Anpassungsfähigkeit im Hinblick auf die Zuglänge zu arbeiten. Der letzte Schritt zur Vollendung Ihres Schwimmstils besteht nun darin, neben Ihrem eigenen Gefühl und dem Zählen der Züge auch die Schwimmuhr zu nutzen, um die Effizienz Ihres Schwimmens zu beurteilen. Aber wenn Sie damit beginnen, Ihre Zeiten zu stoppen, ist es von entscheidender Bedeutung, dass Sie dabei jene hohe Effizienz aufrechterhalten, an deren Aufbau Sie so lange gearbeitet haben. Schwimmgolf ist das ideale Werkzeug, um dies in die Tat umzusetzen.

Um Schwimmgolf zu spielen, addieren Sie für eine geschwommene Strecke von 25 bzw. 50 Metern jeweils zwei Werte: die Anzahl der benötigten Züge und die Zeit in Sekunden. Die Summe dieser beiden Zahlen ist Ihr jeweiliges Schwimmgolf-Ergebnis. Indem Sie während Ihrer Trainingseinheiten immer mal wieder auf diese Weise Schwimmgolf spielen und dabei mit unterschiedlichen Kombinationen von Zugzahlen und Zeiten experimentieren, lernen Sie, wie Sie mit der höchsten Effizienz die größten Geschwindigkeiten erreichen können.

Probieren Sie zum Beispiel die folgenden Serien:

1. Schwimmen Sie eine Serie von 3 bis 4 x 50 Metern. Schwimmen Sie jede Wiederholung mit der gleichen Zeit, versuchen Sie aber, die Anzahl der benötigten Züge zu reduzieren.

2. Schwimmen Sie eine Serie von 3 bis 4 x 50 Metern. Schwimmen Sie jede Wiederholung mit der gleichen Zugzahl und versuchen Sie, jedes Mal schneller zu werden.

3. Schwimmen Sie eine Serie aus 50-Meter-Wiederholungen und konzentrieren Sie sich darauf, ein bestmögliches oder durchschnittliches Schwimmgolf-Ergebnis zu erzielen. Absolvieren Sie anschließend Ihre bevorzugte Technikübung und wiederholen Sie danach die Serie. Vergleichen Sie die Schwimmgolf-Resultate.

4. Schwimmen Sie eine Serie aus 50-Meter-Wiederholungen und konzentrieren Sie sich dabei auf einen bestimmten Fokuspunkt. Wiederholen Sie dann die Serie mit einem anderen Fokuspunkt. Welchen Einfluss hatte dies auf die Schwimmgolf-Ergebnisse?

5. Addieren Sie drei bis fünf Punkte zu Ihrem persönlichen Schwimmgolf-Rekord in einer bestimmten Lage. Schauen Sie dann bei einer Serie aus 50-Meter-Wiederholungen, wie lange Sie diesen Wert beibehalten können, wenn Sie die Zahl der Wiederholungen steigern oder die Pausen verkürzen. Mein bestes Schwimmgolf-Ergebnis für 50 Meter Freistil ist zum Beispiel 62. Also schwimme ich manchmal Testserien, um zu überprüfen, wie lange ich Schwimmgolfzahlen von 65, 66 oder 67 durchhalten kann.

6. Sie können auch zwei Lagen mischen. Was ist zum Beispiel Ihre Schwimmgolfzahl für 25 Meter Schmetterling und 25 Meter Rücken oder für 25 Meter Rücken und 25 Meter Brust?

Mit den in diesem Kapitel vorgestellten Übungsformen runden Sie ein Schwimmprogramm ab, das auf ein lebenslanges Lernen und eine fortwährende Verbesserung ausgerichtet ist und dafür sorgt, dass Sie jede Trainingseinheit als etwas Bereicherndes empfinden. Auch wenn ich nicht explizit auf die physischen Aspekte des Schwimmtrainings eingegangen bin, sollte Ihnen dieses Buch genügend Anleitungen und Anregungen liefern, um Ihren Schwimmstil in allen Lagen effektiv auf ein hohes Niveau entwickeln zu können. Ich verspreche Ihnen, dass sich – als Nebenprodukt Ihrer Schwimmeffizienz – auch Ihre Ausdauer, Ihre Zeiten und Ihre Fitness verbessern werden, wenn Sie dem beschriebenen Programm sorgfältig folgen. Es gibt natürlich noch viele weitere interessante Trainingsoptionen, aber die in diesem Buch erläuterten Übungsformen sollten genügen, um Ihr Training und Ihre Zeit im Wasser über mehrere Jahre hinweg sinnvoll mit Inhalten zu füllen.

ANHANG

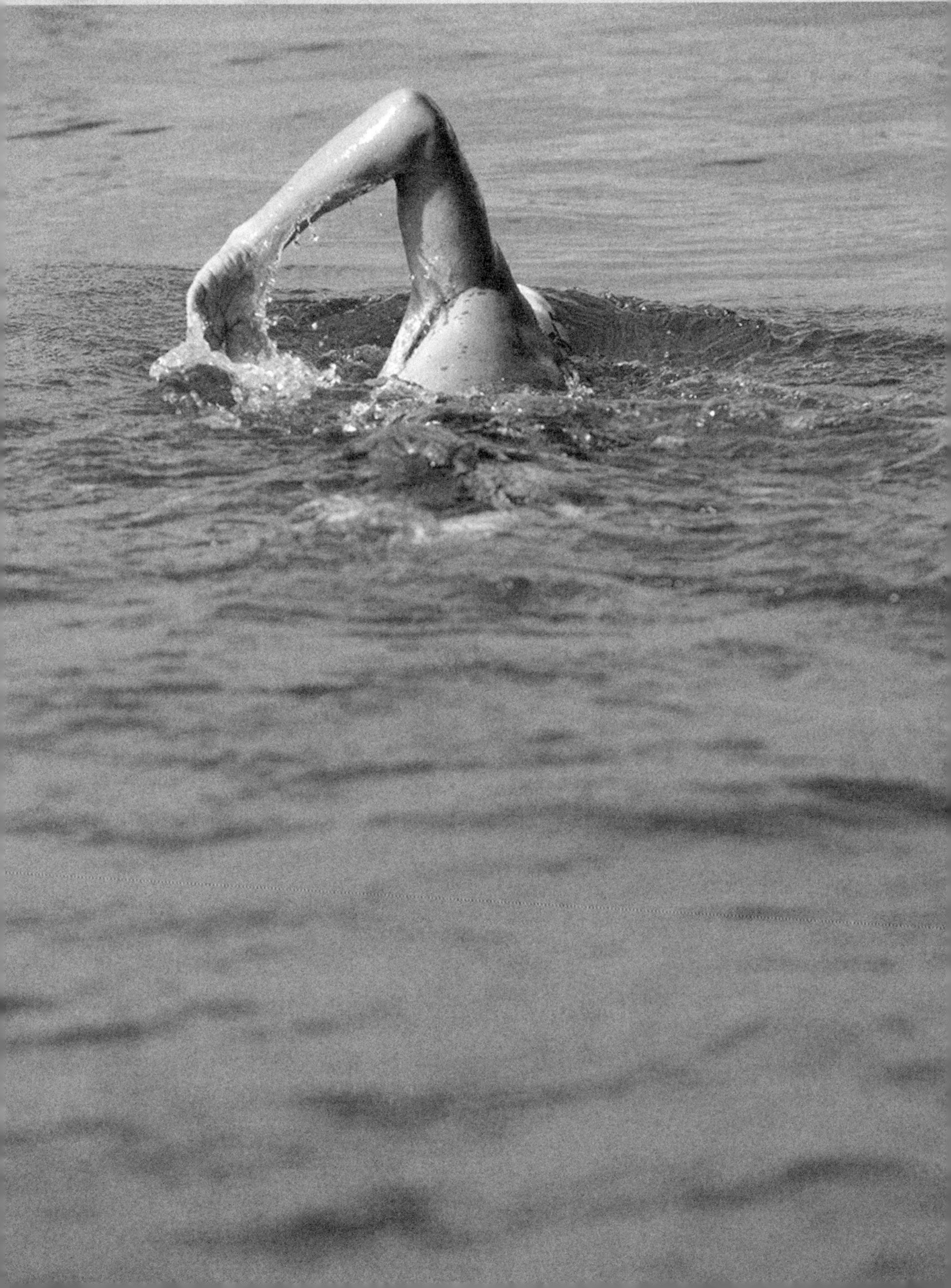

Online-Hilfe

www.totalimmersion.net

Die Internetseite von Total Immersion ist eine unschätzbare Quelle von frei verfügbaren Informationen. Hier ein paar wichtige Angebote:

Total Swim ist ein mehrmals monatlich erscheinender Gratis-Newsletter mit vielen Artikeln, deren Anregungen und Tipps Sie unmittelbar umsetzen und anwenden können. Viele Beiträge werden von Lesern und Kursteilnehmern wie Ihnen beigesteuert, die über ihre Erfahrungen auf dem Weg zum besseren Schwimmen berichten. Schreiben Sie doch auch einen Artikel.

Es gibt ein Diskussionsforum für Schwimmer, die dieses Buch und die TI-Methoden benutzen, um ihre Schwimmtechnik zu verbessern. Registrieren doch auch Sie sich für unser Forum, um auf diesem Wege Ihre Erfahrungen und Ihre Erfolge mit anderen zu teilen und um Fragen zu stellen. Lernen Sie von den Erfahrungen anderer, die sich wie Sie auf dem Weg zur wahren Meisterschaft als Schwimmer befinden.

Diverse Video-Clips zeigen wichtige Verfeinerungen der TI-Übungen und -Fertigkeiten im Detail.

Ein stetig wachsendes Verzeichnis aller ausgebildeten und zertifizierten TI-Trainer nennt Ihnen die richtigen Ansprechpartner, die Ihnen gerne und kompetent beim Erreichen Ihrer schwimmerischen Ziele helfen werden.

Es gibt auch Informationen darüber, wie Sie selbst zertifizierter TI-Trainer werden können. Sie haben vielleicht bemerkt, wie schwierig es sein kann, einen qualifizierten Schwimmlehrer zu finden, der Ihnen mit den TI-Übungen helfen kann. Werden Sie doch einfach Teil der Lösung. Die meisten unserer professionellen TI-Trainer haben wie Sie begonnen, indem sie selbst das Buch gelesen oder an einem Workshop teilgenommen haben. Sobald ihnen dann klar wurde, wie einfach und effektiv die Methode ist, haben sie sich entschieden, ihre Entdeckung mit anderen zu teilen. Die meisten heutigen TI-Trainer hätten früher im Traum nicht daran gedacht, dass sie einmal Schwimmen unterrichten würden.

www.ichkannschwimmen.de
Eine deutschsprachige Website rund um Total Immersion, die von dem zertifizierten TI-Schwimmcoach Heiko Stribl betrieben wird. Im Frühjahr 2014 fand in Baden-Württemberg der erste deutsche TI-Workshop statt, der von Heiko Stribl geleitet wurde – zusammen mit seiner britischen Kollegin Tracey Baumann von Total Immersion UK und Terry Laughlin, der zu diesem Anlass eigens aus den USA angereist war. Kontakt über die Website.

Offizielle Verbandsseiten
Unter *www.usms.org* liefert Ihnen die US-Masters-Swimming-Organisation umfassende Informationen darüber, wie Sie zum Masters-Schwimmer werden können. Die Seite enthält nicht nur Links zu vielen »Local Masters Swim Committees« überall in den Vereinigten Staaten, sondern auch zu Masters-Organisationen rund um den Erdball. Der Veranstaltungskalender listet stets auch die aktuellen postalischen Schwimmwettkämpfe auf.

Auf der Seite des Deutschen Schwimm-Verbandes (DSV) finden Sie unter *www.dsv.de/fachsparten/masters/schwimmen* aktuelle Informationen und Neuigkeiten aus dem Bereich der DSV Masters: Veranstaltungskalender, Regelwerke, Ergebnis- und Bestenlisten etc.

Weitere Medien aus der »Total Immersion«-Reihe

Wenn dieses Buch Ihr Interesse geweckt hat, bietet Total Immersion Ihnen eine wachsende Anzahl von Büchern, Videos und DVDs, welche die komplexen Bewegungen des Schwimmens in einfache Bestandteile unterteilen und jedem Schwimmer zeigen, wie er sein Schwimmen verbessern kann. Einige Beispiele:

Buch – »Total Immersion: Schwimmen nach Art der Fische«
Dieser Ratgeber für das Freistilschwimmen war das erste Buch, das ich geschrieben habe, um interessierten Schwimmern die Prinzipien und Geheimnisse der TI-Schwimmschule näherzubringen. Es zählt bis heute zu den meistverkauften und -gelesenen Schwimmratgebern der Welt und enthält alles, was Sie wis-

sen müssen, um eine effiziente Kraultechnik zu entwickeln und um mühelos und mit mehr Spaß ungeahnte Distanzen und Zeiten zu erreichen. Die erste Ausgabe erschien bereits im Jahr 1996. Seither habe ich das Buch mehrfach behutsam überarbeitet, um neue Erkenntnisse und Praxiserfahrungen einfließen zu lassen. Seit 2010 ist es auch in einer deutschen Übersetzung im Covadonga Verlag erhältlich (ISBN 978-3-936973-47-1), inzwischen auch als E-Book (ISBN eBook 978-3-936973-96-9). Zu bestellen überall im Buchhandel oder unter *www.covadonga.de.*

Buch – »Triathlon Swimming Made Easy: How Anyone can Succeed in Triathlon or Open-Water Swimming«
Wenn Sie einmal aus dem Schwimmbecken heraus möchten und an einem Triathlon oder einem anderen Schwimmwettkampf in offenen Gewässern teilnehmen wollen, wird Ihnen dieses Buch einen Schritt-für-Schritt-Plan an die Hand geben, mit dem Sie sich auf jede Distanz im Freiwasser vorbereiten können. Erhältlich unter *www.totalimmersion.net.*

DVD – »Freestyle made easy«
Wenn man körperliche Fertigkeiten lernt, sind visuelle Darstellungen häufig unbezahlbar. Dieses 45-minütige Video illustriert die TI-Technikübungen für das Freistilschwimmen. Jeder Schritt wird sowohl über als auch unter Wasser gezeigt. Es gibt Zeitlupenaufnahmen und Standbilder. Die DVD enthält auch spezielle Vorführungen von Wochenendworkshops, um Schwimmern zu helfen, die besondere Schwierigkeiten haben. So wird zum Beispiel das »Buddy-System« gezeigt, das sich sehr bewährt hat, um zusammen mit einem Partner schneller zu lernen. Ebenso wird auch die Flip-Wende vorgestellt und erläutert. Erhältlich unter *www.totalimmersion.net.*

DVD – »Happy Laps: Total Immersion for Beginners«
Wenn Sie Nichtschwimmer sind ... wenn Sie bisher nur ein paar Züge hintereinander schwimmen können ... wenn Sie sich vor tiefem Wasser fürchten, dann ist dieses TI-Video genau richtig für Sie. Es zeigt einen einfachen und klaren Weg, um in ein paar wenigen Stunden zu lernen, sich im Wasser völlig wohl zu

fühlen und das Flow-Gefühl, die Leichtigkeit und die wirkliche Freude des Schwimmens zu erleben. Sie lernen eine Reihe von Anfängerübungen kennen, die Sie mit und ohne Partner absolvieren können. Lektion eins zeigt Ihnen, wie Sie sich im Wasser völlig wohl fühlen und bequem atmen können. Lektion zwei bringt Ihnen bei, wie sich Ihr Körper im Wasser auf natürliche Weise verhält. Und in Lektion drei lernen Sie, sich mit balancierten stromlinienförmigen Bewegungen des ganzen Körpers wie ein Fisch durchs Wasser zu bewegen. Erhältlich unter *www.totalimmersion.net.*

DVD – »Butterfly for Every Body«
DVD – »Backstroke for Every Body«
DVD – »Breaststroke for Every Body«
Während die meisten Schwimmtechnik-Videos zeigen, wie hochgradig talentierte Eliteschwimmer sich im Wasser bewegen, setzen diese DVDs auf einen anderen Ansatz: Sie illustrieren, wie völlig »durchschnittliche« Schwimmer – nämlich Terry Lauglin und andere TI-Trainer – mit Hilfe von »Total Immersion« gelernt haben, beim Schwimmen eine außerordentliche Effizienz und Eleganz zu erreichen. Die Serie wurde ausdrücklich dafür produziert, die Erläuterungen, Beschreibungen und Abbildungen in Teil III dieses Buches zu ergänzen. Jede der drei Stilarten wird in Form eines »Live«-Seminars dargestellt, in dem Terry Laughlin zeigt, wie er gelernt hat, die jeweilige Lage effzient zu beherrschen. Zeitlupenaufnahmen und Unterwasser-Standbilder runden das Angebot ab. Mehr dazu unter *www.totalimmersion.net.*

Frage: Gibt es auch ein »Total Immersion« für Läufer?
Antwort: Ja! Es heißt: »ChiRunning« und ist von Danny Dreyer.

Jahrelang habe ich mir gewünscht, ich könne etwas Vergleichbares fürs Laufen finden, das auf einem ähnlichen Ansatz und Geist beruht wie Total Immersion. Im Herbst 2003 wurde ich endlich fündig. Von meiner Jugend an bis Anfang vierzig schätzte ich das Laufen als verlässliches Fitness-Training und genoss die dabei ausgeschütteten Endorphine. Ich war nie ein ernsthafter »Läufer«, nahm aber hin und wieder an einem Straßenrennen über fünf oder zehn Kilometer teil. Doch mit 43 zog ich mir eine chronische Verletzung zu, die mich frustrierende neun lange Jahre vom Laufen und damit auch vom Triathlon abhalten sollte. Immer wenn ich weiter als etwa drei Kilometer lief, verkrampfte sich der Soleus-Muskel schmerzhaft. Doch nachdem ich einen Vorabdruck von Danny Dreyers Buch ChiRunning (Covadonga Verlag, ISBN 978-3-936973-48-8) gelesen und einen eintägigen ChiRunning-Workshop bei Danny besucht hatte, konnte ich innerhalb weniger Wochen ohne Probleme zehn Kilometer und mehr ohne Schmerzen, Verletzungen und Ermüdung laufen.

In Analogie zu Total Immersion analysiert auch die ChiRunning-Methode die Routine-Aktivität des Laufens im Detail, um sie daraufhin in kontrollierte, durchdachte Bewegungen aufzuteilen. Ebenso wie bei Total Immersion liegt der Schwerpunkt darauf, die Geschwindigkeit und Ausdauer durch effektivere Bewegungsabläufe und nicht durch mehr und härtere Trainingskilometer zu erreichen. Und das Beste daran ist: Genau wie Total Immersion funktioniert Dannys Ansatz tatsächlich!

Wenn Sie also eine ähnliche Erfahrung mit dem Laufen machen wollen, wie Sie es mit Total Immersion im Schwimmen erlebt haben, dann kann ich Ihnen dieses Buch nur wärmstens ans Herz legen.

DANKSAGUNG

Ich bin zahlreichen Menschen zu großem Dank verpflichtet, die mir bei der Realisierung dieses Buches geholfen haben oder mir die Möglichkeit gaben, so viel Zeit und Aufmerksamkeit in die Arbeit an diesem Schwimmratgeber für jedermann zu investieren.

Insbesondere danke ich meiner Familie – meiner Frau Alice und meinen Töchtern Fiona, Cari und Betsy – dafür, dass Sie mir seit Jahren den Freiraum lassen, so viele Stunden damit verbringen zu können, zu schwimmen, Schwimmen zu lehren, über Schwimmen zu schreiben und mich mit anderen Schwimmern auszutauschen. Fiona und Cari zählen selbst zur Riege der ausgebildeten TI-Lehrer.

Weiterhin danke ich dem Team im TI-Hauptquartier in New Paltz, als da wären Tara Laughlin, Nancy Reader, Nancy Lobb, Keith Woodburn und Angela Dorris. Sie alle tragen maßgeblich zur Erfolgsgeschichte von Total Immersion bei, indem sie sich Tag für Tag mit vorbildlichem Einsatz um die Anliegen und Wünsche unserer Kunden aus aller Welt kümmern.

Für das Mitwirken an den Fotoserien, die dieses Buch illustrieren, danke ich Fiona, Cari und Tara. Tara hat zudem dankenswerterweise auch an der Gestaltung und Produktion der Originalausgabe mitgewirkt – ebenso wie meine Schwägerin Denise Edkins.

Jeanne Safer danke ich herzlich für den Titelvorschlag.

Bob Wiskera, Bob Adams und John Carey, die als Moderatoren das TI-Forum im Internet betreuen und zum Teil auch als TI-Instruktoren tätig sind, haben sich die Zeit genommen, das Manuskript mit Kennerauge gegenzulesen. Danke für die konstruktive Kritik und die wertvollen Anregungen.

Terry Laughlin

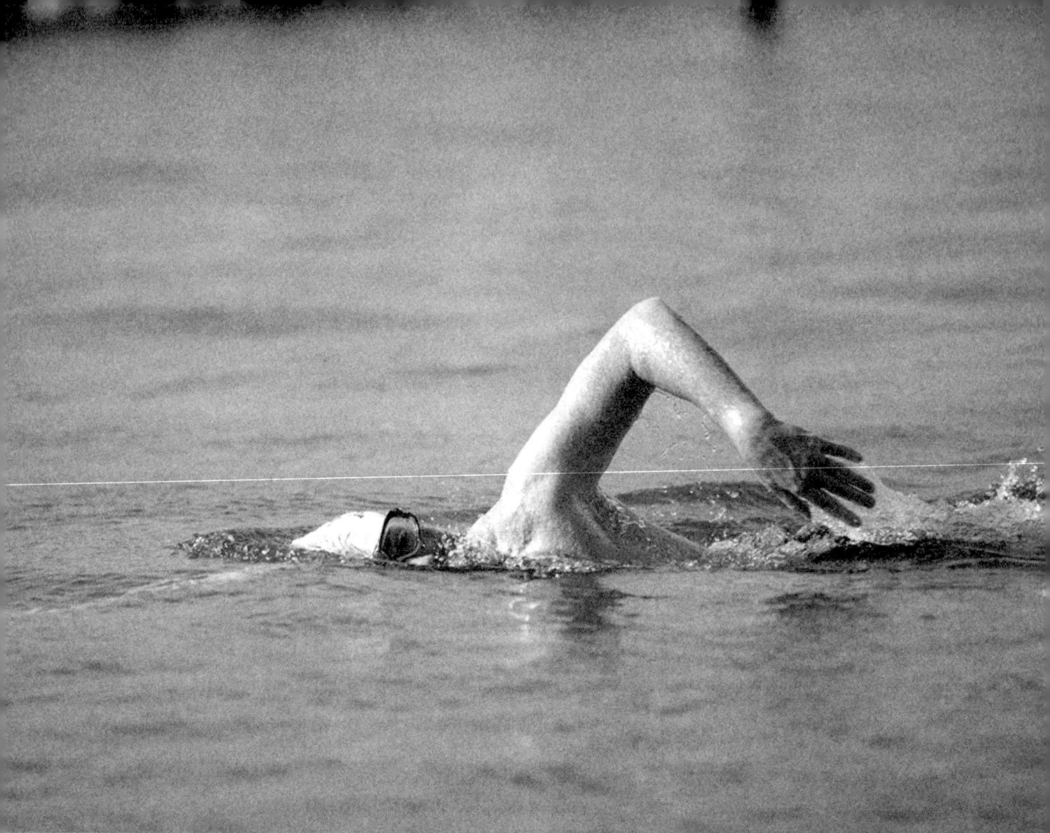

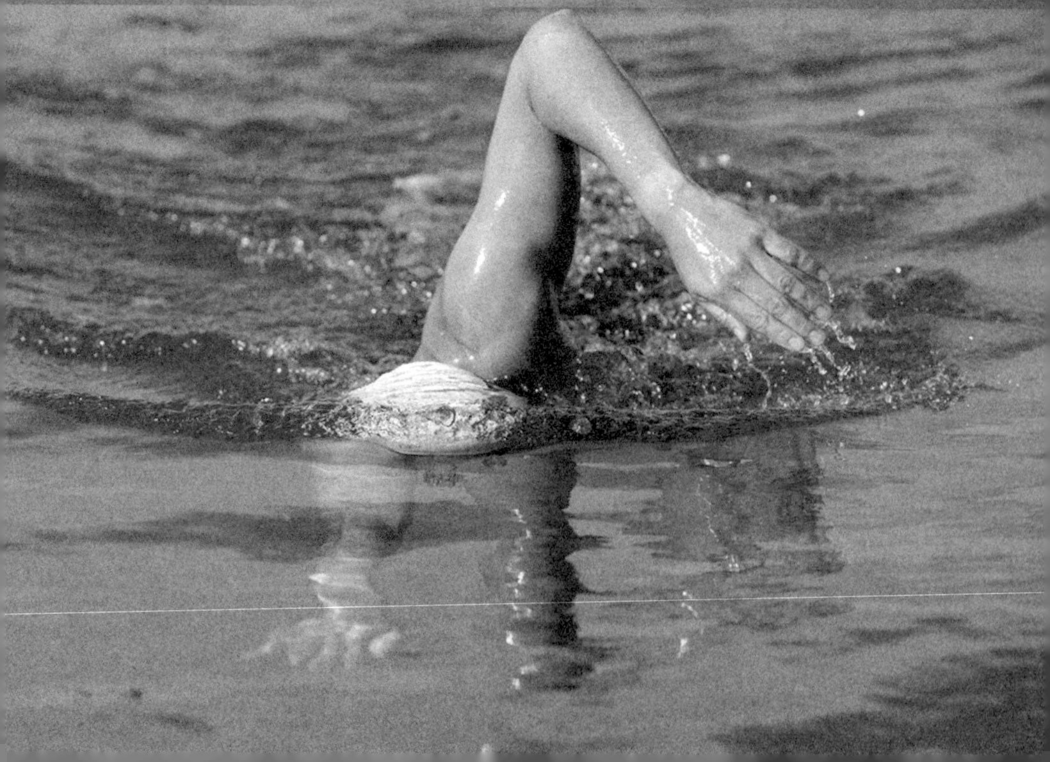

Und zum Schluss noch ein paar einfache Tipps, um die Freude am effizienten Schwimmen mit anderen Menschen zu teilen ...

1) Lassen Sie den Kopf los

Die Ausrichtung von Kopf und Wirbelsäule in einer geraden Linie ist unabdinglich, um effizient zu schwimmen.

Lassen Sie das Gewicht des Kopfes vom Wasser tragen und schauen Sie direkt nach unten, nicht nach vorn.

2) Machen Sie Ihren Körper lang

Eine längere Körperlinie bewegt sich schneller und einfacher durchs Wasser. Konzentrieren Sie sich darauf, Ihre Arme dafür einzusetzen, Ihre Körperlinie zu verlängern (und nicht um Wasser nach hinten zu drücken).

Tauchen Sie Ihren Arm ins Wasser ein, als wollten Sie Hand und Unterarm durch einen Briefkastenschlitz schlüpfen lassen.

3) Bewegen Sie sich wie Wasser

Sanfte Schwimmzüge sind effektiver als Schwimmzüge, die das Wasser aufwühlen.

Üben Sie nichts, was sich mühevoll anfühlt. Schwimmen Sie immer so lautlos wie möglich.

4) Zählen Sie die Züge

Das Zählen der Züge ist die einfachste Möglichkeit, um die eigene Effizienz zu beurteilen.

Konzentrieren Sie sich auf einen der ersten drei Punkte und schauen Sie, wie dies Ihre Zugzahl beeinflusst.

Viel Spaß beim Schwimmen!

Weitere Trainingsbücher im Covadonga Verlag

COVADONGA VERLAG

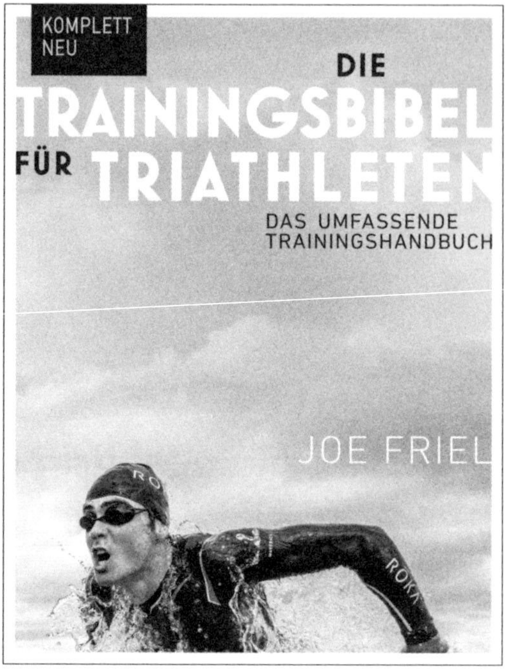

Joe Friel

Die Trainingsbibel für Triathleten
Das umfassende Trainingshandbuch

ISBN 978-3-95726-018-5 – Broschur, 330 Seiten im Großformat

Joe Friel hat seinen Klassiker unter den Trainingshandbüchern komplett überarbeitet und aktualisiert, um neue Erkenntnisse und Konzepte sinnvoll einzubinden und Triathleten in die Lage zu versetzen, intelligenter denn je zu trainieren. Mehr als 300 Seiten prall gefüllt mit fundiertem und praxisorientiertem Detailwissen zu allen Fragen, die in der Trainingsplanung und Wettkampfvorbereitung zu berücksichtigen sind.

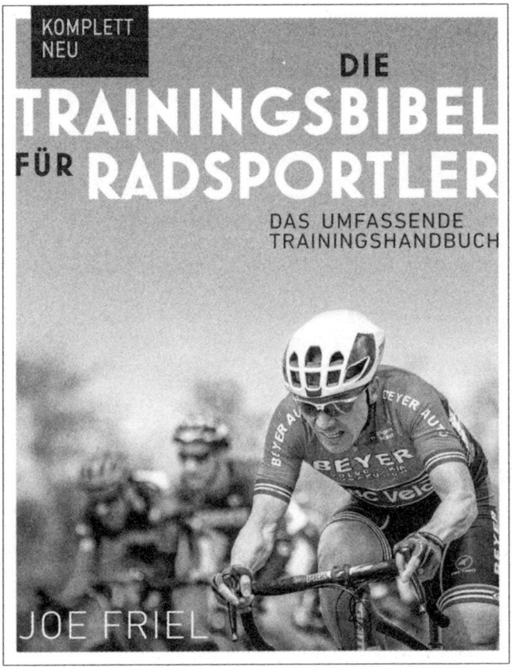

Joe Friel

Die Trainingsbibel für Radsportler

Das umfassende Trainingshandbuch

ISBN 978-3-95726-035-2 – Broschur, 320 Seiten im Großformat

Auch seine vielbeachtete, fast schon legendäre »Trainingsbibel für Radsportler« hat Erfolgscoach Joe Friel nun noch mal grundlegend überarbeitet, aktualisiert und ergänzt. Mit diesem Handbuch lernen ambitionierte Rennradfahrer aller Leistungsklassen, wie sie mit Hilfe von modernem Equipment, mit praxisbewährten Methoden und einem auf neuesten Erkenntnissen beruhenden Trainingsplan das meiste aus ihrem Potenzial machen.

COVADONGA VERLAG

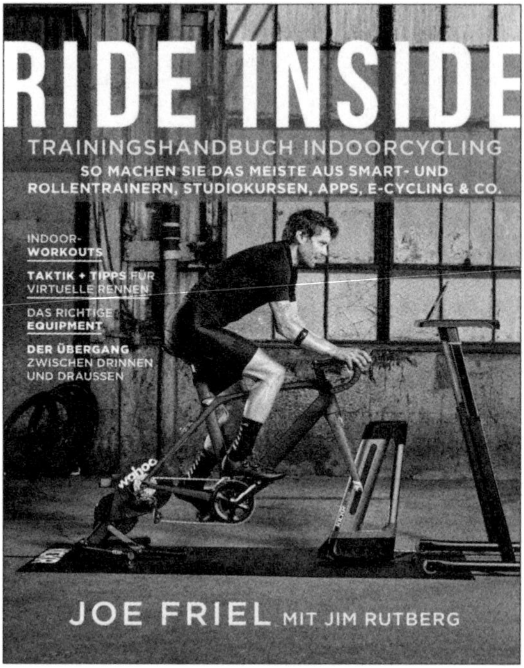

Joe Friel / Jim Rutberg

Ride Inside –
Trainingshandbuch Indoorcycling

ISBN 978-3-95726-047-5 – Broschur, 214 Seiten

Schlechtes Wetter, Geschäftsreisen, Gefahren im Straßenverkehr: Es gibt viele Gründe, das Radtraining (gelegentlich) drinnen zu absolvieren. »Ride Inside« zeigt Radfahrern und Triathleten, wie sie den idealen Nutzen aus ihren Indoorcycling-Einheiten ziehen. Wie passt man die Geräte an individuelle Bedürfnisse an? Wie steuert man die Belastung? Wie nutzt man Zwift & Co. effektiv, um später mehr Power auf die Straße zu bringen?